U0128123

鳳舞九天：
楚國風雲八百年　春秋卷

楊益　著

目 錄

CONTENTS

第五章　內憂外患，蕭牆偏多狼子心

第六章　東吳入寇，香木自焚獲新生

後　記

火神後裔，子爵稱尊殺周王

1. 祖先大號祝融氏

春秋戰國時的楚國，領土極盛時包括漢水（漢江）、淮水（淮河）流域及其以南的半個中國。然而楚國王室的發跡，卻是在中原地區。

現在說到咱們「中國」的發展，大抵三代（夏朝、商朝、周朝）是一個過渡時期。在三代時，王朝的概念初步建立起來，而且這個概念越來越清楚——有一位天子居中而坐，天下服從。但同時，各地方國、諸侯林立，並不一定服從天子的管教。三代之後，是以秦漢為開端的大一統帝國時期，把中國融合成一個主體民族，一個集權國家。三代之前的三皇五帝，則更類似部族聯盟領袖。楚國王室的祖先，就是「五帝」中第二帝顓頊帝的後裔。再嚴格點說，是顓頊帝的曾孫吳回。

據史書記載，五帝中第一帝就是大名鼎鼎的黃帝軒轅氏，他在距今四千多年前打敗了三皇中的第三皇神農氏（炎帝）和九黎部族的首領蚩尤，從而在中國北方建立了政權。黃帝部族、炎帝部族和部分九黎部族融合，成為華夏族最初的基石。

在軒轅黃帝之後統治中國的，是他的孫子高陽氏，也就是顓頊帝，其執政時間，大致在西元前二十六世紀到西元前二十五世紀。傳

說黃帝活到一百多歲才傳位給顓頊帝，而顓頊也年近百歲而終。或許黃帝、顓頊兩位帝王之間有其他人執政，只是繼續打著黃帝的旗號；顓頊之後也有人延用他的尊號執政，這也未可知。參考近代美洲、非洲等地部族政治，這樣的例子並不罕見。

顓頊帝高陽氏有個兒子叫稱，稱有個兒子叫卷章。卷章有兩個兒子被載入史冊，哥哥叫重黎，弟弟叫吳回，他們就是楚國先祖。重黎、吳回是顓頊帝高陽氏的曾孫，是軒轅黃帝的五世孫。

重黎兄弟長大的時候，五帝時代進入第三帝——帝嚳的時代。

帝嚳即高辛氏，他是玄囂的孫子，而玄囂是軒轅黃帝的兒子，是顓頊帝的叔父。這麼算起輩分來，帝嚳是黃帝的曾孫，是顓頊帝的堂侄。而重黎兄弟，則是帝嚳的堂侄孫。帝嚳的執政時期，大致在西元前二十五世紀到西元前二十四世紀，距今約四千四百年。

重黎兄弟，既是上一任天子的曾孫，又是現任天子的堂侄孫，也稱得上是皇親國戚，自然受到重用。哥哥重黎被任命為「火正」，負責掌管國家用火方面的大事。

要知道，人類能夠從蠻荒時代走出，很關鍵的一點就是學會了用火。火既能幫助人類烹飪食物，增加營養吸收，更能幫助人類戰勝猛獸，提高生存能力。在數千年前的上古時代，無論是鑽木取火，還是燧石取火，都沒那麼容易。火種的保存、分配，取火工具的掌管、應用，堪稱是部族中的頭等大事。「火正」這個官職，是國家屈指可數的重職。

重黎在火正這個崗位上幹得很不錯，解決了人們的取火、用火問題，按《史記》的記載是「光融天下」。帝嚳論功行賞，給自家堂侄孫加上了「祝融氏」的封號。

祝融氏，同時也是中國上古神話中的「火神」。最著名的傳說，當然是所謂火神祝融與水神共工交戰，共工戰敗之後，一怒之下，用頭撞倒了支撐天地的不周山，導致天地傾覆，人間水深火熱，然後才引出女媧補天的故事。

有趣的是，祝融和共工之戰在上古不同時期都有記載。遠者在三皇之初的伏羲時代就有，近者在顓頊帝的時代，共工氏的首領就曾與顓頊帝爭奪天下，而且這兩次都有「頭撞不周山」的記載。再往後幾百年，到堯舜時代，共工氏又跳出來搗亂，後來被流放到北部邊疆。

除了不同書籍的記載、抄錄錯誤之外，還有一種可能性是祝融氏本是上古黃河流域一個善於取火、用火的部族的名稱，而共工氏則是善於引水、用水的部族的名稱。祝融氏對上古的帝王們比較恭順，於是位居掌管用火的高官要職；而共工氏則長期桀驁不馴，成為三皇五帝們打擊的對象。

等到重黎擔任「祝融氏」的帝嚳時代，共工氏又鬧騰起來了。帝嚳龍顏大怒，便派遣重黎帶領本部兵馬，前去剿滅共工氏。

重黎奉命前往，幾番大戰，斬獲不少。可是，或許是共工氏的遊擊戰術讓人難以對付，又或許是重黎心懷惻隱，不忍趕盡殺絕。總之，重黎對共工氏一族「誅之而不盡」，這可惹惱了帝嚳。於是乎，

這位立下赫赫戰功的重黎被殺了。

可是，重黎的後人並未銷聲匿跡。等到帝嚳之子唐堯在位時，唐堯念及重黎被殺，就起用他的子孫。又過了一千多年，到周宣王時代，重黎的後人中有一位叫程伯休父的，成為周朝重臣，官拜「大司馬」，征討四方，功勳卓著。於是其子孫以「司馬」為姓——後來中國那麼多司馬姓的名人，比如司馬遷、司馬相如、司馬光等等，都可能是程伯休父的後人，也就是重黎的後人。

帝嚳殺了重黎之後，這火正的官職總不能空著。他就任命自家另一個堂侄孫，重黎的親弟弟吳回擔任火正一職，同時也把祝融氏的封號賜給了他。

吳回擦乾眼淚，接替哥哥，繼續兢兢業業為天下管理火事。還好，他沒遇上共工氏再鬧事，他在帝嚳、唐堯兩代任職，最後得以善終。

吳回的兒子叫陸終。陸終娶了鬼方氏部族首領的妹妹女嬇，並生了六個兒子。按照《史記》等古籍的說法，這六個兒子的出生相當神奇：女嬇懷孕整整三年，孩子一直生不下來。陸終沒辦法，只得叫人用刀子剖開老婆的肋下，從左邊肋下剖出三個嬰兒，從右邊肋下剖出三個嬰兒。這六個孩子，分別叫昆吾、參胡、彭祖、鄶人、曹姓、季連。

六胞胎本身已經是極為罕見的事情，懷孕三年，從肋下生產，更是荒誕不經的神話。古人對人體解剖學的瞭解很少，又喜歡杜撰出一

些稀奇古怪的事情，今人閱讀時，自然只能當故事聽一聽罷了。

重要的是，陸終的這六個孩子，後來成為華夏八個姓氏族群的祖先，稱為「祝融氏八姓」。

而其中排行老六的季連，就是楚國羋姓一族的祖先。

按照前面記載的輩分，季連是吳回的孫子，顓頊的五世孫，軒轅黃帝的七世孫（可能非真實情況）。他出生和生活的年代，大致是五帝晚期，西元前二十四世紀到西元前二十三世紀，距今約四千三百餘年。

在上古時期，華夏族主要生活在今天中國北方的河北、河南、陝西等地。被黃帝打敗的蚩尤九黎族的一部分則被驅趕往南遷徙，到了今天的江淮、江漢地區。楚國的祖先吳回、陸終、季連祖孫幾代，主要生活的地方位於河南新鄭一帶，這個地方後來被稱為「祝融氏之墟」，也是楚人和楚文化的根源之地。因此，楚國雖興起於南方，本身卻蘊含了中原華夏文明的基因。

以上說的，就是楚國祖先在五帝時代的故事，距今四千多年。

2. 商王討伐荊楚地

上一節我們講到，楚國的先祖季連，是五帝時代「祝融氏」陸終的孫子。從五帝末期到夏朝初年的這幾百年裡，他們主要生活在今天的河南新鄭一帶，即「祝融氏之墟」。

然而到了一千多年後的周朝，楚國卻成為漢水、長江流域的諸侯國。楚國是在什麼時候搬遷過去的呢？

《史記》裡面記載季連的兒子叫附沮，附沮的兒子叫穴熊，大致也是在五帝晚期或夏朝初期的事。「其後中微，或在中國，或在蠻夷，弗能紀其世」，就是說季連的後裔家族衰敗，人丁分散，有的留在中原，有的搬遷到了周邊的「蠻夷」之地。

可以確定的是，關於楚國人的南遷的時代，史學界說法不一。可惜的是，由於長期戰亂造成記載疏漏，尤其是秦始皇統一六國後焚書坑儒，燒毀各國史書，使得楚人先祖在這夏商之際的經歷，無法為今人知曉。

紀錄片《楚國八百年》認為祝融氏之後的楚人，在整個夏朝的四百年中，依舊生活於中原地帶。直到夏亡商興（約西元前 16 世紀），祝融氏作為夏王朝的盟友，遭到了商朝清算，被逐出「祝融氏

之墟」，向南逃亡。此後數百年間，楚人多次遭到商朝軍隊的驅逐，不斷輾轉搬遷，直到商朝晚期，來到今天漢水以南，荊山以東的地區，立足建國。

這當然是一種可能的歷史情形。可以肯定的是，促使楚人離開中原故土，向偏僻之地搬遷的首要原因，是改朝換代帶來的戰亂與政治傾軋。事實上，即使不算商湯滅夏桀的大戰，單說更早的五帝後期與夏朝前期，這樣的事例也是非常多的。

例如，作為帝嚳之子而繼位的唐堯，據傳在位末年，將帝位「禪讓」給了自己的助手虞舜，而非自己的兒子丹朱。按照正統說法，是因為丹朱「不賢」，不能治理天下。但這也可能只是後世文過飾非的說法，背後則是一次流血或不流血的政變。

同理，虞舜晚年禪讓給大禹的事情，也許背後也另有隱情。

大禹去世後，其子夏啟更是和原定的繼承人伯益發生了直接的衝突。最後夏啟擊敗伯益及擁戴伯益的東夷部族，自居天子，從此開創了夏朝。

夏朝建立後，動盪依舊。例如夏啟之子太康缺乏政治頭腦和治國手段，荒廢國政，結果東夷有窮氏的首領后羿趁機起兵造反，把持了國政。又過了近百年，太康的姪孫少康才起兵剿滅有窮氏，中興夏朝。這中間，有窮氏和夏王室之間，以及有窮氏部族內部，都是兵戈不絕。

每一次的王位更替，都意味著血淋淋的戰爭。對於祝融氏家族而

言，也有選邊站隊的問題。即使恪守中立兩不相幫，他們的領土、財富，也可能在鬥爭塵埃落定之後，被得勝者分賞給自家的心腹擁躉。

或許，正是在這種反復不斷的鬥爭中，祝融氏的後裔們，逐漸喪失了原有的權勢、地位，甚至被迫流離失所，分散到中原和蠻夷之地。

而在二〇〇八年清華大學收藏的一批名為「清華簡」的戰國竹簡中，有一篇《楚居》，專門講述楚國歷史。《楚居》中給出了楚人南遷時期的另一種觀點。相關原文如下：

季連初降於隈山，抵於穴窮，遷山於喬山，宅尻爰波，逆上汌水，見盤庚之子尻于方山，女曰姓佳，秉茲率相，曆游四方。季連聞其有娉，以，及之盤，爰生緟伯、遠仲，毓徜祥，先尻于京宗。穴酓遲徙于京宗，爰得妣烈。逆烈哉水，厇狀貼耳，乃妻之，生侸叔、麗季，麗不從，潰自脅出。妣烈賓于天，巫並該其脅以楚，氐今日楚人。至酓狂亦居京宗，至酓繹與屈，使若嗌蔔徙於夷屯，為榆室。

這段話講述了楚國早期的一些歷史，說的是：

季連最初生於隈山，後來到達穴窮、喬山、爰波、汌水等地，見到了商王盤庚的兒子，然後娶了盤庚的孫女姓佳，生了伯、遠仲兩個兒子。季連的後人穴酓則娶了另一位叫妣烈的女子，生了兒子侸叔、麗季。生麗季的時候妣烈難產，於是只能剖腹，兒子出生，妣烈卻去世了。巫醫（古代巫師往往兼職當醫生）就用荊（楚）條把妣烈的腹部包裹起來。為了紀念這位偉大的母親，從此這個部族自稱為「楚

人」。後來酓狂也住在京宗，到酓繹的時候，修建了一座祭祀用的房屋。

按照這段記載，楚國在商朝後期的世系是：季連（娶盤庚的孫女）──？──穴酓（娶妣烈）──麗季──酓狂──酓繹。

而根據《史記》的記載，楚國在商末周初時的世系是這樣的：

周文王之時，季連之苗裔曰鬻熊。鬻熊子事文王，蚤卒。其子曰熊麗。熊麗生熊狂，熊狂生熊繹。熊繹當周成王之時，舉文、武勤勞之後嗣，而封熊繹于楚蠻，封以子男之田。

兩處文獻對照可知，穴酓就是鬻熊，麗季就是熊麗，酓狂就是熊狂，酓繹就是熊繹，都能一一對應上。「楚」這一民族、國家稱號，是在鬻熊（穴酓）的夫人，熊麗的母親去世後才出現的。

《楚居》這段文字與《史記》記載最大的衝突，在於楚國始祖季連生活的年代。《史記》寫明季連是祝融氏吳回的孫子，陸終的兒子，而吳回則是帝嚳、唐堯時期的火正，由此可知季連應生活在五帝後期，最遲不超過夏朝初期。而《楚居》中則說季連娶了商王盤庚的孫女。盤庚是商王朝的第二十位君主，生活年代約在西元前十四世紀到西元前十三世紀，這樣算來，季連生活的時期大約在西元前十三世紀，與五帝時代差了約一千年。此外，關於「剖腹產」的故事，《史記》說是季連的母親生季連時發生的，而《楚居》則是說季連的後輩（兒媳或孫媳婦甚至重孫媳婦）生孩子時候發生的。

那麼，兩者這種衝突如何解釋呢？一種可能，歷史上存在一前一

後兩個季連，一個生存在五帝時代，另一個生活在商朝後期，此季連非彼季連。

但更大的可能，則是因為年代久遠，加上焚書坑儒造成的史書失傳，一些歷史事件只能以民間傳說的方式流傳，年代、關係混淆，從而司馬遷在寫《史記》時也受到了誤導，把季連生活的時代從商朝晚期推到了五帝時期。

《楚居》中記載的季連及其後人的行程中提到的那一連串地名，今人有多種不同解讀。有的認為那些地方是在河南境內，有的認為是在陝西南部，還有的認為是在湖北北部。但總而言之，楚人的遷徙應該從那時候就開始了。

根據《楚居》的記載，在西元前十四世紀到西元前十三世紀的商朝晚期，楚國人季連跟商朝關係依舊不錯，還娶了商王盤庚的孫女。

就在盤庚死後幾十年，他的侄兒武丁繼位。這位雄才偉略的商王，開始了撻伐四方的征服戰爭。今陝西南部、湖北西北部的荊楚地區，也遭到了兵火的洗劫。

《詩經・商頌》是周朝的諸侯國、商朝王室後裔建立的宋國的祭祀音樂，主要是歌頌他們的祖先。其中有一篇《殷武》，就是讚美商工武丁旌旗獵獵的威風。而在《殷武》中被討伐的物件，就是荊楚地區的所謂「蠻人」：

撻彼殷武，奮伐荊楚。宋（深）入其阻，裒荊之旅。有截其所，湯孫之緒。

維女荊楚，居國南鄉。昔有成湯，自彼氐羌，莫敢不來享，莫敢不來王。曰商是常！

天命多辟，設都于禹之績。歲事來辟，勿予禍適⋯⋯

翻譯成今天的文字就是：

我們的武丁大王何等英勇，他奮起討伐那荊楚之地！他深入荊楚的險要之地，俘虜了荊人的軍隊。他平定了荊楚地區，真不愧是成湯的子孫！

你們這些荊楚的人聽好！你們居住在偏僻的南方。想當年我們商朝的先王成湯，就連西部的羌人和氐人，都沒有敢不來進貢的，沒有敢不來朝見大王的！我們大商朝是最高貴的！

上天命令你們這些諸侯，在大禹治水的舊地建立都城。你們每年都要來朝見商王，這樣你們就能免除災禍與羞辱⋯⋯

從詩中可以看出，武丁統帥下的商軍，在荊楚之人面前，是何等耀武揚威！

商軍對荊楚地區的征服，不光從《詩經》中可以看出。在殷墟甲骨中，也曾多次出現占卜卜辭，詢問南方地區，是否平安？是否需要出兵征討？

不過，這裡提到的被武丁率領商軍討伐的荊楚之人，是否就是前面提到的，在季連等人率領下南遷的祝融氏之後？這就又出現分歧了。

一些專家認為被武丁率軍討伐的荊楚之人即上文提到的南遷的祝融氏之後。

他們指出，季連率領的祝融氏之後，南遷到今天的陝西南部、湖北西北部漢水流域後，商王朝將其視為威脅，很快大舉進攻討伐。《詩經》中記載的這一次武丁南征楚國之戰，便是商王朝向曾經親近夏王朝、不願意屈服的楚人大舉進剿。正是武丁的這次進攻，迫使楚人進一步向西南方向遷移。至於說季連娶了盤庚的孫女也就是武丁的堂侄女，這種婚姻關係，是很難影響軍國大事的。

但也有學者認為，這裡討伐的荊楚之人，指的並非是南遷的祝融氏之後。

因為從時間上來說，武丁即位前不久，祝融氏之後剛剛南遷。甚至有觀點認為，到商朝末期，季連的後裔也並未進入江漢地區，還在中原附近，直到西周初年熊繹受封後，才搬遷到江漢流域。總之，祝融氏這一支楚人，在當地不可能有太大勢力，也無需煩勞商王武丁禦駕親征。

同時，如果《楚居》所記載屬實，則祝融氏之後以「楚」為名，是在鬻熊之妻生熊麗難產而死之後才有的。而鬻熊曾經是周文王的部下，周文王繼位之時，武丁已經死去差不多一百年了。所以在武丁的時代，祝融氏之後尚未以荊楚為名。

既然如此，武丁征討的「荊楚」，當然就不是祝融氏，而是居住在江漢流域的其他部族，包括三苗部族。三苗的祖先是蚩尤所率領的

九黎部族，在蚩尤被黃帝擊敗後，九黎部族的一部分歸順黃帝，融入華夏，另一部分則南遷到江淮、江漢地區。後來五帝與夏朝的統治者們，將三苗視為不肯服從天命的蠻族，曾多次與三苗發生戰爭。商王武丁征討今天湖北一帶的三苗部族，自然是毫不稀奇的事。

甚至還有觀點認為，楚人之所以南下到江漢地區，正是因為季連娶了商王盤庚的孫女，在達成政治聯姻之後，獲得的一種政治上的特權。在商王武丁以武力征服江漢地區蠻夷部族的同時，祝融氏的後裔楚人，也趁機南下，在江漢地區發展自己的勢力。當然，這種說法也有和事實相悖的地方。如果楚人真的與商王武丁達成了某種默契和盟約，享受商軍征服江漢地區的便利，那麼商朝滅亡後的楚國，又何以窮困到需要偷鄰國的牛來祭祀祖宗的地步呢？

總之，關於祝融氏之後，楚人先祖南下之事，至今因為史料的匱乏，眾說紛紜，不一而足。從這些支離破碎的記載中，我們唯一能確認的是，在夏商之際，發源於黃河流域的中原華夏文明，正向著周邊地區，尤其是向南方長江流域不斷擴張。擴張過程中既有武力的征服，也有聯姻和教化。正是在千百年此起彼伏的推進中，華夏文明才最終囊括今天的九州方圓，形成一個大一統的國家。

在浩大的歷史進程中，彼時的楚國，還只是個看上去很不起眼的小小團體。然而在未來，這個小小的團體，將在歷史潮流中發展、壯大，最終攜帶著整整半個中國的龐大體量，加入到輝煌而遼闊的神州大地中。

3. 道德文章帝王師

時光如河水奔流，不舍晝夜。歷史的車輪轉到了西元前十一世紀的商朝末年，商朝最後一位君主——紂王在位。紂王力大無窮，武藝高強，也有開疆拓土的雄心壯志。然而其志大才疏，行事粗暴，缺乏戰略眼光，最終造成西邊的周國迅速崛起，商朝滅亡。

在這場改朝換代的風雲大劇上演時，楚人迎來了一位出色首領——鬻熊。

鬻熊，又稱鬻熊子、鬻子，《楚居》中寫作「穴酓」，他是先秦時代的政治家、思想家。他的言行被記錄下來，成為一本著作《鬻子》。此書現在已經失傳，但在一些典籍裡面，保留摘錄了部分內容。

鬻熊在為人方面的觀點是：一個「君子」，在與人謀劃事情的時候，必須遵循「道」的原則。君子要批評、反對某種觀點，不應該光動嘴，而應靠行動。所以，如果你反對錯誤的事情，你自己就應按正確的思路去做；如果你憎惡「惡」，你就按「善」去做，這樣就是符合「道」的行為了。

鬻熊在選拔人才方面的觀點是：民眾是測試人才的尺規。一般民

眾是比較愚昧的，但英明的君主還是會根據民眾的接受度來選拔官吏。能得到十個人的愛戴，就讓他擔任管理十個人的官職；能得到一百個人的愛戴，就讓他擔任管理一百個人的官職；能得到一萬個人的愛戴，就讓他當國家的大臣，這樣的人才是國家的基礎。鬻熊列舉了上古幾位賢明帝王選拔人才的事例，強調了人才的重要性。他又說，如果君主清明，那麼賢才就會大量湧現，而如果君主昏庸殘暴，賢才就會稀缺。

對於治理國家，鬻熊認為，君主的英明，是通過他選用的官吏來表現的；而君主是否能立下功勞，則要看他是否能造福於民。鬻熊還認為，五帝時代的統治才是真正的「萬世為福，萬世為教」，現在的君王都應該向五帝學習。所謂「發教施令，為天下福者，謂之道，上下相親謂之和，民不求而得所欲，謂之信，除去天下之害，謂之仁。仁與信，和與道，帝王之器。」要求君王、諸侯都遵循「器」，否則即使想要建功立業，也會落空。

從這些點滴流傳的內容可見，鬻熊的政治思想，與後世周公、孔丘、孟軻一脈相承的儒家思想頗有類似之處，甚至更加淳樸。再考慮到鬻熊又曾擔任周文王的部下，那麼，或許年少時的周公，也曾在與鬻熊的言談中，學習到一些東西，從而構建起自己的思想體系吧。

彼時，中原的天子商紂王，荒淫無度；陝西中部的周國，則在周文王姬昌（同時也是商紂王的姑父）的帶領下開始崛起。鬻熊敏銳地察覺到，周國很有可能最終戰勝商朝。於是，他果斷地向周國靠攏，成為周文王的部下。

《史記‧周本紀》記載，因為周文王行仁政，四海聞名，因此「太顛、閎夭、散宜生、鬻子、辛甲大夫之徒皆往歸之」，鬻熊與這幾位著名賢人並列，成為周文王「天下歸心」的典型代表。

根據傳說，鬻熊去見周文王的時候，已經九十歲了，比「太公八十遇文王」的姜子牙還要年邁。不過，這也可能只是後人杜撰的，史書中並未記載鬻熊的生卒年，只是說鬻熊去見文王，是在文王被商紂王囚禁之前。

《史記‧楚世家》說「鬻熊子事文王」，而幾百年後楚武王則說：「吾先鬻熊，文王之師也。」這裡先說鬻熊如同兒子侍奉父親一樣侍奉周文王，又說鬻熊曾經做過周文王的老師。那麼考究起來，大概鬻熊與周文王之間，可能是一種「亦師亦友」的關係，居下位的鬻熊自然有作為臣屬的恭謹，在上位的周文王也不失對待博學之士的尊重。

小貼士：鬻熊的年齡

《史記》中記載鬻熊「鬻熊子事文王」，這種禮遇或許與年齡無關。何況周文王本身就是一位活了九十七歲的老壽星，比姜子牙還年長幾歲。就算鬻熊九十歲才見文王，這時候文王的年齡估計也不小了。《史記》又說鬻熊「早卒」，這裡的早卒肯定不是說他短壽，而是說他早在周滅商、楚封國之前就去世了。鬻熊的曾孫熊繹在周成王時被封為楚子，時間在西元前一〇三七年左右，此時鬻熊的兒子、孫子都已經去世了。所以，鬻熊有可能與周文王年紀相近。

在《鬻子》中，記載了鬻熊與文王的一段對話：

政曰：昔者文王問於鬻子：「敢問人有大忘乎？」對曰：「有。」文王曰：「敢問大忘奈何？」鬻子曰：「知其身之惡而不改也，以賊其身，乃喪其軀。其行如此，是謂之大忘。」

這段話說的是修身養性的事情，文王問怎樣的事情算是「大忘」，鬻熊回答知錯不改，最後喪身就是「大忘」。

劉勰的《文心雕龍·諸子第十七》記錄：「至鬻熊知道，文王諮詢，余文遺事，錄為《鬻子》」。顏師古對《漢書》注釋則說，鬻子「名熊，為周師，自文王以下問焉。周封為楚祖。」說明鬻熊是當時一位知曉大道的博學之士，並且是周文王身邊的顧問。僅此一點，在商末周初那個文教不興的時代，已經算很了不起了。

在周文王時，周國還是商朝的附屬國，尚未真正統治中原。但公認西周王朝的基石是周文王打下的，這麼算來，鬻熊不僅是楚國王室從商末周初開始，有明確代系可查的第一人，也是這支祝融氏之後自五帝末期以來，首位明確記載擔任官職的人。為了紀念鬻熊的功績，他的子孫都改姓「熊」。

隨後，天下進入商亡周興、諸侯分封的大變局。鬻熊的後人們，也開始他們篳路藍縷的開拓之旅，並為中華文明的蓬勃興起，貢獻出自己的一份力量。

4. 兩耳不聞商周事

如前文所述，楚國的祖先鬻熊在周文王時便得到了重用。鬻熊死於何時，史書並未明確記載。《鬻子》的留存篇章中，還講到周武王、周成王時候的事情，但這並不等於說鬻熊那時候還活著。從現有材料看，鬻熊「早卒」，在周武王克商後也未曾出現在任命、分封的名單中，那麼可以認為，鬻熊應該在周文王晚期，最遲周武王早期就已經去世了。

鬻熊之後是他的兒子熊麗，由於鬻熊本身可能是位老壽星，熊麗這時年紀應該已經不小了，甚至他的哥哥這時候已經去世了。

西元前一〇五六年，周文王姬昌去世，其子姬發繼位，史稱周武王。周武王繼承父親打下的基礎，開始討伐商朝、爭奪天下的大業。經過十年的政治、軍事、經濟和人才準備，周武王正式出兵伐紂。西元前一〇四六年，周武王於牧野之戰擊敗商紂王的留守部隊（商軍主力正在東夷作戰），攻入朝歌，紂王自殺。

至此，統治天下五百餘年的商朝滅亡，周朝建立。

那麼，鬻熊作為周文王的高級顧問，他的後人在這天翻地覆的大變化中，有怎樣的表現呢？

部分觀點認為，楚人在周武王滅商之際，毅然站在武王一邊，參與了牧野之戰。

遺憾的是，從現存史料上看不出這一點。相反，種種跡象表明，楚人很可能沒有什麼突出表現。

從今天流傳的《鬻子》殘篇中可以看出，鬻熊奉行的政治思想是比較溫和的，兼有後世儒道兩家的味道。他談到了君主選拔官吏時需要取悅民眾，卻絲毫未談到「推翻暴君統治」。或許鬻熊投奔周文王，只是想依附一位賢明之主，但並不熱衷於用武力推翻現有的統治者。

抱著同樣想法的，還有兩位孤竹國的公子——伯夷和叔齊。他們也是仰慕周國的君子之風而來，但在隨後武王伐紂的軍馬面前，卻發出一番不合時宜的勸阻之聲，認為這是不忠不孝的行為。周武王滅商之後，他們更是立志不食周粟，餓死在首陽山上。

而對周武王而言，楚人雖然依附於己，而且鬻熊曾是周文王的高參，是自己少時的老師，但是同時楚人又是殷商王室的姻親（如前所述，楚人先祖季連娶了商王盤庚的孫女），本身也談不上絕對的可靠。因此，武王也並未積極地調動楚人參加對商紂的戰爭，只要他們不來阻撓就好了。

在牧野之戰前夕，周武王的誓詞中，提到了「庸、蜀、羌、髳、微、盧、彭、濮」等偏遠部族，卻並未提到楚人。在周軍擊潰商軍、周武王進軍朝歌之際，「散宜生、太顛、閎夭皆執劍以衛武王」，賢

能者紛紛出頭露臉，好不威風，而當初與他們一起投奔周文王鬻熊，此刻大約已經長眠於地下了吧。

正因為楚人不曾於商周交替之際為新政權立下大功，所以在武王滅商之後，楚人集團也並沒有得到什麼好處。周武王祭祀上天時，「毛叔鄭奉明水，衛康叔封布茲，召公奭贊采，師尚父牽牲。尹佚筴祝曰……」祭祀完畢，又「命召公釋箕子之囚。命畢公釋百姓之囚，表商容之閭。命南宮括散鹿台之財，發鉅橋之粟，以振貧弱萌隸。命南宮括、史佚展九鼎保玉。命閎夭封比干之墓。命宗祝享祠於軍」，這些光宗耀祖、名垂青史的事情，一概和鬻熊的後人沒什麼關係。

再往後，周武王罷兵西歸，分封諸侯。

周朝相對於之前的夏商兩朝，分封制度是一個顯著的區別，這也是周朝得以享國八百年的重要原因之一。

夏商之時，天下的整體格局是天子佔據中央一塊地盤，周圍方國林立。這些方國雖然名義上尊奉天子的號令，實際上都是各自為政，因此夏商的君主們經常忙著東征西討。商紂王曾經賜給周文王「弓、矢、斧、鉞」，讓周文王代替他討伐那些不聽話的國家，以集中精力征服東夷。只是紂王沒料到周國後來崛起，反噬了天子。

到周武王攻滅商軍、改朝換代之後，採用分封制。對於原先遍布中原、山東、河北等地不聽話的方國，或者敢於繼續打著商朝旗號的小國，周武王便毫不客氣地用武力消滅他們；對於歸順周朝的，周武王也加以某種程度的控制和抑制，比如割走他們的部分領土，或者讓

他們搬遷到較為偏僻的地區。而空出來的這些位置，則分封給周王朝的宗室、功臣，建立新的諸侯國。這些諸侯原本都是周天子的直屬部下和親屬，從天子手中獲得封地，相對忠誠度更高，與周王室的聯繫更緊密。

依靠這種分封，周王室把觸角伸到九州四海，使得對各地的控制大大加強。即使是數百年後，諸侯崛起，王室勢微，最終演變成群雄逐鹿的戰亂局面，也終究能把數百萬平方公里的廣袤領土統合在同一個王朝的旗幟之下。對於華夏文明的凝聚，周王朝的分封制功不可沒。

周武王首先把商紂王的兒子武庚封在朝歌，管理商朝的遺民，這主要是為了安撫前政權的核心族群。當然，後來武庚並不給周武王面子，沒幾年就扯旗造反了。另外，周武王封炎帝神農氏的後人在焦國，黃帝軒轅氏的後人在祝國，唐堯的後人在薊國，虞舜的後人在陳國，大禹的後人（夏朝王室遺族）在杞國。

同時，周武王對周王室的宗親大舉分封，他將弟弟周公姬旦封在魯國，召公奭封在燕國，叔鮮封在管國，叔度封在蔡國。還有部分功臣也得到了分封，比如著名的尚父呂望（姜子牙），就被封在齊國。不過，周王朝的分封制主要是為了加強對天下的控制，相比起來，終究還是同姓兄弟更可靠，異姓功臣得到分封的是少數。據記載，周朝初期的七十一個封國，姬姓達五十三國，異姓不過十八國而已。

至於說，祝融氏之後，鬻熊的子孫不但沒有封到諸侯，而且，估計連財寶也沒有分到。周武王攻滅商朝，繳獲了大批的錢財糧食，尤

其是商紂王的散鹿台之財、發鉅橋之粟，一部分被用於賑濟平民，也有很多被用來封賞功臣。這裡面，鬻熊的家族多半是沒分到的。直到春秋時期，楚靈王還要憤憤不平地抱怨：「當初，咱楚國的祖先鬻熊，和齊國的姜子牙、魯國的周公、衛國的康叔一起輔佐周文王，結果他們都分封了大國，賞賜了財物，我們什麼也沒得到，太欺負人了。」

此時的熊氏子孫，已經搬遷到荊山以東，漢水以南。其具體對應今天的區域有陝西商縣、河南淅川、湖北秭歸、湖北枝江等多種說法，但相對於定都陝西中部的周王朝而言，無疑是居於南部地區。他們沒有參與商周更替的戰爭，也未曾得到周朝開國的封爵。但此刻的他們，確實是在一步一步，將華夏文明的火種，擴展到當時尚是蠻荒的地區。

5. 熊繹封國偷牛祭

　　前面說過，鬻熊死後，繼位的是他的兒子熊麗；熊麗死後，繼位的則是其子熊狂。或許因為鬻熊比較長壽，導致熊麗、熊狂父子的壽命都不太長，兩人加起來也不過當了二三十年的部族首領。其大致範圍，最早從周文王後期（西元前 1070 年左右）開始，最晚到周成王初期（西元前 1040 年左右）為止。

　　這時候的楚人，尚未得到周王室的正式封號，祝融氏的子孫們只是介于諸侯國與部族之間的一個集團，佔據著荊山之東、漢水之南一片小小的土地。

　　長江流域包括華東的淮水和華中的漢水兩處支流，是今日中國的大動脈，而在夏商之時，還是典型的蠻荒之地。雖然中原王朝的步履曾經多次到達此地，卻並未能在此立足。這裡既有從數千年前便紮根於此的原始部族，比如黃帝、蚩尤戰敗南下的九黎後裔 —— 三苗部落，也有夏商時期逐漸從中原遷徙而來的族群。他們建立了大大小小許多的國家，僅出現於史冊的就有上百個，包括今天湖北英山一帶的英國（皋陶後裔，被大禹分封）、湖北隨州厲山一帶的厲國（傳說為炎帝神農氏後裔），鄰近楚人的有湖北襄陽鄧縣一帶的鄧國（商朝時的封國）、湖北竹山縣的庸國（商朝時的方國）等。此外，也有不少

部族處在氏族公社晚期，是較為原始的社會狀態。他們的文明形態，既保持一定的原生態，又受到不同時期南遷的中原文化影響，可謂是華夷交織，生機盎然。

熊麗、熊狂率領的楚人，在這片遼闊領土上的眾多部族中，地盤不是最大的，人口不是最多的，軍力不是最強的，歷史也不是最悠久的。唯一有別於其他國家的，或許是其先祖鬻熊本身具有出色的政治思想，又參與過周朝的建設，從而為子孫留下豐富的管理經驗。

然而，在一片蠻荒的大地上，所謂的管理經驗畢竟不能當飯吃。熊麗、熊狂父子必須率領他們的族人，兢兢業業，開墾荒地，種植莊稼，煉制銅石工具，修築城堡房舍，訓練武裝壯丁，時不時還得與不友好的鄰居們開戰。

就在這種艱辛中，楚人們一步一步打下了自己的根基。

根據現有資料，早期的楚國文化，既保留著中原文化的特色，也吸收了周邊「蠻族」的風貌。楚人喜好飲酒，多信奉鬼神之事，這與商朝文化非常接近，而與周朝文化有所差異。這並不奇怪，楚文化本來就是商末才從中原文化中逐漸分化出來的。

同時，楚文化又有自己的特色。中原文明自三皇五帝時期開始，便崇拜龍，隨著時間推移愈演愈烈。而楚文化中，則以「鳳凰」作為普遍的圖騰。龍與鳳凰，都是傳說中的神奇動物，但龍騰大海，代表一種力量；而鳳鳴九天，則更有飄逸的感覺。龍能行雲布雨，而鳳凰則是火之鳥。按照中國古代的五方五行說，南方屬火，也與楚人自稱

是「祝融氏之後」吻合。

此時的楚人，尚未建國封號。棲息於江漢原野的他們，既把中原文明傳遞給四周的「蠻族」，也從這些部族中吸取力量。在楚人的辛勞中，華夏文明圈得到了進一步擴展。

而與此同時，北方的中原地帶，並未隨著周武王滅商的勝利而獲得安寧。滅商之後的短短兩年，周武王姬發病逝，由其子姬誦（約西元前 1055-西元前 1021 年）繼位，史稱周成王。周成王當時虛歲十三，由其叔父周公姬旦輔佐。少主在位、權臣輔政的局面素來容易引發動盪，且周公的親兄弟管叔鮮、蔡叔度等都懷疑周公有謀逆的野心，於是在暗地裡散布關於周公的謠言，此後更聯合商紂王之子武庚起兵造反。同時回應的，還有今黃河下游、淮河流域的東夷諸國，以奄國為首。這些東夷人，先前曾被商紂王征服，如今卻紛紛組織軍隊，稱要給商紂王報仇。商紂王的大將飛廉，也率領原先駐東夷的商軍起兵。

這一場大戰，史稱「三監之亂」。面對烽火四起的局面，周成王和周公調兵遣將，四處鎮壓，再加上姜子牙等功臣勳舊的配合，足足打了三年。所謂「一年救亂，二年克殷，三年踐奄」，這才把管、蔡、殷商、奄國等反對力量逐個消滅。商紂王之子武庚和大將飛廉戰死，管叔鮮自殺，蔡叔度被俘，奄國則被整體搬遷。此後，周公還趁勢消滅了原本位於東部的大批親商勢力，代之以齊國、魯國等周王朝嫡系諸侯，西周王朝的勢力範圍向東大幅擴展。

平定「三監之亂」後，周公開始營建洛邑（洛陽），作為王朝陪

都。原本崛起於陝西的周王朝，對於中國東部的控制力和威懾力大大增強。在周公的治理下，西周王朝度過了初期的艱難局面，坐享華夏萬里江山。

經過七年秉政，到周成王八年（西元前 1036 年），由於周成王已然二十歲成年，周公便還政於成王。周成王正式親政之後，追封祖父周文王、父親周武王時期的功臣，又分封了一大批諸侯。

這時候，周王室已經意識到長江流域的重要性：相對於北方，中原往南氣候溫暖，土地肥沃，水源充足，物產豐富。控制了這一片土地，不但可以大大增強周王室的力量，還能為王朝開拓出戰略緩衝區。因此，周王室逐漸開始往漢水一帶安插力量。其中很重要的一種方式，就是在當地分封可靠的諸侯，幫助王室控制這廣袤的領土。

於是，鬻熊的後代走入了周成王的視野。

楚人，終於得到了西周王朝的封號！

此時，楚人的首領叫熊繹，他是鬻熊的曾孫，熊麗的孫子，熊狂的兒子。

西周的封爵，總共有五等，即公、侯、伯、子、男。其中，最尊貴的為公爵。雖然紂王之子武庚起兵企圖復辟商朝，兵敗被殺，但周王朝還是給予另一位商王室成員微子以崇高地位，將他封在宋國。

第二等的侯爵，封的是周王室最親近的權貴，例如姜子牙之子（也就是成王的舅舅）封的齊國，周公之子（也就是成王的堂兄）封

的魯國，都是侯爵。

而熊繹呢？作為鬻熊的曾孫，他得到的，僅僅是第四等的子爵。他的封地，就是楚人部族已經定居的荊山、漢水一帶，都城的位置在丹陽。丹陽的所在地，大致在豫西南、鄂西北一帶。

這也代表著祝融氏之後的楚人，從今日起正式獲得了中央王朝的任命。這個爵位並不高，但畢竟是一個開端。

楚人如同鳳凰的雛鳥，終於破殼而出，在江漢之地，發出啾啾鳴叫。這鳴叫聲有些虛弱，有些幼稚，卻蘊含著無盡的希望和潛力。

楚國新建，封國的疆域是五十里，大致只相當於今天一個縣的地盤。這倒不是周王室刻意為之，按照周朝的分封制度，子爵、男爵的封地就只有五十里，伯爵封地是七十里，公爵、侯爵封地也不過百里。這也是中央王朝苦心設計的制度，畢竟，分封諸侯國的目的是充當中央王朝的爪牙，幫助王朝控制四方國土。若是諸侯國的領土過於廣大，經濟、軍事力量過強，則勢必尾大不掉，與中央分庭抗禮，反而成為王朝鞏固的隱患。

不過，同樣是五十里，不同地段的價值卻是不一樣的。荊楚之地，原本就屬當時的「蠻荒」地帶。雖然楚人也在當地搞了一些建設，然而離中原繁華之地較遠，交通不便，四周又多「蠻族」。楚人在立國之初，條件是非常艱苦的。

艱苦到什麼程度呢？用後來楚國官方的說法是，「篳路藍縷，以啟山林」「篳路藍縷以處草莽，跋涉山林以事天子，唯是桃弧棘矢以

共王事」。

這裡所謂的「篳路」，指的是荊竹所編織的簡陋車輛，有趣的是，這種荊，又叫楚，也就是當初熊繹的曾祖母難產而死之後，用於包裹屍體的東西。而「藍縷」（襤褸），則是指破爛的衣服。楚人在熊繹率領下，破衣爛車，開闢山林，確實夠艱苦的。

與篳路藍縷意思相近的一個詞「披荊斬棘」，也和荊條有關。看來，荊楚立國，確實注定了要承受艱辛與苦楚。

作為諸侯國，按規定，是要向中央王朝上貢的，但初創的楚國太窮了，在區區五十里的窮鄉僻壤，既沒有金銀財寶，也沒有珍禽異獸。於是，熊繹進貢的只有桃木做成的弓，棗木做成的箭。這兩樣東西當然不是打仗用的，不過據說可以辟邪。後來楚國又向周王朝進貢苞茅，是一種多年生的草本植物。在祭祀的時候，把苞茅捆成束放在酒中，用來過濾酒中的渣滓。總之，進貢的都是些零碎的小玩意。

別說給中央上貢了，楚國最先連自家的祖先都餵不飽。

據《楚居》記載，熊繹被封為諸侯之後，與他的大臣屈紃，請鄰國郡國的一位算命大師占卜，又建造了一間用於祭祀的房屋。祭祀房屋造好之後，楚人興高采烈準備祭祀祖先，叫祝融先祖知道，我們楚人，如今也立國成諸侯了！誰知找遍國內，卻發現居然找不到一頭牛來做祭品，可是建國大典上祭祖的儀式不能太寒酸啊。熊繹走投無路，就去郡國境內偷了一頭牛來作為祭品。

堂堂的子爵居然厚顏無恥地當起了小偷，這也真是夠丟人的。而

更有趣的是，由於牛是贓物，楚人擔心被鄀國的失主發現，就趕緊把牛宰了，連夜祭祀祖先。這麼一來，居然形成了一個習慣——後世楚國的祭祖活動，都在夜間舉行。

直到數百年後，楚國已經成為占地數千里，雄兵百萬的泱泱大國，這個習俗依然保留。

6. 諸侯之會蒙恥辱

別看楚國早期這麼窮酸，可是蓬門自有貴客來。這天，熊繹正帶著手下開荒種田，忽然來報：主公，周公來了！

周公姬旦可是文王之子、武王之弟、成王之叔啊，就在不久之前，他還是掌握周朝實權的攝政者。周公的地位，與區區子爵熊繹相比，當然不可同日而語。

周公來做什麼呢？他避禍來了。

自古居高則危。周公一度手握國家大權，自然難免遭到各種攻擊。這種攻擊在他執政時期引發了「三監之亂」，而在他交還政權給成王之後，再度引發了成王的猜疑。面對流言蜚語和天子懷疑的目光，周公無可置辯。若他繼續留在京城裡，只怕流言日趨激烈，甚至引來殺身大禍。因此，周公逃離京城，南下投奔楚國。

事實上，周公本人是有封地的。他的兒子伯禽，正是當時的魯侯。魯國是周王朝在東部的統治核心，地域廣闊，經濟繁榮，文教發達。為何周公不回魯國，反而選擇楚國呢？

原因有兩個。首先，周公不光是要躲避短期內可能的禍害，還要

澄清君臣之間的誤會。如果往東逃到自己的封地，有龍歸大海，虎入深山之感，周成王只怕會有更不祥的想像，而流言蜚語也會更多。反之，他不回自家的封地，卻跑到南邊蠻荒之地的蕞爾小國，這實際上是自去羽翼，也能讓周成王打消顧慮，放下心來，冷靜思考，查清事實。

當然，周公也不能隨便選個小國就去。若是遇上糊塗橫暴或者一味媚上的小國諸侯，只怕為了討好成王，迎合流言，拒絕周公入境，甚至將他抓起來送回京城，那可就麻煩了。

而新建不久的楚國，位於荊山之側，漢水之濱。君主熊繹的曾祖父鬻熊，乃是周文王的高參，也曾對周公頗有教益，所以他選擇信任楚人。

於是，立國未久的楚國，就迎來了這樣一位「一人之下，萬人之上」的貴客。

熊繹熱情地迎接周公，給予其力所能及的最好接待。周公也終於得以在這南國的窮鄉僻壤中，稍微放鬆一下。

而楚國，這個新建未久，默默無聞的諸侯國，也得以留下榮耀的一筆。

此時的魯國與楚國可謂是天壤之別。然而周公這一次「屈尊」會面留下的先例，卻影響深遠，無形之中提高了楚國的地位。

甚至到數百年後的春秋時期，當楚國早已成為雄霸南方的超級大

國，魯國君主前往拜見楚王時，就有臣下拿出這次「周公奔楚」的例子，告訴自家主公：「沒事，就當重走先君周公的舊路！」

周公跑到楚國後不久，成王經過仔細地調查思考，認為周公是冤枉的，便派人將他請回朝廷。周王室叔侄的這次矛盾，圓滿化解。

臨行前，周公對熊繹感激不盡：「我這次能和天子化解誤會，全虧了你。今後，必當有報。」

熊繹憨厚地一笑：「您老人家走好。」

周公回朝之後，熊繹滿心期待。看來，楚國的地位提升，指日可待啊！還沒等到周王室正式的封賞下來，楚國接待周公之事，已經帶來了很強的光環效應。不但楚國自己的官員、民眾人人臉上有光，就連那些鄰近的蠻夷部族和方國，聽聞此事後，都對楚國高看了幾分。

當初的江漢流域，原本是蠻荒之地，土地遼闊。雖然周王室給每個諸侯國規定了封地面積，但南方的大片土地並沒有劃分給任何諸侯國，而周王室也無力對其進行直接管轄。

熊繹本身是開拓性極強的一位領袖。他趁勢拿出政治、軍事、經濟多種手段，恩威並舉，開始擴張，沒幾年，鄰近的好些部族就都歸順了楚國。就這樣，楚國的人口、地盤頗有擴充。而列國爭雄，本身就有「馬太效應」，一旦歸順你的人多了，你的實力就更加強大，那麼自然會吸引更多的人投靠你。

接著傳來消息，周成王要在岐陽舉行諸侯大會，召集四方諸侯前

去參加！使者還特意吩咐熊繹，多帶些楚地生產的苞茅，大會要用！

周天子召集的諸侯大會，是當時最高級別的正式會議，自封子爵這麼些年來，也就遇上這一次，可得好好在諸侯面前表現一番！

丹陽距離岐陽並不算特別遠，但跋山涉水，卻也辛苦。熊繹一路風塵僕僕，到了岐陽，受到了相關官員的接待。

寒暄已畢，官員親切地問：「讓您帶來的苞茅，帶了麼？」

「帶來了。」熊繹忙回答。

官員笑了笑：「好，那待會兒您就用這苞茅去濾酒吧。」

熊繹有些納悶，這難道不是服務人員的工作嗎？可他還是去幹了。

濾完酒，官員又告訴他：「喏，咱們這次會盟，要祭祀山川，所以需要設立望表（一種木質標誌）。辛苦您了。」

熊繹又屁顛屁顛地去做了。在準備望表的過程中，熊繹擦擦額頭上的汗，盼望著能坐下來休息一下。

這時候，與會的諸侯到得差不多了。走在最前面的，是宋公微子。此外還有齊侯呂伋、魯侯伯禽、晉侯姬叔虞等。在禮儀官員的引導下，他們排列隊伍，進入殿堂。

熊繹朝伯禽點了點頭，伯禽目不斜視，沒有理他。熊繹也不在意，靜靜地等著他的位置。

公爵、侯爵們入場了，伯爵入場了，接下來是子爵，熊繹想這下該到自己了吧？

可是，子爵的隊伍也過去了，男爵開始入場了，官員依舊沒叫自己。

熊繹急了，他問官員：「大人，我什麼時候進去呢？」

官員笑了笑：「您不需要進去。」

熊繹傻眼了：「什麼？」

官員把他帶到殿門外，指著地上熊熊燃燒的火堆：「喏，您和這位，就負責看管這祭祀火堆。我聽說，您的祖上擔任過火正，還賜號祝融氏，那可是火神。看管這火堆，也算是繼承祖業吧。」

熊繹瞅瞅火堆旁另一個人，身材高大，皮膚白皙，披頭散髮，原來是北方民族的首領。

熊繹有點著急了：「大人，我可是周王正式冊封的子爵，又是黃帝和顓頊帝的苗裔，怎麼不能進去參加會盟呢？」

一邊的另一位首領嘆道：「是啊，我們也是黃帝和帝嚳的後裔，這大老遠跑來，是來會盟的，不是來燒火的啊！」

官員依舊面帶微笑，有板有眼地說：「二位別急，今日是周天子與諸侯的會盟，二位一個在北，一個在南，因此按照禮法規定，不參與會盟，就在這裡看守祭祀火堆。」

堂堂五帝火正的後裔、周文王謀臣的曾孫、當今天子親自冊封的子爵，居然被當成了蠻夷！

不過，看看周圍手持青銅戈矛，威風凜凜的士兵，熊繹把一口氣咽回了肚子裡。

冷靜，冷靜，君子報仇，十年不晚。

祭祀之火熊熊燃燒，讓人溫暖，也熏得人眼睛發酸。

看著身邊罵罵咧咧的北方大漢，望著殿堂裡鐘鼎排布、觥籌交錯的盛景，熊繹面部肌肉扭曲，牙齒咬得直響。

周王啊周王，我家祖孫幾代為您效命，您就這樣報答我麼？

我算是明白了，自古帝王多無情啊。好吧，今後別指望我的效忠了。我們楚人，要謀求屬於自己的尊嚴和權益！

積累了一肚皮的怨氣，熊繹快快而歸。

小貼士：關於熊繹封國初期的不同解讀

歷史上，周成王初年的史料記載不詳，三監之亂、周公奔楚、熊繹封國、周公歸政成王、岐陽之會等事件的先後順序並無確切一致的說法。同時包括周公與成王之間的矛盾，除傳統的「周公誠心輔佐，成王產生猜忌，最後誤會消除」之外，還有「周公確實心懷不軌，成王最後通過政治鬥爭擊敗周公」的提法。因此，本節與上一節的內容還可以有不同的解讀。例如，有的人認

為周公奔楚是在三監之亂初期，目的是說服熊繹不要幫助武庚叛亂；有人認為熊繹封爵是在周公奔楚之後，封爵是周公對於熊繹的一種報答；有人認為岐陽之會是在周公奔楚之前，接待周公是熊繹報復周成王的手段；有人認為周公奔楚是準備聯絡熊繹一起反對周成王，最後無功而返……

岐陽之會，發生在西元前一○三○年左右，楚人與周王室的矛盾已於此時萌生了。回到國內，熊繹埋頭發展生產、打造兵器、擴充實力。

之後又過了約十年，在西元前一○二一年，周成王姬誦駕崩，享年三十五歲。繼位的是他兒子姬釗，史稱周康王（西元前 1021-西元前 996 年在位）。康王繼位時，有畢公、召公（都是周文王之子、周武王之弟、周康王的叔公）輔政。諸侯之中，則以晉侯姬燮、齊侯呂伋、魯侯伯禽等為主。

幾百年後楚靈王曾經憤憤不平地說：「當年我的祖先熊繹，與姬燮、呂伋、姬牟、伯禽等一起輔佐周康王，結果晉國、齊國、衛國、魯國都得到康王賞賜的金銀財寶，我們啥都沒得到！」

實際上，這只是楚靈王虛張聲勢。畢竟，論爵位，上述齊侯、晉侯、魯侯、衛侯都是第二等的侯爵，在周朝基本算頂級諸侯（公爵只封了前朝後裔宋國，所謂在周為客，甚至不算是周朝的臣屬），同時還是周王的宗室、親戚。而熊繹不過區區一個第四等的子爵，且在周成王之時備受歧視，這樣地位的楚國君主，怎麼可能躋身和四大諸侯

並肩輔政的位置呢？

　　不過，熊繹對此並不在意，他已經打定了主意一雪前恥。大約在西元前十一世紀末，楚國第一代君主熊繹去世。臨終前，他交代自己的兒子熊艾：「兒啊，記住，朝廷的事兒，咱們少管，先把自家的地盤擴大了再說！這江漢之地，何止千里，若能都變成咱楚國的家園，那誰還在乎什麼爵位不爵位的呢！」

7. 設謀江漢陷周軍

　　楚國第二代君主熊艾繼位之初，周王朝是第三代康王姬釗主政。康王繼承了周成王的太平盛世，他任用賢能，國內一片繁榮。對外，周康王打敗了西邊的鬼方等部族（傳說中楚國祖先季連的母親就是鬼方人），斬獲數以萬計。康王與其父成王統治的近半個世紀，是周王朝的鼎盛時期，人稱「成康之治」。

　　熊艾繼續採用父親熊繹的政策，在江漢之地擴展勢力。如此二十餘年，直到約西元前九八一年去世，其子熊䵣繼位。

　　隨著社會的進步，中原與長江流域的交流日趨加強，不但當地的文明得到了發展，而且礦產、土地、人口的重要性也逐漸凸顯出來。並不僅是楚國想著在家門口開疆拓土，遠在中原的周王室，也逐漸盯上了這一片寶地。

　　西元前九九六年，周康王姬釗去世，其子姬瑕繼位，史稱周昭王（西元前 996-西元前 977 年在位）。昭王時，西周開始由盛轉衰，所謂「王道微缺」。就在周昭王十四年（西元前 982 年）夏四月初八，鎬京發生地震，水面泛漲，房屋搖晃，夜裡更是有地光閃爍。這讓當時迷信的貴族和平民都惶惶不安，認為是不祥之兆。緊跟著到了七月，作為「文教之邦」的魯國就發生了政變，魯幽公姬宰被弟弟姬沸

殺死奪位，而周昭王竟對此事視若不見。原本四平八穩、秩序井然的西周江山，頓時動盪四起。

那麼，周昭王為何不去管魯國內亂呢？原來他一門心思放在了開疆拓土之上，企圖繼續擴大周王朝的影響。

昭王十六年（西元前 980 年），昭王率領六軍，東征今天安徽、江蘇一帶的東夷方國。東夷方國哪裡能抵擋威武的周天子大軍？周軍所到之處，望風披靡。沒過多久，就有二十六個方國前來朝拜周昭王。

周昭王大獲全勝，得意洋洋，又率領得勝之師，轉戈向南，矛頭直指江漢地區！

當時在江漢地區，生存著俗稱「荊蠻」「楚蠻」的部族群，他們多數是當地部族及南遷的三苗後裔。「荊蠻」人數眾多，占地廣闊，但並沒有形成統一的國家，但其中的一些部族已經和楚國達成了聯盟。

周昭王的南征，既是在拓展周王朝的領土，也是在動楚國的乳酪啊！

這時候，熊艾已經去世，楚國君主是其子熊䵣。熊䵣得知此事，大為不快。然而在聲威赫赫的周王六軍面前，他豈敢以卵擊石？

沒奈何，熊䵣忍氣吞聲，派人打探周王南征的具體情形。

周軍一路南進，在江漢流域遭遇了當地「荊蠻」的猛烈抵抗。

《竹書紀年》記載，「伐楚，涉漢，遇大兕」，說周軍在渡過漢水（也有史學家認為這裡的漢應指長江）時遇到了兇猛的大犀牛（也可能是指一個以犀牛為圖騰的當地部族），對周軍造成了較大的傷亡。總之，以戰車為主，慣於在中原乾燥的平原上賓士廝殺的周軍，深入氣候炎熱潮濕、水網密佈的江漢地區，遭遇了一些麻煩。

但畢竟周軍從數量、裝備、訓練和戰術上都遠遠領先於對手，因此「荊蠻」抵抗多時後，終於招架不住，或是潰散逃亡，或是投降歸順。周昭王一路抵達今天湖南的洞庭湖流域，然後返回。這一趟，周昭王不但獲得了當地不少部族、方國的歸順，還掠取了大批財物，以及當時重要的資源——銅材。隨從的貴族高官也都獲得豐厚賞賜，滿載而歸。

正當周昭王醉心於自己的雄圖霸業時，熊鷲正在策劃著一項恢宏而毒辣的計謀。

從周昭王此次南征，熊鷲看出了周王室擴張勢力的雄心，但單憑江漢地區一盤散沙似的荊蠻，是不能抵擋住周軍鐵蹄的。

而一旦周王室的勢力真的深入江漢，楚國的擴張之路也就被截斷了。那樣的話，只怕楚國將繼續飽受歧視，永無出頭之日了。

不過，熊鷲也清楚，江漢之地的部族，素來頑強勇敢。周昭王勞師遠征，想單憑一次勝仗，就一勞永逸地控制這裡，那是癡心妄想。要不了兩年，當地部族必然脫離周王室的控制，而自己，則要好好地利用這個機會。

於是，楚國借機開始加強聯絡江漢地區的部族、方國。從熊鸑祖父熊繹受封至今，楚國憑藉其相對先進的文化，在江漢群蠻中本來就有一定的影響力。更何況周軍討伐的風頭剛過，江漢當地人看著殘破的家園，也需要尋找一個依靠。於是楚國借著周軍這一次南征，反而進一步擴大了對江漢部族、方國的影響。

此後，熊鸑一面偷偷傳授給荊蠻部族一些先進的軍事知識，一面在荊蠻部族、方國中繼續煽動其對周王室的不滿。於是周昭王班師未久，江漢地區又開始蠢蠢欲動。

周昭王笑道：「蕞爾蠻夷，居然還想領教王師的威力嗎？」昭王十九年（西元前 977 年），周昭王再次率領大軍南征。

這一次的局勢，卻與三年前迥然不同。江漢的荊蠻部族仿佛脫胎換骨，不再像先前那樣傻乎乎地和周軍硬碰硬，反而採取遊擊戰，不斷擾襲，令周軍苦不堪言。加之水土不服、疫病流行、蛇蟲出沒，周軍傷亡慘重。

周軍畢竟聲勢浩大，在扔下一地屍首之後，還是節節進逼，打敗了長江北岸的蠻軍後，接著又在江上用船隻架起浮橋，準備乘勝追擊。

誰知正在渡江之際，忽然有不少船隻沉沒，浮橋斷裂，大批周軍掉進水中。這些陝西、河南漢子，在平地上手持劍戟，威猛如虎，落水之後卻頓時六神無主，一個個很快沉入江底。

而周昭王身上華麗的王袍反而纏住手腳，成為累贅，最終，這位

開疆拓土的雄主，喪生於滾滾波濤之中。

周王室第一位死於非命的君主，就此誕生，伴隨他一起的，是精銳的周軍將士，這也成為西周由盛轉衰的重要轉捩點。

只是，周昭王雖然身故，但他的兩次南征，還是讓周王室在江漢一帶的勢力有所拓展。位於今日湖北大冶的銅綠山礦場，也成為周王室獲得青銅資源的重要據點。

小貼士：周昭王伐楚的史學爭議

由於史料缺失，周昭王伐楚也存在多種爭議。有人認為，周昭王討伐的就是熊氏家族的楚國，原因是楚國雄霸江漢一帶，並且不服從周王朝，停止進貢苞茅。但當時熊氏立國僅僅數十年，不大可能這麼快就從一個僅僅五十里，窮得連祭祖的牛都沒有的小國，迅速擴展到整個江漢地區，乃至要周王親率六師征討。同時，就在周昭王死後十多年，楚國還曾以盟軍身份，跟隨周穆王所部攻打東夷的徐國。因此，更合理的解釋，周昭王討伐的不是「楚國」，而是「楚蠻」。但另一方面，熊氏楚國與周昭王的南征也並非全無關係，因為到春秋初期，齊桓公曾用周昭王之死來責問楚國官員。因此可以推測楚國當時在江漢地區已經頗有影響，並可能在周軍南征時進行了某些煽動性的破壞工作。此外，據《竹書紀年》記載，周昭王南征一共有三次，第一次是「周昭王十六年，伐楚，涉漢，遇大兕」，第二次是「周昭王十九年，天大曀，雉兔皆震，喪六師於漢」，第三次是「周昭王末年，夜清，五色光

貫紫微，其王南巡不返」。就是說第二次喪失了六師，而第三次昭王才死。但根據其他資料記載，昭王在位十九年，故本文以喪六師與昭王死為同一次。另外，昭王落水的死因，有船解體之說，有橋樑斷之說；昭王溺死地點，有漢水說，也有長江說。本書選取作者認為較合理的說法，並不代表其他說法在學術上不成立。

　　熊氏家族的楚國，自此開始了與周王室的明爭暗鬥。接下來，他們還要向周人發出更猛烈的挑戰。

二

啟蠻吞姬，江漢之虎初崛起

1. 助周攻滅徐偃王

　　西元前九七七年，周昭王姬瑕淹死在南征途中，由其子姬滿繼位，史稱周穆王（西元前 977-西元前 922 年在位）。這位民間傳說中的風流天子，其實和周昭王一樣，是個戰爭狂人。周昭王征討了東夷和南方的荊楚，周穆王就向西北方向用兵。穆王十二年（西元前 965年），周軍擊敗西北方面的大敵——犬戎。此後，周穆王繼續向西進軍。

　　這時候，熊黵已經去世了，繼位者是他的兒子熊勝。熊勝對於周穆王的大舉征伐是樂見其成——反正消耗的是周王朝的國力和軍力，只要別來打我就是，說不定等周王朝的力量耗得差不多了，楚國還能坐收漁利呢。

　　結果，坐收漁利的機會沒有等到。穆王十四年（西元前 963年），另一家「蠻夷」搶先起兵造反了，這就是淮河、泗水流域的徐國。

　　徐國，位於今天的江蘇，是五帝後期皋陶、伯益的後人，為大禹所封。徐國從族屬上屬東夷人，祖上顯赫，歷史悠久，也是淮河流域最強大的國家。在周朝，他們被王朝視為「蠻夷」，被稱為「徐戎」，

實際上卻是較為發達的國家。早在西周初年，徐國便曾率領東夷各國，配合武庚和大將飛廉，企圖反周複商。三監之亂被平息後，徐國還是不消停，尤其愛跟魯國過不去，一度打得魯國都城曲阜不敢開東門。西元前十世紀初，徐國又率東夷各國反抗周國，被周昭王給鎮壓了。後來，周昭王淹死了，週六師幾乎全軍覆沒，周王朝的兵力大為削弱，這也給了徐國重整旗鼓的機會。

此時徐國的君主嬴誕，是一位少見的賢明之君。據說，他和周文王一樣躬行「仁義」，國內的臣民和鄰國百姓紛紛被他的高尚道德所感化，竟然有三十六個國家的君主來朝見，願意歸附。就這樣，嬴誕在周王朝的東部拼湊了一個龐大的邦國聯盟。

正逢周穆王西征的時候，嬴誕趁機自立為王，史稱徐偃王。要知道，按照周朝的制度，只有天子才能稱王，所謂「天無二日，民無二主」。嬴誕自封王號，就是公然要與周天子平起平坐。隨後，徐偃王還率領幾十個東夷國家，向周王室發動進攻。

然而，當時徐國在東邊燒起來的這把火，確實讓一門心思西征的周穆王膽戰心驚。要是被徐偃王攻入中原，那祖宗幾輩子傳下來的江山，豈不是要土崩瓦解了嗎？萬般無奈之下，周穆王從西征前線緊急抽身，乘坐八駿戰車，風馳電掣，往東疾馳而歸。

周王可以十萬火急趕回來，但是西征大軍，豈能一時半會驅馳千里？為了迅速撲滅徐國的反叛，周穆王一面調集國內留守部隊，一面命令楚國君主熊勝出兵助戰！

這道命令很值得琢磨。儘管楚國和徐國都位於長江流域，但一個在長江中游的湖北西部，一個在長江下游的江蘇，東西遠隔何止千里。如果楚國這時還只是一個毫不起眼的蕞爾子國，周穆王何必千里迢迢地命令楚國參戰？可見，這時候的楚國應該已經具有了較為強大的國力，並且在長江中游的方國和蠻夷部族中有一定影響力。

接到周王的命令，楚國內部議論紛紛。

有人認為，楚國和徐國相距這麼遠，咱們帶著兵馬千里奔襲，還沒打，就會疲憊交加，然後徐國再以逸待勞，楚軍豈不吃虧？再說，就算打贏了，楚國也撈不到什麼好處？所以，找個藉口推辭掉為上策。

還有些激進的人乾脆主張率領江漢的這些荊蠻與徐國聯盟，一起打垮周軍，即使不與徐國聯盟，起碼也要趁周穆王東西兩頭顧此失彼的機會，把江漢地區拿下來！

然而熊勝否定了這些建議。

他告訴臣屬：周王室依然擁有龐大的力量。這時候直接和周王室作對，是愚蠢的行為，一個不留神，引來周軍大兵壓境，那就變成楚國替徐國擋刀了。

至於推辭不去，也不好。周穆王畢竟是天子，楚國不能公開違抗命令。

因此，楚國要出兵，而且不是敷衍應付，要派出精銳部隊前往助

戰。

熊勝明白，這背後蘊藏著更深的利益。

從楚人居住的荊山之地，往東前往徐國，正好要經過江漢平原。楚國軍隊奉周天子之命，千里遠征，所到之處，自然是要糧有糧，要人有人。

通過東征徐國的這一趟武裝大遊行，楚人不但可以親臨考察江漢的山水地貌、風土人情，而且更能堂而皇之地徵調江漢各國和各部族的人力物力。周王室鎮壓徐國的一次戰爭，卻為楚國提供了探索長江流域、整合調度資源的絕佳機會。

這也為楚國下一步的擴張，提供了很好的條件。

打定主意後，熊勝揚旌出師。楚國兵馬跋涉東下，直驅徐國，與周王室的軍隊一起，對徐偃王及其盟國展開夾擊。

周楚聯軍伐徐之戰，打得並不太激烈。有史書記載說，徐偃王「仁義」，不忍見百姓遭到兵火塗炭，於是主動放棄王位逃亡。可這未免太兒戲了些，真要是仁義到不肯打仗，他為什麼造反？更大的可能是，徐偃王及其盟友原本想趁周穆王西征撿個便宜，卻不料周穆王回來得如此之快，更不料楚國軍隊會從南面掩殺而來。於是在周楚聯軍的兵鋒前，原本就是一盤散沙的徐淮各國聯軍，紛紛土崩瓦解，徐偃王兵敗被殺。不過，周王朝為了安撫人心，還是讓徐偃王的兒子留任。

《後漢書‧東夷傳》裡面說，滅徐國的是楚文公，這當是訛傳，因為楚文王是熊勝的後輩，跟周穆王隔了快三百年。

清代徐時棟《徐偃王志》中，記錄了楚伐徐之前的一段對話。

楚王孫厲謂楚子曰：「漢東諸侯三十六國，胥服徐矣，不伐，楚必事徐。」楚子曰：「偃王有道，好行仁義，不可伐。」王孫厲曰：「臣聞大之伐小，強之伐弱，猶石之投卵也，猶大魚之吞小魚也，猶虎之啖豚也，又何疑焉！且夫文不達德，武不任力，亂莫大焉。」楚子曰：「善。」

這段記載多半也是杜撰的。楚國和徐國遠隔千里，談不上「不伐，楚必事徐」，而且楚伐徐也是遵照周穆王的命令。

論爵位，徐國和楚國都是第四等子爵，但徐國已有千餘年歷史，史稱「據地五百里」，有十倍於楚國的初期封地。能夠勞師遠征，打垮徐國，表明楚國本身實力已經不可小覷。同時，這次戰爭也成為展示楚國力量、擴大楚國影響的舞臺。就在不久之後，楚國開始了在江漢流域的滅國之舉。

2. 熊渠稱王抗周室

西元前九六三年，楚子熊勝配合周穆王鎮壓徐國叛亂。之後又過了十多年，熊勝去世，君位傳給了弟弟熊楊，這也是楚國歷史上第一次兄終弟及。到底是因為熊勝沒有兒子，還是覺得兒子不成器弟弟更賢明，抑或因為其他原因，由於史料缺乏，難以判斷。

熊楊是個挺長壽的君主，據說他在位將近六十年，約在西元前八八七年去世，繼位的是熊楊的兒子熊渠。

此時，西周王朝也經歷了周穆王姬滿（西元前 977-西元前 922 年在位）、周共王姬繄扈（穆王之子，西元前 922-西元前 900 年在位）、周懿王姬（共王之子，西元前 900-西元前 892 年在位）、周孝王姬辟方（穆王之子，西元前 892-西元前 886 年在位）等幾位天子。

就在熊渠繼位的第二年，周孝王也駕崩了，繼位的是周懿王之子、周孝王的侄孫姬燮，史稱周夷王（西元前 886-西元前 878 年在位）。

周夷王和熊渠在位的時間基本相當，而周朝與楚國的命運都發生了很大的變化。

周夷王才能平庸，氣量小。因為聽信紀國君主的讒言，他竟然把齊國君主齊哀公活活烹死，這手段簡直比得上當年的商紂王了。可惜，他又沒有商紂王的雄心武略。在他統治下，周王室日趨衰落，諸侯之間紛爭迭起。

而熊渠則是一位出名的勇士，身材高大，筋骨強健，尤其擅長射箭。據說一次他夜間外出，看見一塊大石頭，以為是老虎，趕緊張弓搭箭射去。待射中之後，沒聽見老虎叫，這才發現是塊石頭，可那弓箭竟然都射進石頭裡去了。

此時，楚國的勢力也遠非百年前可比。自抗周、伐徐兩戰後，楚國在江漢地區的聲威大振，不少部族紛紛表示臣服。楚國掌控的領土、人口和能夠調動的兵力也大幅度增加。熊渠的出色武藝，也在崇尚蠻力的部族中獲得讚譽。現在的楚國，已經成了一隻鋼鉤鐵爪的鳳凰。

目睹了周夷王的昏庸，熊渠暗自竊喜。他一面繼續關注著中原局面，一面訓練兵馬、打造武器，準備著擴張。

經過七八年的準備，西元前八八〇年左右，熊渠出動了。

他的矛頭，指向了西邊的庸國。

庸國是長江流域的一大強國，已有千年歷史。在武王伐紂時，庸人便作為重要的盟軍，參加了牧野之戰。周滅商後，庸國受封的爵號是「伯爵」，比楚國的「子爵」高一級。要知道，作為非周王朝宗親，也不是親信功臣的邊緣國家，得到這個伯爵的封號已經很不容

易，基本上等同於西南地區的首腦。按照制度，伯爵的封地是七十里，但庸國顯然不受限於此。據考證，當時庸國的都城在上庸（今湖北枝山一帶），但其控制的疆域和影響範圍，最大可能包括今天湖北省西部、湖南省西北部、陝西省南部和四川、重慶東部，面積超過數萬平方公里。這一帶的「百濮」部族，都遵從庸人的號令。

僅憑這些就可以判斷，庸國比楚國強大。然而熊渠打的就是這個出頭鳥！楚軍大舉進攻殺奔庸國而去。

早在數十年前，楚軍便能越過江漢平原，一舉擊潰徐偃王的淮泗聯軍。如今在勇士熊渠的率領下，更是如猛虎下山。一仗下來，庸人丟盔棄甲，損兵折將。不過，庸人畢竟樹大根深，楚軍雖在戰場占優，也無力一舉滅掉庸國。熊渠在佔領了一些地盤、搶掠到一些財富之後，收兵東歸。

打完西邊的庸國，接下來幹啥呢？熊渠早有打算：繼續打，西邊打完了，就打東邊！他的對手是長江中游的揚越（又作揚粵、楊粵）部族。

揚越即南遷的三苗部族，號稱是蚩尤之後。當時，從湖北省中部一直往東，江西、安徽、浙江等都是揚越人，他們的居住之地，多有銅礦。楚國雖然已經得到江漢地區不少荊蠻的擁戴，但揚越人卻多有不服。熊渠決定趁此機會，一舉掃清這一帶。

揚越部族並沒有形成一個統一的國家，部族各自為政。靠近楚地的揚越政權中，最強大的是鄂國，在今天湖北的鄂州市一帶。據考

證，當初抵抗周昭王南下的，便有這個鄂國，那時候鄂國和楚國還是實質上的盟友。然而，時過境遷，昔日盟友變為今日仇敵。楚軍前番伐徐時便已途經揚越之地，對於鄂國可謂知根知底，如今還得到部分荊蠻部族的配合。一番大戰之後，楚軍以摧枯拉朽之勢，大敗鄂軍，盡占鄂國之地。鄂國君主往北逃到今天河南省南陽，又延續了幾百年。

領頭的鄂國都被打敗，其他的部族、方國還有什麼話說？於是，熊渠趁勢掃蕩江漢，群蠻俯首。當初立國五十里的子爵，如今一躍成為據地數百里、威震江漢的大國。

熊渠站在荊山之上，望著浩蕩漢水，俯瞰江漢平原，不禁仰天長嘯，壯懷激烈。

想當初，楚國先祖鬻熊作為周文王的高級顧問，何等榮耀。然而武王分封時，並無楚人之份。

熊繹雖得分封，卻只是個區區五十里的子爵之國，更過分的是被視為蠻夷，不得參加諸侯會盟！

現在大楚國雄威赫赫，何必再給那已然中衰的周王朝當跟班？

念及往日之恨，目睹今日之威，熊渠大聲疾呼：「那好，既然你周王室把我們楚人當蠻夷，我們就按蠻夷的規矩辦事好了！」

於是，熊渠就跟徐偃王一樣，自立為王！

先秦時一個很尊貴的名號 —— 楚王，就此出現在中國歷史舞臺

上。

這一年，大致是在西元前八七九年，距離熊繹被封為子爵，已經過去了兩百四十年左右。

熊渠行事比徐偃王更加張揚，他自己當了王還不夠，還要多封幾個王！

他封自己的長子熊康為句亶王，統轄今天湖北江陵一帶；封次子熊摯紅為鄂王，統轄今天湖北鄂州、武漢一帶；封小兒子熊執疵為越章王，統轄今天湖北孝感一帶。三個公子的封地，從西向東排開一字長蛇陣，牢牢控制著江漢之間的要地。

一家子出了四個王！這一刻，標誌著楚人對自己的信心達到了極致。同時，也揭開了先秦時期一段新的歷史。黃河流域的周王朝，與長江流域的楚國，這兩大實體正式開始了競爭。

3. 畏雄王暫時蟄伏

西元前八七九年左右，熊渠自稱楚王，還封三個兒子為王，這可把當時的天子——周夷王姬燮給急壞了。原本天下就夠亂了，現在楚人還這麼不給面子，可怎麼得了？

天無二日，對這種敢於擅自稱王的，一定得趕緊滅掉。可是，當初徐偃王稱王，周穆王正是借了楚國的兵才得以將徐國鎮壓下去的。如今楚國實力比當初的徐國還要強大，周王朝卻比穆王時候衰弱得多，誰能壓得住熊繹啊？

周夷王急火攻心，竟然在西元前八七八年身染重病，一命嗚呼。

聽到對手的噩耗，熊渠很是得意了一番。不過，沒幾年，他就得意不起來了，因為周夷王死後，換上了一個更強的對手——他的兒子姬胡，也就是歷史上的周厲王（西元前878-西元前841年在位）。

周厲王曾被簡單地標注為「暴君」，說他貪婪狠毒，高壓統治民眾，以至於引發了國人暴動，最後客死他鄉，是個徹頭徹尾的悲劇人物。

然而歷史上的周厲王，是頗有城府的。

周厲王啟用榮夷公和虢公長父作為心腹重臣，疏遠世襲的周公、召公兩族。這在西周貴族中引發軒然大波，認為周厲王破壞優良傳統，是在胡作非為。然而周厲王任用這兩人，因為他們是具有革新精神的政治家、軍事家。他們一方面改革稅收制度，從非分封領土的山林川澤中收稅；另一方面則將貴族爵位和貢獻給王室的金錢掛鉤。這兩項措施，一方面可以理解為「貴族階層基於佔有的自然資源和爵位，為國家財政作貢獻」；另一方面則可以理解為「對百姓橫徵暴斂，賣官鬻爵」。但無論如何，周厲王通過這些措施，確實增加了國家收入。

在軍事方面，厲王也是個狠角色。面對日漸衰微的國力、四面蠻夷入侵的境況，周厲王果斷亮劍，整頓兵馬，號令天下：「誰打我，我打誰！」他在位期間，多次同周邊蠻夷交鋒，尤其是在對抗東南的淮夷勢力中，頗有戰果。

種種跡象表明，熊渠很可能早在周夷王在世時，便對當時還是儲君的周厲王有所瞭解。根據《竹書紀年》記載，就在周厲王繼位的第二年（西元前 877 年），熊渠就趕緊取消了自己的王號，還派遣使者，向周厲王進獻龜殼和貝殼。這基本上就等於重新承認周天子的地位。

楚王這個稱號，才出現了短短兩三年，就又消失了。

這當然有些窩囊，不過，也可以反過來理解為是熊渠老謀深算。畢竟，即使楚國已經占地數百里，面對式微的周王朝，終究還是處於劣勢。周天子弱勢時，楚國可以借機撈取好處、擴充實力；周天子一

且強勢，那楚國還是老實一點好。

接著，楚子熊渠病逝。而他開疆拓土，首次稱王，把楚國基業發展到了一個新的高度。

這時，熊渠的長子，曾被封為句亶王的熊康已經先于父親去世。所以，繼位的是曾封鄂王的次子熊摯紅。然而，熊摯紅即位不久，就被自家的三弟，曾封為越章王的熊執疵殺害。熊執疵弒兄篡位之後，改名熊延。

面對周厲王的淫威，熊延也不敢亂來。他在西元前八四七年去世，其子熊勇繼位。

西元前八四一年，國人暴動，周厲王狼狽逃亡到「彘」（在今山西霍縣）。此後十多年，周王朝由周公和召公聯合攝政，史稱「共和」時期。

小貼士：周厲王年代分歧

國人暴動的共和元年（西元前 841 年）為中國古代史有明確紀年的開始，之前的年代則存在多種分歧。《竹書紀年》記載，周厲王十三年即引發了國人暴動，以此推測厲王繼位在西元前八五四年。但《史記》則記載周厲王三十七年發生的國人暴動，以此推測則厲王繼位在西元前八七八年。

壓在楚人頭上的這一座大山終於消失了，他們立刻重新投入熱火朝天的搶地盤運動中。周朝這一方面，「共和」執政的召公和周公，

雖然推翻了周厲王，卻也不會輕易讓王朝權益遭到損害。在這個過程中，周王室與楚國又開始發生一系列摩擦。

西元前八三七年，熊勇去世，其弟熊嚴繼位。西元前八二八年，熊嚴去世，其子熊霜繼位。同一年，周厲王去世。於是，周厲王之子姬靜被扶上王位，史稱周宣王。

楚國又迎來了一個強勁的對手。周宣王繼承了父親的強硬個性，同時吸取了父親的教訓，對內消除周朝貴族之間的矛盾，對外加強武力鎮壓。短短數年間，周宣王在西北面打敗玁狁、犬戎，在東面再度征服徐淮地區的方國。對於在南面耀武揚威的楚國，周宣王也毫不留情，再度揮舞起了長劍。

周宣王五年（西元前 823 年）農曆八月，宣王命方叔等率領大軍，南征荊楚。

楚子熊霜面對周軍，他豪情萬丈：「怕什麼，打就是！」

於是，兩軍在江漢展開血戰。又一次，楚人兵敗，屍橫遍野，百姓抱頭鼠竄。今天在《詩經》中，好些篇章都提到了這次戰爭。

《小雅・采芑》中記載：

薄言采芑，于彼新田，於此菑畝。方叔涖止，其車三千。師幹之試，方叔率止。乘其四騏，四騏翼翼。路車有奭，簟茀魚服，鉤膺鞗革。

薄言采芑，于彼新田，於此中鄉。方叔涖止，其車三千。旂旐央

央，方叔率止。約軝錯衡，八鸞瑲瑲。服其命服，朱芾斯皇，有瑲蔥珩。

鴥彼飛隼，其飛戾天，亦集爰止。方叔涖止，其車三千。師幹之試，方叔率止。鉦人伐鼓，陳師鞠旅。顯允方叔，伐鼓淵淵，振旅闐闐。

蠢爾蠻荊，大邦為仇。方叔元老，克壯其猶。方叔率止，執訊獲醜。戎車嘽嘽，嘽嘽焞焞，如霆如雷。顯允方叔，征伐玁狁，蠻荊來威。

詩中，描寫了周軍的赫赫軍陣和統帥方叔的威嚴。根據《詩經》的描寫，周軍出動了戰車三千乘（按周代軍制，三千乘戰車的兵力在十萬到二十萬人之間，這個兵力數字可能有誇張）。而最後一段更是朝著荊楚發出宣號：「你們這些愚蠢的荊楚蠻夷，竟敢與我周天子為敵！咱們的方叔老當益壯，很快就要率軍大批抓獲你們！聽，咱們王師的戰車雷霆般轟鳴！方叔曾經率軍征服西北的玁狁，這下輪到你們這些荊楚蠻夷嘗嘗厲害了！」

小貼士：楚公逆鐘

山西曲沃的晉侯墓地，出土了一套八件的西周晚期編鐘，上面銘刻六十八字，大意記述「楚公逆」為祭祀祖先，得到四方首領貢納的銅九萬鈞，「楚公逆」用這銅製作了一百套編鐘。關於這套編鐘，有學者認為，「楚公逆」是周宣王時期的楚子熊咢，即熊霜的侄子。這套編鐘可能是通過外交禮儀贈送晉侯的。但也有學者認為，「楚公逆」就是楚王熊渠，這是他稱王之後顯擺用的。這

套編鐘可能是周宣王伐楚之後獲得的戰利品，賞賜給了隨軍的晉侯。

熊霜被打得灰頭土臉，只好再次向周王室服軟。這一戰對楚國造成了嚴重打擊。就在次年（西元前 822 年），熊霜去世。他的三個弟弟熊彐（又作熊雪）、熊堪、熊徇立刻展開了一場爭位之戰。經過一番爭鬥，二哥熊彐死於非命，三哥熊堪逃亡，四弟熊徇笑到最後，登上了楚子的寶座。楚國歷史上第二次手足相殘的事件就此落幕。這距離上次熊延殺哥哥熊摯紅，也不過幾十年而已。

4. 西周衰亡遇良機

　　殺死哥哥的楚子熊徇在位二十三年，於西元前八百年去世，他的兒子熊咢繼位。又過了九年，熊咢去世，其子熊儀（史稱若敖）繼位。

　　這段時間裡，雄才大略的周宣王，始終未曾放鬆對荊楚之地的監視。早在一百多年前，周昭王南征時便在漢水分封建立了姬姓的隨國（今湖北隨州）、唐國（今湖北隨州唐縣）等諸侯國，它們被稱為「漢陽諸姬」，進可作為周王室控制、征討江漢地區的橋頭堡，退則是防範江漢荊蠻入侵中原的壁壘。如今，漢水以南的荊蠻不再是一盤散沙，而是一個逐漸崛起的楚國，於是周宣王增強了漢陽諸姬的國力，它們連同稍靠北的息國（今河南息縣）、蔣國（今河南固始）、蔡國（今河南上蔡）、頓國（今河南項城）等姬姓國家，以及附近依附周王朝的其他姓氏方國，構成了抵禦楚國進入中原的包圍網。為了鞏固這個包圍網，周宣王還把周王室的姻親申國、呂國分別從陝西和山東搬遷到河南南陽一帶。

　　這樣，橫亙在楚人面前的，簡直是一道銅牆鐵壁。要飛越過去，可沒那麼容易！楚人只能再次停下擴張的步伐，埋頭在漢水以南地區發展。這一停，又是好幾十年。

不過，西周王室的「中興」，至此也就到頭了。周宣王在位三十餘年後，逐漸剛愎自用，對外累次用兵，損耗了不少國力。尤其是西元前七九○年發生在陝西的「千畝之戰」中，周軍慘敗於姜戎，周宣王差點喪命，麾下的「南國之師」傷亡殆盡。「南國之師」是周宣王從國土南部的駐軍、諸侯國部隊和扈從部族中調集的兵馬。這支軍隊的喪失，無疑使周王室對江漢地區的控制力遭到嚴重削弱。

西元前七八二年，周宣王去世，其子姬宮涅繼位，他就是歷史上赫赫有名的昏君——周幽王（西元前 782-西元前 771 年在位）。他寵倖美女褒姒，上演「烽火戲諸侯」的鬧劇，最終招致犬戎入侵，周幽王死於非命，西周滅亡。

幽王之子姬宜臼在鄭國、秦國、晉國、魯國的護衛下繼位，於西元前七七○年東遷到原先的陪都洛陽。自此，東周的歷史開始了。

「平王東遷」的影響是相當嚴重的。過去周王室之所以能號令天下，除了天子之尊的虛位之外，更因為王室佔有的關中之地，沃野千里，江山穩固，保證王室隨時有力量討伐不聽話的諸侯，比如徐國、楚國。哪怕周軍吃幾次敗仗，損失一些兵馬，只要關中平原還在，過十年二十年也就「回血」了。

然而隨著西周滅亡，關中土地全部落入犬戎之手。此後，秦國打敗犬戎，奪回關中之地，開始構建自己的基業。失去關中的東周王室，則只剩下洛陽附近的幾百里土地，不但統治面積大大縮水，而且四面受敵。這樣一來，王室本身實力嚴重受損，其對諸侯的威懾力也隨之下降。各國諸侯趁勢開始你爭我奪，弱肉強食的時代來了。

諸侯越來越強，天子越來越弱，終於形成了「禮樂崩壞」的局面。在諸侯爭雄中，楚國自始至終，扮演著重要的角色。

東周又可分為春秋、戰國兩個時期。

春秋早期，楚國尚且無力越過漢水，突破早前周宣王部署的包圍網，他們繼續潛心在漢水以南發展，擴充實力。楚君熊儀在位二十八年後，於西元前七六四年病故，其子熊坎繼位，史稱宵敖。宵敖在位七年去世，其子熊眴在西元前七五八年繼位，史稱蚡冒。

這三任楚君的稱號若敖、宵敖、蚡冒，據考證是楚君的諡號。中原各國的諡號，往往用一個字歸納此人畢生的功過得失，而楚人早期的諡號，據稱是根據君主死後安葬的地點來制定的。在《韓非子》中，熊眴又被稱為楚厲王。

此外，這幾位君主和他們的祖先熊繹一樣，也曾「篳路藍縷，以啟山林」。不過，這會兒的楚國，早已不是三百年前那個土地五十里，連祭祖的牛都要靠偷的窮國。相反，現在楚國已佔有江漢之間的數百里土地。他們無須再為生存而戰，而是為擴張而戰。

楚國位於蠻族包圍之中，四面楚歌，危機四伏。據《韓非子》記載，熊眴為了防止出現緊急軍情，專門設立了一面鼓，和百姓約定，若是有敵人來犯，擊鼓為號，百姓聽到鼓聲，就立刻拿起武器集合，共同抵禦敵人。有一天，熊眴喝醉酒路過，一時興起，居然拿起鼓槌，咚咚咚敲起來。城中和附近的民眾聽到鼓聲，大驚失色，都趕緊拿著武器前來集合。結果到廣場一看，國君熊眴滿嘴酒氣，搖搖晃晃

地大著舌頭說：「呃，對不起各位父老，我不小心敲錯了。」老百姓議論紛紛，各自散去。

過了幾個月，真的有一次鄰近的蠻人侵犯，熊眴趕緊命人敲鼓，老百姓以為是這昏君又在胡鬧，都沒當回事。結果敵軍衝進國土，燒殺一番，損失慘重。這基本上算是「烽火戲諸侯」的楚國版，不過熊眴的運氣比周幽王好，敵軍並沒能要他的命。於是熊眴再次召集百姓，檢討了自己的錯誤，並且更換了緊急集合的號令。從此以後，他再也沒有拿這事開過玩笑，而百姓們也嚴格遵守新的集合號令。

《韓非子》還記載了另一個故事，說是有個叫卞和的人在荊山下發現一塊璞玉，要獻給熊眴。熊眴派工匠檢查，工匠回報說是石頭，熊眴便以「欺君之罪」砍去了卞和的左腳。等到熊眴死後，他弟弟熊通（楚武王）繼位，卞和又把璞玉獻上去，熊通又叫工匠檢查，工匠還是說是石頭，熊通便命人砍去了卞和的右腳。等到熊通的兒子熊貲（楚文王）繼位，卞和在荊山下傷心地哭，眼淚都哭乾了。熊貲很奇怪，派人問他說：「天下被砍腳的人那麼多，你為什麼這麼傷心？」卞和回答：「我不是為砍腳傷心，而是因為寶玉被污衊為石頭，忠心之士被污衊為騙子，這才讓人心痛啊。」熊貲讓工匠雕琢璞玉，果然製成一仲精美的寶物。為了紀念卞和，熊貲將其命名為「和氏璧」。

《韓非了》上記載的這則故事真偽難辨。若是真，則可知楚國當時沿用夏商周的五刑，刑罰還是相當嚴峻，居然說得出「天下被砍腳的人那麼多」這種話來。

熊眴繼位之時，距離當初熊霜被周宣王打敗，又已經過去了許多

年。楚國早已恢復了前番兵敗的創傷，再度蠢蠢欲動。不過，這回他沒有傻到再去挑釁周王室。相反，經過十多年訓練之後，熊眴把兵鋒指向鄰近西南的百濮部族。這些鄰近的部族，每征服一個，楚國自己的力量便大了一分，而潛在的威脅便少了一分。

當時有一個陘隰國，在百濮部族中也算是強族，族人驍勇善戰。熊眴思考之後，覺得可採用驕兵之計。他率軍向陘隰發起挑戰，陘隰軍開城殺出，楚軍略戰一陣，便退回營中，堅守不出。陘隰軍隊屢次挑戰，楚軍只是龜縮。如是三番，陘隰軍越發得意，認為楚軍太懦弱了，壓根就不堪一擊！他們在楚軍營外耀武揚威，戒備鬆懈。相反，楚軍將士看到敵人這般輕慢，一個個都十分生氣。

熊眴眼看陘隰人隊伍散亂，士眾疲憊，便忽然大開營門，率軍殺出。楚軍早已在營中憋屈許久，滿腔怒火暫態噴發，紛紛突進，以一當十。而陘隰人做夢也料不到原本的縮頭烏龜變了樣，頓時慌了神，紛紛敗退。楚軍一鼓作氣，攻入了陘隰的城堡。陘隰人走投無路，只能臣服于楚國。

征服陘隰之後，熊眴準備繼續擴張。然而，他卻在西元前七四一年死去。熊眴生於哪一年，史書未曾記載，但他死後，他的弟弟熊通又在位五十餘年，可知熊眴死時年齡並不太大。據《史記》的說法，熊通殺害了哥哥的兒子，從而奪得繼承權，也有人說熊眴本人就是為熊通所弒。不管如何，楚國君位的傳遞，又一次沾染了血腥。

只是，這一回從血泊中奪得權柄的熊通，將把這血光灑向更廣闊的領域，從而為楚國譜寫一曲征服之歌。

5. 初伐隨徒勞無功

先前，熊延殺死二哥熊摯紅，是在周厲王威勢逼人，熊渠被迫取消王號之後；熊徇殺死二哥熊彐，也是在楚國遭遇周宣王征討，大敗虧輸之際。換句話說，這兩次都是國勢低潮下的內亂。

而這一次，熊通的哥哥熊眴在位時，卻是正在勵精圖治，積極擴張。在這種情況下，作為篡逆者的熊通，如果不能拿出更加驕人的戰績，如何面對國人的指指點點？

於是，熊通以更為激進的勢頭，揭開了楚國新的時代。

登基三年後，他即在西元前七三八年，渡過漢水，準備大幹一場。

這一次他的入侵目標，不是漢水東岸的「漢上諸姬」，卻是遠在南陽盆地的申國！

申國是姜姓國家，周王室的累世姻親，原本在陝西，勢力很大。周幽王之所以死於非命，就是因為幽王寵倖褒姒，廢除申後，得罪了申國，才被申國勾結犬戎入侵，直接導致了西周滅亡。楚國這次攻打的是南申，也就是申國在河南的部分領地，當初是周宣王專門安排他

們過來的，目的就是遏制楚國。

攻打南申表明，楚國再次向周王室亮出了爪牙。一旦楚軍攻陷申國，就等於撕開了當初周宣王部署的防禦網，下一步便可直驅中原！熊通滿腔豪情，只待噴薄而出。

然而，他失望了。

這一仗，史料記載不詳，但估計楚國沒有占到便宜。熊通的開門一戰，落了個灰頭土臉，敗興而歸但他並不氣餒，總結經驗教訓，他認為楚軍之敗源於戰略上的失誤。

首先，申國也算老牌的諸侯國，實力不弱，並非楚國之前對付的南方蠻夷可比，而楚國對於北方諸侯的戰法尚不熟悉。

其次，楚人越過「漢上諸姬」的第一道防線，直撲南陽，勞師遠征，又得不到荊蠻部族的支持，敗於申軍也非怪事。

於是，熊通打消了一步登天的宏願，轉而制定更腳踏實地的戰略。

第一步，先繼續經營漢水以南的地區，掃蕩尚不服從的方國，將江漢之地打造為楚國堅固的大後方。

第二步，待到漢水以南完全吞併之後，再渡過漢水，向北岸的「漢上諸姬」挑戰。

第三步，待到漢水兩岸都已肅清，再進取中原。

打定主意，熊通先向漢水以南尚不服從的方國發動了進攻，兵鋒所指，乃是權國。

權國，位於今天湖北省當陽市。權國君主是商王朝的後裔，建立於商朝後期。當年商王武丁征服荊楚地區後，將自己的一個兒子封在當地。這麼算起來，權國歷史比楚國還長差不多兩百年。

然而在如狼似虎的楚軍面前，權國很快兵敗滅亡。

此後，熊通繼續東征西蕩，征伐江漢。經過多次苦戰之後，楚國終於掃清方國。漢水以南的領土，全都歸附於楚君，聽從楚君的號令。

而對漢水北面，熊通也有意識地進行外交拓展。當時，漢水北面諸國中，姬姓諸侯最強大的是隨國，而異姓諸侯中，則是商王室後裔掌管的鄧國較為強大。熊通娶了鄧侯吾離的女兒鄧曼為夫人，鄧楚聯姻後，楚國便可以專心對付姬姓諸侯了。

同樣在這二十年間，周王室進一步衰微。周平王在位之初，是靠著鄭國撐腰，鄭武公、鄭莊公父子先後擔任周王室的卿士。後來，鄭莊公開始欺負起周平王來。周平王企圖撤掉鄭莊公的卿士之職，結果鄭莊公拍馬殺來，把周平王嚇得不輕。西元前七二〇年，周平王為了安撫鄭莊公，竟然把王子狐派到鄭國作人質。同時鄭莊公的兒子公子忽也到洛陽作人質。此事史稱「周鄭交質」。堂堂天子與諸侯交換人質，說起來簡直可笑至極。周平王受此差辱，兩年後就一命嗚呼，由其孫子姬林繼位，即周桓王（西元前 718-西元前 679 年在位）。

伴隨著周王室的衰退，楚國終於開始讓中原各國感到戰慄。西元前七一○年農曆七月，蔡侯和鄭伯跑到鄧國相會，商量一件大事：楚國這麼強了，會不會來打我們啊？

要知道，此時鄭莊公在位，鄭國正是如日中天的中原霸主。連鄭莊公都對楚國如此忌憚，可知楚國實力確實已非昔日可比。鄭國、蔡國到底商量出什麼來，史書沒有記載，估計他們也想不出什麼好辦法。

熊通此刻的實力，已經足以越過漢水。因此在漢水以北的那些諸侯國，個個都跟老虎身邊的牛羊一樣，一日三驚，生怕楚國進攻。可是，熊通並沒有動作。畢竟，越過漢水攻打姬姓國家，可以理解為直接向周王室宣戰。一個不小心，自己不光要面對周軍，還可能面對尊奉周王室旗號蜂擁而至的大批諸侯。

此時的熊通，早已不是殺侄篡位、遠征申國的愣頭青了，他需要等待一個更加適宜的機會。

沒多久，機會來了。西元前七○七年，周桓王又與鄭莊公發生衝突。這一次，雙方的矛盾徹底激化。周桓王率領王室軍隊和衛國、蔡國、陳國聯軍，討伐鄭國。繻葛（今河南長葛）一戰，鄭莊公大破周衛陳蔡聯軍，周桓王的肩膀中了一箭，狼狽逃走。

這一戰震驚天下。周天子不僅與諸侯發生戰爭，而且還是同姓諸侯！而且周天子還被打敗了！

熊通歡喜得拍案大叫：「妙哉，機會來也！」

次年也就是西元前七〇六年，楚武王整頓大軍，渡過漢水，殺奔隨國而去。

隨國，位於今湖北省隨州一帶，與楚國的發源地隔著漢水東西對峙。隨國在「漢上諸姬」中是較為強大的一個國家，同時也位於漢上諸姬的心腹位置，是漢上諸姬的隱形領袖。熊通此舉，也有「打蛇打七寸」之意。憑藉楚國強大的兵力，若能一舉消滅隨國，則接下來掃蕩漢上諸姬，豈不是易如反掌！

然而事態發展有點出乎熊通的意料，面對楚人大兵壓境，隨軍既不曾正面迎敵，又不曾驚慌失措。相反，隨軍堅守城池，擺出「耗到底」的架勢。

同時，在隨國周圍的漢上諸侯，也紛紛整頓兵馬，似乎要來增援隨國！

以楚國的兵力，要單戰隨國自然能贏，但若是漢上諸侯一起來，遠道而來的楚軍怕也招架不住。熊通便使了個花招，他一面把軍隊駐紮在「瑕」這個地方，一面派出大臣薳章前去和隨國和談。這位薳章也是芈姓，是楚君的同宗。隨國君主見楚人先禮後兵，也派出少師前來會談。

楚國的另一位宗室貴族鬬伯比（熊儀之子，熊通的叔父）給熊通獻計道：「大侄子啊，咱們在漢水東邊弄得這樣尷尬，其實是自找的。」

熊通盯著他：「叔父何出此言啊？」

鬭伯比：「你看咱楚國整頓這麼多軍隊，氣勢洶洶過來，這些小國都怕被咱們攻擊，當然要聯合起來對付我們了。隨國正是他們的老大，咱們攻打隨國，那就是捅了馬蜂窩。這樣一來，咱們寡不敵眾，很難獲勝。」

熊通道：「您咋不早說呢？現在該怎麼辦吧？」

鬭伯比道：「所以咱們應該反其道而行之，放低姿態，讓隨國自高自大，瞧不起咱們。他們一旦驕傲起來，就會拋棄附近這些小國，單獨對抗我們。這樣，我們就可以毫不費力地收拾隨國了。正好，這次是他們的少師來談判。我聽說此人一向狂傲，好出風頭。咱們可以把精兵強將都隱藏起來，故意裝出兵力贏弱的模樣，讓他回去叫囂。」

熊通大喜：「不錯，這個主意好。」

另一位宗室大臣卻道：「這個法子雖然好，但隨國還有個賢能的大臣叫季梁，只怕瞞不過他啊。」

鬭伯比哈哈笑道：「就算這次被季梁識破，還有以後呢。少師這種誇誇其談的人更容易討君主喜歡啊。」

於是，等隨國少師進入楚軍營寨，熊通就派出一堆老弱殘兵，拿著破爛的兵器，歪歪扭扭地站著迎接。少師看了，心想這幫荊楚蠻夷，原來如此不堪一擊啊。他回到城中，對隨國君主道：「主公，這楚蠻軍隊完全就是一盤散沙。咱們立刻出城，打他個落花流水，讓他知道什麼叫禮儀！」

隨侯覺得有理，便打算出城攻擊楚軍。這時大臣季梁站出來制止道：「主公，您不能去！楚國人兵力衰弱，那都是裝出來，就是要引誘我們出戰啊。這要去了，非吃敗仗不可！」

　　隨侯畢竟也不傻，又猶豫起來。接著季梁侃侃而談，分析了楚國的優勢和隨國自身的種種弊端，說得隨侯汗流浹背。

　　末了，季梁建議道：「現在我們要做的，一方面是加強軍備，安撫內部民心，另一方面要和漢上諸姬鄰國搞好關係，這樣才能確保萬無一失。至於楚國那邊，可以再派人去好好和他們商量。他們要是蠻不講理非要打仗，我們就占了道義上的上風。」

　　他聽從季梁的安排，開始做內外兩手工作，又派人去楚軍營寨，向熊通詢問：「我們隨國又沒有得罪你們，為什麼要出兵攻打我們？」

　　熊通看到隨國沒有上當出擊，知道這一次很難取勝了。他就對隨國使者道：「我們楚國本來就是蠻夷，沒那麼多規矩。現在周王室自己這麼亂，連你們姬姓的很多諸侯都背叛了他，相互攻打。我楚國據地數百里，兵力如此強大，難道不應該重新分封嗎？你們隨國是姬姓國家，請你們給周天子說說，把我的爵位晉升一下吧，最好給個公爵，實在不行，侯爵也成。」

　　隨國使者回去報告隨侯，少師勃然大怒：「區區楚蠻，還想當公爵？咱們絕不能答應！」

　　季梁道：「楚國這個要求確實過分，但是咱們沒有決斷權。依我

看，就替他們報告給周天子，一切由周天子定奪。天子許還是不許，楚人都沒藉口攻打咱們。」

於是隨侯同意替熊通轉達要求，熊通沒了繼續打仗的藉口，加上此刻隨國已然動員起來，難以取勝，就收兵回國。

楚國第一次向漢水北岸的進攻，以虎頭蛇尾告終。

6. 敗隨師再度稱王

初戰失利，熊通並不氣餒。回到漢水之南，他繼續整頓兵馬，密切觀察隨國的動靜。同時，他一反先前咄咄逼人的勢頭，積極結交漢上諸國。這其中，楚國的姻親鄧國，想必是幫了不少忙的。

而隨國君主呢，待楚軍回去後，又過上了驕奢淫逸的生活。少師趁機進讒言道：「主公您看，其實楚人根本就不敢來招惹我們。上次季梁不讓您打，真是坐失良機啊！」季梁當然也在不斷苦勸，說現在局勢危險得很，主公您必須繼續發憤圖強，才能保住社稷。但是忠言逆耳，隨侯就漸漸疏遠了季梁，日益寵信少師。隨國政務荒廢下來，與鄰國的外交也鬆懈了。漢上小國們眼見隨國君主如此荒悖，也都逐漸離他而去。

同時，周桓王得到隨國傳達的楚國要求，勃然大怒，不予同意。可是，現在他已經自身難保。就在西元前七〇五年，鄭莊公又糾集齊國和衛國的軍隊，奪取了周天子的兩個城邑盟和向邑。當初周平王東遷時，原本洛陽一帶還有六百里左右的土地，如今只剩下不到二百里了。同時，前來朝見周天子，供奉錢糧財寶的諸侯也越來越少。

同時，晉國的內亂也在升級。這年冬天，晉國宗室貴族曲沃武公

姬稱誘殺晉侯，周桓王派虢仲討伐曲沃武公。晉國陷入全面內戰。

在這種此消彼長的格局下，漢上諸國覺得，遠處的周天子和近處的隨國都靠不住。相反，先前氣勢洶洶的楚國，卻收起了爪牙，看上去更值得依附。於是，漢上諸國紛紛和楚國加強了聯繫。

熊通喜上眉梢。西元前七〇四年春天，他問鬬伯比：「現在我楚國兵強馬壯，漢水諸國皆與我互通，而且聽說隨侯完全寵倖少師，國內一片混亂，可以動手了吧？」

鬬伯比點頭道：「可以了，機不可失。不過，打仗講求師出有名，咱們還是先禮後兵。」

於是，熊通向隨國發出照會：「上次讓你們代我向周天子請求晉升爵位，有什麼答覆？」

隨國回答：「周天子駁回了。」

熊通勃然大怒道：「太欺負人了！想我大楚國的先祖鬻熊，那可是周文王的老師。周成王封我家祖上熊繹為子爵，只有五十里的封地。如今，我大楚國已然佔有數百里領土，江漢一帶的部族都歸附我們，而周天子居然不肯加封我的爵位。既然如此，我就給自己加尊號吧！」

於是，周天子冊封的楚子熊通，自封為楚王。

一百七十多年前，熊渠也曾自封楚王，還把三個兒子都封王。然而之後不久，因為擔心周厲王繼位，熊渠被迫取消王號。

如今的周王室，則再也無力對楚國構成實質威脅。於是，熊通這個楚王，也就能夠一直當下去。

「楚王」終於成了春秋時的一個常見稱謂。雖然在官方記載如《春秋》中，還是將其稱為「楚子」。熊通的諡號為「武」，也就是大名鼎鼎的楚武王。

不僅如此，楚武王熊通發出號召，要求江漢一帶的諸侯，都到沈鹿（今湖北荊門）舉行會盟。通知發出去後，位於今天湖北及河南南部、安徽西部的諸侯，紛紛前來參加。

只有兩個國家不給面子：一個是黃國（今河南潢川）；另一個，就是上次令楚軍無功而返的隨國。

熊通眉毛一豎，心想：太好了，正要收拾你呢。

他派薳章前去譴責黃國，同時親自調集大軍，進逼隨國。

面對來勢洶洶的楚軍，隨侯倒也不懼。這兩年，隨國的戰爭準備做得還算充分，尤其軍隊裝備比較精良。他調集軍隊，準備出戰。

大臣季梁勸隨侯道：「主公，應該先派人去跟楚軍和談。要是楚軍同意和談，那就免除了一次兵禍。就算他們不同意，那麼敵軍因此懈怠，而我軍則被激怒，打起仗來我們就占理了。」

奸臣少師卻道：「什麼話！楚子擅自稱王，大逆不道，主公您豈能坐視不管？要是不趕緊出戰，只怕楚國人跑了，周天子怪罪啊！」

被奸臣忽悠，隨侯信心百倍地帶兵出城。兩軍在速杞（今湖北應山）相遇，隨侯遠遠望去，楚國軍隊分為左右兩翼，戈甲如林，鼙鼓震天，軍威雄壯。

季梁又建議說：「主公，楚國以左為尊，楚王一定帶著精兵強將在他們的左翼，對著我們的右翼。以我之見，您率領我軍主力在左翼佈陣，避開楚王的主力，集中攻擊他們的右翼。等到打垮他們的右翼，楚軍就會全線動搖，我們也就勝券在握了」。

然而奸臣少師又跳出來了。他說：「楚子算什麼東西？主公要是不敢和他正面作戰，還有什麼臉面領導周圍的諸侯啊！」

這次隨侯命令隨軍精銳部署在右翼，正與楚武王的左翼相對。至於隨軍左翼，則交給季梁指揮。部署完畢後，隨侯登上戰車，由少師作為護衛，率領主力部隊，迎著楚軍左翼，賓士前進。

旌旗招展，車輪滾滾，楚隨兩軍交戰。隨軍手持鋒利的青銅矛劍，殺得不少楚軍將士血肉橫飛。然而楚軍人數占優，而且不顧傷亡地沖湧上前。楚武王親自衝鋒在前，楚軍士氣旺盛，如波翻浪湧而進。隨軍招架不住，開始後退。亂軍之中，楚軍大將鬬丹看見了隨侯的戰車，驅車上前，張弓就是一箭。但聽得一聲慘叫，隨侯身邊手持青銅戈的少師倒栽下車來。鬬丹又是一箭，隨侯的車夫也被射死了。隨侯慌了，他連滾帶爬翻下戰車，趕緊跑了。君主的戰車被人繳獲，隨軍士氣頓時山崩般地垮了下來。幸虧季梁率領的隨軍左翼偏師擊退了楚軍的右翼，趕緊分兵來援，隨軍這才得以重整旗鼓，退回城中。

發生在西元前七〇四年夏末的這一場戰鬥，楚軍取得勝利，但代價也不小。戰後，楚將鬥丹送上了繳獲的隨侯戰車，還有隨國少師的屍體。楚武王傳令暫時休整軍隊，準備下一步行動。

這時，隨侯派人前來求和。楚武王打算拒絕，鬥伯比又說：「這一戰，我們雖然打贏了，但隨國軍隊的戰鬥力也不可小覷。而且，我們不小心殺了敵國的奸臣少師，這對於隨國反而是好事啊。依我看，現在咱們暫時還打不下隨國，不如休戰。」

於是，楚武王同意了隨國的求和，條件是隨國必須與楚國結盟。隨侯吃了次敗仗，也知道楚人的厲害，就乖乖地承認了「楚王」的稱號。第二次楚隨之戰，以楚國的小勝而告終。黃國看到連隨國都不敢招惹楚國，自然也趕緊就範。

從更高的戰略格局來看，此時楚國軍力雖已稱雄江漢一帶，但是還沒強到能輕易橫掃一切的地步。若是逼人太甚，強行攻滅隨國，一則需要付出更慘重的代價，二則也會讓周圍的諸國重新畏懼，甚至聯合起來反楚。熊通稱王之後，重要的是讓他這個「王」得到江漢諸國的承認。在這種情況下，與其費力攻滅隨國，不如迫使隨國結盟反而更為有利。

楚武王的諡號雖然是「武」，但在他當政之時，楚國戰略卻並非一味依仗武力兼併。相反，張弛有度，恩威並舉，才是楚國壯大的要訣。

7. 東征西討震漢水

西元前七〇四年楚隨會盟後，「楚王」的號令通行江漢一帶。不但湖北一帶的諸侯國紛紛尊奉楚國為老大，甚至連遠在西邊的巴國（今重慶與湖北西部）都承認了楚國在此地的霸權。西元前七〇三年春天，巴國派遣使者韓服到楚國，說巴國想和鄧國建交，希望楚國引薦一下。

楚武王心想，鄧侯吾離是我的岳父，此乃小事一樁。於是，他派一個叫道朔的官員為嚮導，帶著巴國使團去往鄧國。誰知，使團到達鄧國南部邊境時，被鄾城（鄧國南郊，今襄陽張灣鎮一帶，是鄧國分出的子國）的人瞅見，鄾城人竟然謀財害命，把楚國使者道朔和巴國使團全給殺了。

對熊通來說，剛剛當上楚王，巴國千里迢迢來請求自己引薦，結果兩家使團一起被宰了，這臉可丟大了。楚武王大怒，再次派遣著名外交官薳章前去責備鄧國。

楚武王為了維護王者的尊嚴，措辭太嚴厲了，他岳父鄧侯吾離有些受不了這女婿趾高氣揚的態度。於是，鄧國拒絕了楚王的問罪，拒絕交出兇手。

楚武王一咬牙：「你既無義，別怪我不顧翁婿之情了！」

當年夏天，楚國宗室大臣鬬廉率領楚軍，匯合巴國軍隊，向鄖國進攻。

楚巴聯軍這次義正詞嚴，堂堂之陣，正正之師，很快包圍了鄖城。鄖城能有多少兵馬，哪裡敢和兩國大軍交鋒？他們龜縮不出，向宗主國鄧國求救。

鄧侯吾離趕緊派大臣養甥、聃甥率領軍隊，前來救援鄖城。鄧軍依仗主場之利，鬥志昂揚，向遠道而來的巴軍發動了猛烈的進攻。但巴人素以驍勇聞名，雖然征途疲憊，依然擋住了鄧軍的進攻。鄧軍一連進攻三次，都不能得手。兩軍都陷入了苦戰疲憊的狀態。

這時，楚將鬬廉出手了。他將自己率領的楚軍，在巴人陣中排列為橫向的隊伍。當鄧軍發起第四次攻擊時，楚軍前面的巴軍紛紛散開，由楚軍迎戰鄧軍。而兩軍稍微戰鬥了片刻，楚軍立刻先後撤退。

鄧國大臣養甥、聃甥一見大喜：敵人終於抵擋不住了！他們不顧自家的兵將也很疲憊，強打精神，朝著敗退的楚軍勇猛追趕。至於分散在兩側的巴軍，在他們看來已經是散兵游勇，無足輕重了。

楚軍在後退，鄧軍在追趕，兩軍一口氣奔出數里之地。鬬廉猛然一揮令旗，楚軍重新整頓成列，劍盾如牆，迎頭痛擊鄧軍。正窮追不捨的鄧軍，一頭撞上了鐵板。這時候，剛才分散在兩側的巴軍，又重新集結起來，在鄧軍後方夾擊。鄧軍前後受敵，頓時大敗。

春秋時代的戰爭，多數死傷並不太大。但這一次鄧軍的損失可能極為慘重，一則漢水地區民風彪悍，大夥兒打仗有「蠻夷」之風，二則鄧軍遭到楚軍和巴軍夾擊，跑都沒地方跑。挑起此次事端的鄾城人，見到鄧軍的慘狀，竟然嚇得連夜潰散。次日，巴楚聯軍進入了鄾城。

　　此後，無非是懲罰禍首，賠償損失，了結此事。楚武王也不可能為這個就真把岳父的國家滅了。重要的是，鄾城之戰是楚國首次率領扈從諸侯，對另一個諸侯國發動的戰爭，結果大獲全勝。

　　此後，楚武王繼續兩手並用，以軍事力量作為外交的支持，在江漢地區拓展勢力。然而，楚國畢竟是姬姓國家眼中的蠻夷。不少國家先前尊奉楚王號令，只是迫於武力的虛與委蛇。一旦發現楚國野心勃勃，他們還要找機會同楚國對抗。

　　西元前七〇一年春天，楚武王準備同貳國、軫國（今湖北應山）結盟，但擔心兩國不聽話，就派出了一支軍隊。為首的是他的兒子屈瑕，當時官拜「莫敖」，算是楚國最尊貴的權臣。副將則是上次在巴楚伐鄧戰役中嶄露頭角的鬬廉。楚軍到達貳國、軫國邊境時，卻有消息傳來，鄰近的鄖國（今湖北安陸）對此惶惑不安，把軍隊駐紮在都城外的蒲騷這個地方，並聯絡了隨國、絞國（今湖北鄖陽）、州國（今湖北監利）和蓼國（今河南湖陽鎮），準備合五國之力，與楚軍見個高低！

　　屈瑕聞訊，心頭直打鼓：「咱們這裡兵馬不多，彈壓貳國、軫國還夠，要是這五國一起打來，只怕要吃虧。」副帥鬬廉卻鎮定自若

道：「不必擔心。鄖國糾合了其他四國一起來打我們，他們就會一心等待盟軍到來，自己的鬥志一定不強。他們軍隊駐紮在自己的城外，多半會疏於防備，而且一打起來就想溜進城。咱們應該主動出擊，只要打敗了鄖國軍隊，其他四國哪裡還敢來？」

屈瑕還是擔心，又道：「咱們軍隊太少了，還是請父王再發些援兵來吧。」鬬廉道：「軍隊不在於人數多，而在於團結一心。當初周武王兵少，還不是照樣滅了人多勢眾的商紂？咱們出戰就行了，哪裡還用加兵？」屈瑕想了想，又道：「要不咱們占卜一下，看看吉凶如何？」鬬廉瞪著眼睛道：「疑惑不定的時候才需要占卜，現在這道理清楚得很，還占個什麼！」

在鬬廉的一再堅持下，屈瑕終於整頓兵馬，殺奔蒲騷而去。果然不出鬬廉預料，鄖國既沒什麼防備，也沒多少士氣。將領一心指望著其他四國援軍，士兵就想著奔回家。很快，鄖軍被楚軍殺得大敗，只得匆忙求和。楚國不但順利地與貳國、軫國訂立盟約，還順帶著把鄖國也給收服了。不過，這一次的功勞主要是鬬廉的，屈瑕作為主帥，畏敵如虎，沒發揮太大作用。

楚國這次雖然得手，但「五國聯盟」的事情還是讓楚武王很是擔憂。於是，楚武王就在西元前七〇〇年親自掛帥出兵，進攻狡國。狡國是前一年參與「五國聯盟」的五國之一，距離楚國又近，當然不能放過他。楚軍大隊人馬逼近狡國都城的南門，安營紮寨。狡國人看楚軍來勢洶洶，不敢以卵擊石，死守城池不出。

這時，屈瑕向楚武王獻出一條計策：「狡國是個小國，民風輕

剽，咱們不妨派一些人到北門外的山中去砍柴，這樣多半可以把他們引誘出來。」楚武王按計而行。

事實完全和屈瑕預測的一樣。狡國人一看有些楚國民夫繞過城池，跑到北門外的山中砍柴，覺得這是送上門來的肥肉。他們派出一支精銳部隊出城襲擊，捕獲了三十名楚國人。

第二天，狡國人在城頭驚喜地發現，又有更多的楚國人跑到北門外的山中砍柴。於是狡國的兵丁傾巢出動，衝入山中，展開了大規模的圍捕。

誰知就在此時，號角長鳴，大隊楚軍從林中衝出，佔領了狡國北門外的空地。這下子，狡國軍隊的退路被斬斷了。他們絕望地終止圍捕，從山上下來，企圖拼命殺出一條血路。而楚軍則對他們迎頭痛擊。此時兩軍主客易位，狡兵數量既少，軍心又亂，哪裡是楚軍的對手？沒多久，便被殺得落荒而逃。沒奈何，狡國君主只好乖乖求和。

楚國伐狡之戰取得全勝，屈瑕也得以洗雪他在五國聯盟之戰中優柔寡斷、畏敵不前的恥辱，重新成為楚國政壇上的明星。

就在這一次楚國伐狡的戰爭中，臨近的羅國（今湖北宜城）曾經派出人馬蠢蠢欲動，試圖偷襲楚軍。楚武王很不高興：羅國好歹也是羋姓國家，居然敢對楚國心懷不軌？那好，揍完了狡國，我就揍你！

因此又過了個年，在西元前六九九年春天，楚武王下令出兵攻打羅國。這一次的主帥便是前年大敗鄖國的主帥，去年攻克狡國的功臣──屈瑕。

這幾年，楚國連戰連捷，這次又是攻打區區羅國，那還不是手到擒來啊？楚軍戈矛如林，士兵們人人奮勇。在隊伍前面，是全身披掛的大將軍屈瑕，他雙目盯著遠方的天際，仿佛已經看到勝利的光輝。

大軍出發了，楚武王的叔父鬬伯比卻憂心忡忡。他對自己的車夫說道：「你看屈瑕現在那個得意的勁兒，走路的時候腳趾頭抬得太高了，說明他心浮氣躁，多半要吃敗仗！」

於是他對楚武王道：「大侄子啊，你趕緊給屈瑕派援軍去吧。」

楚武王驚訝道：「叔父，您這沒頭沒腦地說什麼呢，咱們楚國能派出的軍隊都已經派出去了啊。」他拒絕了鬬伯比的要求。

然而楚武王知道這位叔父不會隨口亂說，他心頭忐忑，回到宮中就把這話告訴了王后鄧曼。

鄧曼眨了眨雙眼，慢慢說道：「大王，叔父肯定知道咱楚國的軍隊都已經出動了。我看叔父他的意思，不是說軍隊人數不夠，而是說主帥的心態浮躁。屈瑕前年在蒲騷之戰打敗了鄖國，去年又獻計打敗狡國，自以為是，多半會小看羅國。如果您不警告他，他多半會中敵軍的詭計！鬬伯比就是希望您趕緊派人警告他！」

楚武王聽了，趕緊派了附庸國賴國的隊伍去增援屈瑕，可惜已經晚了。

屈瑕果然如同鬬伯比和鄧曼預料的那樣，剛愎自用，他剛一離開都城，就在軍中下了一道命令：「凡是敢對主帥提意見的，一律嚴懲

不貸！」

楚軍很快趕到羅國郊外的鄢水河畔（今湖北宜城），屈瑕也顧不得派人偵查附近有無敵情，直接下令全軍渡河。為了節約時間，也不管什麼隊伍次序，大家一起下水，渡過一個算一個。楚軍眾將不禁面面相覷，可是主帥有令，誰也不敢多說，於是楚軍一窩蜂朝河裡撲去。伴隨著嘩嘩的水聲和人聲嘈雜，原本隊形嚴整的楚軍，徹底亂成了一盤散沙。

而對面的敵人羅國，早就做好了準備，還專門請來了盧國（可能在今湖北襄陽一帶）的兵馬助戰。眼看楚軍自己亂成一鍋粥，羅、盧兩軍哪裡還跟他們客氣？頓時殺聲震天，猛衝過去。

轉眼間，兩軍戰在一起。楚國兵馬雖多，但一部分還沒渡過河來，一部分正在渡河，而已經過河的完全不成隊伍，軍官找不到士兵，主帥找不到軍官。於是，威震江漢的楚軍，淪為羅、盧兩軍屠戮的牛羊。一場大戰，鄢水東岸被染成了紅色。殘餘的楚軍將士，亡命地奔逃過河。

眼前的一切，讓屈瑕目瞪口呆。這位驕傲的統帥，無顏再面對楚國父老，也不敢再見楚王。於是，他在荒郊野外自殺了。

屈瑕倒是一死了之，他手下的將領們卻倒了大楣，他們好不容易從混亂中把殘兵敗將召集起來，整頓軍馬，灰溜溜回國。到了楚國都城附近的一個叫冶父的地方，他們把自己禁閉起來，等待著楚王的處置。

得到噩耗，楚武王又怒又悲。他深恨自己沒能及時聽從鬭伯比的忠言。不過，楚武王並未被憤怒衝昏頭腦。他確認屈瑕曾下過「禁止提意見」的荒謬軍令後，就赦免了逃回來的楚軍，因為他們根本沒有勸諫主帥的可能。不僅如此，楚武王還對他們說：「都是我的過錯，讓這個自大狂當主帥，你們是無罪的。」

8. 三伐隨武王壽終

　　西元前六九九年鄖水之戰的兵敗，使得楚國元氣大傷。此後近十年，楚武王暫時停止了擴張，恢復國力。

　　為了進一步增強實力，楚武王採取了一個新舉措：設縣。

　　前面說過，周朝時大興分封制度，周天子把萬里江山分封給諸侯，諸侯又把他們的領土分封給卿大夫，大夫再分封給家臣，如此層層割據，一方面減少了管理成本，另一方面卻也導致力量分散。

　　楚國最初也是採用類似的制度，比如當年熊渠稱王后，便將打下的領土分封給三個兒子。可是如今，楚武王要把前些年攻滅的權國，設置成一個縣，安排宗室的大臣鬥緡擔任縣尹（相當於縣長）。

　　鬥緡這位縣尹的權力還是很大的，能夠全盤掌控權國（權縣）的資源。然而與分封的最大不同在於，他只有管理權，並無「產權」。權縣是屬於國家的，屬於楚王的，而不是他鬥緡家的私產，他只是代替楚王進行管理而已。楚王隨時可以調集權縣的資源，也隨時可以撤掉鬥緡的縣尹之職。鬥緡如果去世，縣尹的位置也不能傳給他的兒子，而必須由楚王重新任命。

顯然，這是把原先屬於分封貴族的權力，大部分收回到朝廷手中，有利於強化國家力量，整合資源。在中國歷史上，這一步具有很大的意義。

四百多年後，秦始皇正是以類似的思想，將分封制改為郡縣制，從而把周朝「諸侯割據」的政治格局，變換為中央集權的大一統帝國，由此奠定了「中國」的政治基礎。

當然，縣制相對於分封也有弊端，一是管理成本的提升，二是縣尹的權力變小。沒多久，縣尹鬬緡竟然發動了叛亂，自立一國。據說，他是受到了權縣商朝遺民的鼓動，才決定起兵造反的。不過，也很可能是他不滿足於手中的小小權力。

鬬緡在區區一縣之地發動的叛亂，很快被楚武王平息了。楚武王處死了鬬緡，又把權國的民眾往南搬遷到那處（今湖北荊門），改派閻敖擔任縣尹。

雖然縣制引發了這樣的風波，但依靠這種方式，楚國國力日漸強大，軍隊數量也得到了增加。

讓楚武王高興的是，這段時間，中原的諸侯國繼續折騰，勁頭越來越大。先是宋國聯合齊國、衛國、蔡國等圍攻鄭國，卻被鄭莊公打了個灰頭土臉；接下來，鄭國、宋國、衛國、晉國、齊國紛紛鬧起了內亂。

周王室也不寧靜。周桓王於西元前六九七年去世，其子周莊王姬佗繼位。到西元前六九三年，周公黑肩企圖殺死周莊王，立莊王的弟

弟王子克為天子，結果事泄被殺。周王室由此也更加混亂和衰弱。

楚武王則靜靜地等待一次新的機會。

不久，機會來了。

西元前六九〇年，周莊王稍微從動盪中恢復過來，決定重振周王室的威風。他想起十多年前楚國君主熊通，區區一個蠻夷子爵，竟敢自稱為王，真是大逆不道！可是，他又沒膽派兵討伐熊通。想來想去，周莊王就把隨國君主叫來罵了一頓：「你是王室宗親，漢水諸侯的領袖，竟敢屈服于楚蠻的淫威，尊奉熊通為王！」

史書上說，楚武王聽到這個消息，認為隨國背叛了自己，立刻出兵討伐隨國。但是這個邏輯稍微有點生硬，人家都為了你挨天子的罵，你還討伐人家？真實的情況，大約是隨國在周天子的威逼下，不再尊奉楚國為王，由此才給了楚武王出兵的藉口。

這一年，已經是楚武王在位的第五十一年（如果算上他哥哥死的那一年，則是 52 年）。當年那個血氣方剛、殺姪奪位的熊通，如今已是一位白髮老人。然而烈士暮年，壯心不已。他召集養精蓄銳十年的楚國大軍，命令宗室大臣鬭祁、莫敖、屈重等人為大將，準備出征。

眼看萬事齊備，楚武王忽然覺得心口一陣悸動，禁不住胸悶氣喘，頭暈目眩。他有些擔心，回到宮中對王后鄧曼說：「我心口有些疼痛。」

鄧曼嘆了口氣道：「大王，保重身體啊。古人云，水滿了就會溢出，這是天道。看來，先王的英魂都知道了，所以提醒你呢。」

楚武王臉色凝重。雖然已活了這麼久，可他並不想死。那麼，是否要停止這一次出征呢？

鄧曼又說了另一番話：「但是，您還是出兵吧。就算您死在途中，只要楚國軍隊能夠得勝，這就是國家最大的福氣，也是您最大的光榮！」

楚武王點了點頭，握住鄧曼的手：「那麼，就此別過。」扶著腰間的長劍，轉身出門。

鄧曼帶笑送走相伴多年的夫君，悄然擦去眼角的淚水。楚武王帶病出征，果然，走在半途，就病死在一棵大樹下。楚王死後，鬭祁、屈重等大臣秘不發喪，繼續率軍前進。此次楚軍準備充分，還針對漢水一帶的地形，攜帶了大批工程器械。楚軍逢山開路，遇水架橋，很快殺奔隨國都城之側，安營紮寨。

看著楚軍的凜凜軍威，隨國君主害怕了。他們不敢抵抗，慌忙向楚國求和。於是，屈重就以楚武王的名義，和隨國簽署了盟約。這一次楚軍不戰而勝，贏得了比十多年前更大的成果。而這一切，卻是在楚武王已然身故的時候得到的。

直到渡過漢水之後，楚軍才為楚武王發喪。楚國百姓悲喜交加，迎接凱旋的軍隊，也迎接國王的靈柩。鄧曼含淚迎來夫君已經僵硬的屍體。

楚武王在位半個多世紀，征討四方。他在位時，楚國不但穩定了自封的王號，也成為春秋時期舉足輕重的大國。不過，他尚未能突破周王室在江漢安插的防線。

而這個任務，要交給他的兒子——熊貲來完成了。

小貼士：楚將軍觀丁父

《春秋左傳》記載：「觀丁父，鄀俘也，武王以為軍率，是以克州、蓼，服隨、唐，大啟群蠻。」對於「鄀俘也」這句話，有人理解為觀丁父是楚人，被鄀國軍隊俘虜；也有人認為觀丁父是鄀國人，被楚軍俘虜。總之，這說明楚國曾經和鄰居鄀國打過仗。而楚武王任命這位俘虜當將軍，可見其用人不拘一格。此外，也說明楚國曾在武王時期征服過州國、蓼國、唐國等國家。

9. 進中原美人入懷

西元前六九〇年，楚武王熊通死於伐隨途中，他的兒子熊貲繼位，史稱楚文王。

熊貲要掀起比熊通更加狂野的征服浪潮，不但將楚人的旗幟插滿江漢平原，更讓中原也聽到這彪悍的呼嘯聲。

繼位不久，楚文王就把都城從原本荊山之側的丹陽，往東搬遷到了郢城（今湖北宜城）。原本的丹陽雖然也是依山傍水的寶地，但位置稍微偏了些，而江陵則位於江漢平原的腹心之地。楚國定都於此，既能加強對這一大片地域的管轄，而且向北渡過漢水，便能直接威懾「漢上諸姬」進而兵臨中原；向南渡過長江可以征服今湖北南部和湖南的蠻荒地區；向東順江而下能進取長江下游；向西逆水而上則能進入今天四川一帶，可以說是攻守兼備。遷都這個舉動，也標誌著楚國徹底告別了「保守」「防禦」的戰略，開始放手一搏了。

> **小貼士：楚文王挨打**
>
> 《說苑》記載楚文王剛登基時，得到了非常名貴的獵犬、弓箭和美女，於是縱情聲色犬馬，經年累月不理朝政。他的太保（老師）申說：「先王讓我教導您，如今您犯了錯誤，該打板子。」楚

文王嚇得求饒，希望免除挨板子的懲罰，但申堅持說：「您不挨
揍，就是違背了先王的命令。我寧可得罪大王，不敢得罪先王。」
於是叫楚文王趴在席子上，申拿了一捆五十根荊條放在楚文王背
上。這麼放了兩次，就算打了一百板子，然後申叫楚文王起來。
楚文王說：「反正都承受了挨揍的名聲了，您還是真打我一頓吧。」
申說：「君子怕恥辱，小人才怕痛。要是這恥辱還不能讓您悔悟，
把您打痛了又有什麼用？」於是楚文王接受了申的建議，殺了獵
犬，折斷了弓箭，趕走了美女，終於開疆拓土，使楚國威震天下。

西元前六八八年，才繼位兩年的楚文王率軍出發。他的目標，再
次指向了南陽盆地的申國（今河南南陽）。

整整五十年前，他的父親楚武王，也是才繼位不久，便曾試圖攻
克申國。不幸的是，楚軍鎩羽而歸。

然而半個世紀過後，今非昔比。楚國和申國的力量對比已是此消
彼長。而且，楚文王也比父親彼時要成熟得多。他伐申一事，是經過
深思熟慮的。

楚軍浩浩蕩蕩，渡過漢水，直撲申國。途中，他經過了鄧國。

前面說過，鄧國是商王室後裔，乃是第二等的侯爵國，在漢水流
域也算是相當強大的異姓國家。此刻鄧國的君主，是太后鄧曼的弟
弟、楚武王的小舅子、楚文王的舅舅鄧祁侯。自從楚武王時代兩家建
立姻親關係以來，雖然也曾經打過仗，但基本上還算和睦。鄧祁侯對

這個漢水南邊的外甥也很看重，大擺筵席款待楚文王，又派人給楚軍送來糧食。

鄧祁侯好心相待，他手下的幾個大臣雛甥、聃甥、養甥卻別有想法。他們對鄧祁侯說：「主公啊，這是個好機會。趁著酒宴之上，把楚王抓起來殺了，那您的功勞可就大了！」

鄧祁侯一瞪眼：「你們瘋了麼？楚王是我的外甥，怎麼能殺他呢？」

三個大臣道：「您瞅瞅楚王這架勢，不把周圍國家全吞併不肯甘休。他今天能打申國，明天就能打咱們鄧國！您不趁現在把他殺掉免除後患，等他以後滅亡咱們鄧國的時候，您後悔也晚了！」

鄧祁侯還是不肯。他說：「趁酒宴殺害自己的親外甥，只怕等我死後，大家都不肯吃祭祀我的酒菜了！」三個大臣道：「主公，您還想得遠呢。這次不趁機幹掉楚王，咱們的國家社稷沒多久就要不保，您還指望死後有祭祀的酒菜啊！」

說一千道一萬，鄧祁侯就是不肯殺楚文王。於是楚文王吃飽喝足，繼續踏上了北伐申國的征途。

此次楚軍實力遠超過五十年前，更得到了鄧國等國家的支持，西邊的巴人也出動軍隊配合。因此，戰爭的結局和五十年前截然相反。沒費多大的勁，楚文王就把申國給滅掉了。

滅亡申國後，楚文王把申國的領土設為一個縣。出人意料的是，

楚文王讓被俘的申國將領彭仲爽當縣尹。大約是看彭仲爽才能出眾，同時又是本地人吧。這一舉措，既能更好地安撫申國的舊民，也展現了楚文王的胸襟和氣度。

楚國滅申，震撼天下。在之前的近二百年裡，楚國儘管也縱橫千里，但主要是在漢水以南逞威風，即使是楚武王時代，兵鋒也止於周王室的漢水第一道防線。而如今，楚文王居然挺進數百里，攻滅了南陽盆地的申國，這就意味著楚國人的刀鋒，直接逼近了中原地帶。

楚文王在申國過了個痛快的年，次年也就是西元前六八七年，他洋洋得意，班師回國，再次經過鄧國。

鄧祁侯覺得，外甥如此威武，做舅舅的也光榮啊！

帶著這種心態，鄧祁侯滿面笑容地接待了外甥。誰知道酒宴之上，楚文王一摔杯子，甲兵湧出。接著，城內外的楚軍一起動手，很快就解除了鄧軍全部武裝。

鄧祁侯目瞪口呆地看著得意洋洋的外甥：「你……你這小子……」

此刻鄧國早已不是楚國對手，楚軍輕而易舉就佔領了整個鄧國。楚文王並沒有立刻滅掉鄧國，但他從鄧國割走了大片土地，掠走了大量財富，也把鄧國的軍力削弱了大半。

原本在江漢流域很活躍的鄧國，就此淪為楚國的附庸。又過了九年，即西元前六七八年，鄧國終於被楚國完全吞併。

攻滅申國，征服鄧國，楚國已然是不折不扣的江漢霸主。甚至連中原的國家，也開始感受到這個龐然大物的壓迫感。

就在此時，一樁桃色糾紛，又給楚文王送來一個大好機會。

原來，陳國（今河南淮陽）的君主陳莊公媯林有兩個女兒，姐姐嫁給了蔡國（姬姓，今河南上蔡）君主蔡哀侯，稱為蔡媯；妹妹嫁給了息國（姬姓，今河南息縣）君主，稱為息媯。這姐妹倆都長得如花似玉，尤其是妹妹息媯，更是美豔動人。

西元前六八五年，息媯夫人回娘家探親，途經蔡國，順道看望姐姐、姐夫。哪曉得蔡哀侯一見小姨子風韻猶勝自家老婆，頓時動了色心，酒宴之上，就對息媯動手動腳。

息媯想不到姐夫竟然如此禽獸，當時不說，回到息國後，禁不住就給老公息侯哭訴起來。息侯大怒，決定教訓蔡哀侯。可是，息國國力不如蔡國，真要動起手來，勝負還不一定屬誰呢。

息侯眼珠子一轉，想出一條借刀殺人之計。他派人去給楚文王說：「大王，我有一計，可幫您征服蔡國。您率領大軍，假裝來攻打息國，我向蔡國求救，這樣蔡君必然率兵前來救援。到時候咱們兩國內外夾擊，狠狠收拾他！」

楚文王大喜。他還不清楚為什麼息侯要收拾蔡侯，但是一口應承下來！西元前六八四年秋天，楚文王親率大軍，浩浩蕩蕩向息國進發。

息侯依照計策，向蔡國求救。蔡哀侯接到息侯的求救信，二話不說，很仗義地率兵救援。他大概指望打退了楚軍，能在息國得到小姨子的招待吧。蔡哀侯做夢也想不到，楚文王是息侯請來的幫手，就是要收拾他！九月裡，兩軍在莘地交戰，蔡軍大敗，蔡哀侯當了俘虜。楚文王哈哈大笑，把這個色急攻心的傢夥帶回了國內。

蔡哀侯開始還不太清楚這到底是怎麼回事，直到吃了好幾年牢飯，他才搞明白，原來自己被息侯給坑了。蔡哀侯牙齒一咬：「好你個息侯，坑我，你也別想好了去！」於是他故作神秘地對楚文王道：「大王，你可知道息侯這傢夥，明明和我是親戚，為啥要攛掇大王抓我？」

楚文王頓時來了興趣：「為啥？」

蔡哀侯嘆息道：「哎，都是因為我調戲了他的老婆，我的姨妹息媯啊。」

楚文王笑道：「你這當姐夫的也太不應該了。」

蔡哀侯趁機道：「大王有所不知，不是我貪色，而是我那姨妹實在長得太美麗了……」他添油加醋地把息媯的美貌描繪了一番。

楚文王也喜歡美女，想到息媯的美貌，禁不住心猿意馬起來。

蔡哀侯牙齒一咬，又道：「大王可是想娶息媯？這也不難，只要滅掉息國就好了。您可以帶著我一起進入息國，設宴招待息侯，然後在酒宴之上把息侯抓起來，這樣息媯還能逃出您的手心麼？」

楚文王一琢磨，哈哈大笑：「你這主意不錯！」

楚文王按計而行，在西元前六八〇年夏天，帶著蔡哀侯去了息國，設宴款待息侯。可憐的息侯只知道算計人，不知道防人算計，大剌剌地就來赴宴，結果當場被楚軍逮住。由於息國距離楚國較近，楚文王趁機把息國給滅了。

如同前幾年的申國一樣，楚文王把息國也設置為一個縣，同樣讓那位才能出眾的彭仲爽擔任縣尹。楚國的勢力又向中原進逼了一步。

對楚文王來說，國力擴張是一方面，另一件美事是傳說中的美女息媯終於入了自己的懷抱，楚文王對她分外寵愛。可是，無論楚文王給她怎樣的錦衣玉食、奇珍異寶，息媯始終是蹙眉不語，愁容不展。楚文王憐香惜玉，禁不住問道：「美人，你到底要怎樣才肯開心啊？為什麼不說話啊？」

息媯嘆息道：「我身為一個婦人，卻被迫侍奉了兩個丈夫。如今故國已亡，就算自己沒有勇氣死節，哪裡還能再說什麼呢？」

楚文王一拍胸脯：「美人你別傷心了。鼓動我滅息國的，就是那蔡哀侯。既然美人有話，我去給你出氣！」於是楚文王在七月出兵蔡國，劫掠一番，揚長而去。

美女息媯見蔡國受到了懲罰，眉頭稍微舒展了些，但依舊不愛主動說話。她為楚文王生下兩個兒子，就是後來的兩任楚王——熊艱（楚堵敖）和熊惲（楚成王）。至於她的前夫息侯，則被楚文王封了十戶人家，勉強頤養天年。

　　因息媯豔若桃花，故人送雅號「桃花夫人」。傳說息國滅亡後，楚王令息侯當都城的守門小吏。息夫人心中始終牽掛前夫，生下兩個兒子後，趁楚文王外出，前往城門處私會自己的前夫，哭訴道：「妾在楚宮，忍辱偷生，只想見夫君一面。如今心願已了，死也瞑目。」於是撞牆殉節，息侯亦自盡於城下。楚文王聞訊，感二人深情，便以諸侯之禮將息侯與息夫人合葬在漢陽城外的桃花山上。後人在山麓建祠，四時奉祀，稱為「桃花夫人廟」，又稱桃花廟。不過，《春秋左傳》記載「楚文王夫人」活到了楚成王在世時，而這位文王夫人很可能就是成王的生母息夫人，故此祠廟可能只是民間好事者為之。

10. 閉城門君臣殉難

　　西元前六八〇年滅息侵蔡，標誌著楚國正式向中原諸國展開了大舉征服行動。然而幾乎就在同時，山東的齊桓公也開始頻頻召集諸侯會盟，從而在天下逐漸形成南北兩大諸侯集團對峙的局面。

　　這其中，齊國代表的是捍衛周王室尊嚴，維護傳統諸侯國權益的一股力量，楚國則代表對周王朝秩序的一種顛覆和摧毀。此後這樣一種格局持續了近二百年，北方的盟主從齊到宋，從宋到晉，而南方則始終是楚國在虎視眈眈。南北之間的長期對峙拉鋸，帶來了中華文明更大範圍的融合與拓展。

　　不過，楚文王在位時，齊楚兩國尚未發生直接衝突，依然在各自的勢力範圍內進行擴張。不同之處在於，齊桓公因想確保齊國的領袖地位，從而聚集了更多的諸侯加入聯盟，而楚文王則是更加直接地吞併領土。

　　西元前六七八年，楚文王又向鄧國發動了進攻。鄧國九年前被楚文王趁虛偷襲，早已是元氣大傷。如今楚國吞申滅息，勢力比九年前又大有增長，鄧國哪裡還是楚國對手？沒打多久，鄧國就被滅了。

　　據《說苑》記載，楚文王攻打鄧國的時候，叫兩個兒子王子靈和王子革去採摘蔬菜，兩個王子搶奪了路邊一個老人的工具。楚文王聞知，把兩個兒子抓起來準備處死。大臣說：「搶東西確實有罪，但罪不至死。」這時那老頭跑到軍營門口大喊道：「大王您討伐鄧國，是因為鄧國君主無道。可是您兒子搶我的東西，比鄧國還無道！」楚文王把老頭叫進來說：「您說得對。號稱弔民伐罪，卻搶奪別人的東西；仗著力氣大欺負老人；為了袒護兒子而擯棄國法，我絕不會為了兩個兒子而犯下這三樁錯誤的。」於是楚文王殺了兩個兒子，把他們的腦袋掛在轅門外。

　　可楚文王並未止步於此。借著滅鄧的氣勢，他繼續揮戈北上。這一次，他的目標指向了中原的二流強國——鄭國（今河南新鄭）。

　　前面說過，鄭國在春秋初期，可是赫赫有名的中原小霸主，不但抗住了周圍幾個國家的圍攻，連周天子都被鄭莊公打得滿地找牙。然而自從鄭莊公死後，他的幾個兒子爭權奪位，相互爭鬥不停，鄭國也就迅速衰敗。直到鄭莊公的兒子們死得只剩一個，鄭國局面才算勉強穩定下來。這最後的勝利者就是鄭莊公的次子姬突（鄭厲公）。

　　鄭厲公曾被大臣和兄弟們趕下臺，躲在鄭國南部的櫟邑（今河南禹州）招兵買馬，直到西元前六八〇年，也就是楚文王滅息國的那年，才在周邊諸侯的支持下，再度殺回鄭國，坐穩了君位。重新掌權後，他忙著往各國遞送外交文書，宣告這個好消息。可是，也不知道

是太忙疏忽了，還是瞧不起南方的蠻夷，鄭厲公居然沒有及時向楚國發送文書。

楚國曾被視作蠻夷之國，他們自己確實也有很多不講禮法的表現，然而卻最恨其他國家在禮儀上怠慢自己。鄭厲公這舉動，在楚文王看來，就好似當面高聲嘲罵「爾乃蠻夷」。

於是，就在西元前六七八年秋天，剛剛滅了鄧國的楚文王，率軍進攻鄭國。

這場戰爭其實毫無懸念，因為鄭國就在這年夏天，剛剛被諸侯圍攻過一次，壓根沒有力量抵抗楚軍。而楚文王呢，討伐鄭國的象徵意義多過實際，楚軍打到鄭國的櫟邑（也就是鄭厲公復位的根據地）就回去了。

重要的是，這是歷史上楚國第一次討伐鄭國。鄭國位於今河南省中部，緊鄰東周王朝首都洛陽。楚軍伐鄭，就是入侵了周王朝的心腹之地。在未來的兩百年裡，楚國又多次討伐鄭國，而這實際上是楚國宣佈霸權的重要形式。

楚文王繼位十餘年來，東征西伐，頗為痛快，誰知風水輪流轉，過兩年，輪到楚國挨打了：西元前六七六年，西邊的盟友巴國來進犯了！

巴人生性彪悍，曾跟隨楚國討伐鄧國、申國，此次順長江東下，勢不可擋。他們先直撲楚國的那處縣。前文說過，那處縣是把權國民眾搬遷到此後建立的縣，也是郢都的門戶。若能守住這裡，巴人便沒

法威脅郢都。可是，擔任縣尹的閻敖見到巴人大軍壓境，竟然棄城而逃。於是巴人直逼楚國郢都的城下，搶掠一陣，耀武揚威地回去了。

楚文王大怒。他依照律法，殺了閻敖。結果，閻敖的宗族不服，興兵造反。雖然叛亂很快被鎮壓，但楚國內部也因此一片混亂。

巴國人聽說此事，大喜。就在這一年的冬天，他們再次敲鑼打鼓殺奔楚國而來，想再撿個便宜。楚文王老牙一咬：「正好，咱們算一算總賬！」他帶領大軍，親自迎戰巴軍，準備一雪前恥。

西元前六七五年春天，巴楚兩軍展開大戰。結果，楚軍大敗。好在巴軍並沒有什麼長遠的爭霸念頭，他們殺得楚軍抱頭鼠竄之後，搶掠了戰利品，就再次興高采烈地回去了。

楚文王灰頭土臉地帶著敗兵回到城下，吩咐手下叫門。誰知叫了幾遍，城門紋絲不動。

文王大驚，城中莫非發生了變故？他親自到城下，卻看見城頭上露出一張堅毅的老臉，原來是守門官鬻拳。楚文王看見他，頓時頭頂一涼。

這位鬻拳也是楚王室的宗室，為人忠心耿耿，性情剛烈，楚文王最怕的就是他。有一次鬻拳勸諫楚文王一件事，楚文王不肯聽從，鬻拳脾氣上來，竟然拔出劍來，指著楚文王胸口：「大王你若不聽，我就一劍捅了你！」楚文王嚇得趕緊道：「大哥，你把劍放下，我聽你的就是！」乖乖聽從了鬻拳的主意。這事兒過後，鬻拳說：「我雖然是為了國家社稷進諫，但拿著兵器威脅君主，這是大罪啊。」楚文王

勸他：「我現在想明白了，您是對的，有功無罪。」鬻拳卻不肯就這麼算了。他根據法律，把自己的兩隻腳給砍斷了。楚國朝野對他又是敬畏，又是惋惜，讓他擔任不需要走路的守門官。

現在楚文王打了敗仗，又碰上鬻拳，心頭直打鼓。果然，只聽鬻拳厲聲道：「大王，按照咱楚國的規矩，敗軍不許進城！您要想回來，就得打個勝仗！」

楚文王心頭直冒火。我都敗成這樣了，還怎麼打勝仗？可是抬頭瞅瞅鬻拳的臉，他是真敢和自己玩命啊。罷了，與其招惹這位金剛，去找個敵人揍一頓還容易些！楚文王一跺腳：「好，你等著，我去打了勝仗回來！」

於是楚文王轉身對兵將們喊道：「走，跟孤王打仗去！若不能得勝，我就像先王一樣，死在途中！」

當國王的都肯豁出去了，士兵們自然也拼死效力。不過，巴軍畢竟厲害，而且已經撤走了，追著屁股攆不太容易。於是楚文王轉戈向東，前去攻打黃國。

黃國做夢也想不到，楚國和巴國打仗，自己竟然會遭受池魚之殃。待到殺氣騰騰的楚軍打上門來，黃國在踖陵倉促迎戰，吃了敗仗。好在楚文王只是想要一場勝利換取通行證，因此勝利後便班師回國。然而楚文王此刻年紀已經不小了，帶著敗軍遠征他國，這數百里的往返也委實勞頓。因此，楚軍走到湫地（今湖北鐘祥）時，文王竟然積勞成疾，一命歸西。

正如父親楚武王一樣，楚文王的靈柩被送回楚國郢都，迎接他的也是悲喜交加的楚國軍民。先前不許楚文王進城門的鬻拳，含著熱淚安葬了楚文王，然後，拔劍自殺，以身殉主。

楚文王和鬻拳這一對剛烈君臣，就此同歸於九泉。在他們身後，楚國將面向更為遼闊的領土，展開充滿霸氣的進取。

楚武王、楚文王「啟蠻吞姬」，對江漢流域各國征服的同時，也是原本彼此獨立隔閡的邦國族群融合交流的過程。正是在這一步一步的征服戰爭中，分裂為千百片的江漢之地，彙集成一股奔騰咆哮的洪流，進而與黃河流域的中原文明激起沖天巨浪，在轟鳴中，使得偉大的中華文明錘煉得更加豐富、多彩。

小貼士：楚文王送友

據《說苑》記載，楚文王臨終前吩咐說：「管饒動不動就說我違反道義禮法，我和他在一起就心神不定，和他分開一點都不想念，但是他卻能讓我有所收穫，應該加官晉爵。申侯伯，跟我臭味相投，隨心所欲，我和他在一起非常安逸，分開一會兒就想念他，但是他卻讓我有所損失，應該把他打發走。」於是楚成王就任命管饒為大夫，又送給申侯伯一些財物，把他打發走。申侯伯準備去鄭國，楚文王告誡他說：「為了你好，千萬別去魯國、衛國、宋國、鄭國這些國家。」申侯伯不聽楚文王的話，還是去了鄭國。後來他依靠玩弄權術，果然當上了大官，但到西元前六五三年就被鄭國人殺了。

三

成王圖強，大業未成中道崩

1. 手足相殘何其頻

西元前六七五年，楚文王熊貲死於征伐黃國、得勝歸來的途中。他在位雖然只有十多年，但考慮到他爹楚武王曾在位五十多年，文王此刻年紀也該不小了。文王有兩個兒子熊艱和熊惲，群臣就扶持哥哥熊艱繼位。

熊艱年少繼位，並沒有什麼特別的表現。

歲月如梭，一轉眼，三年過去了，熊艱把狠毒的目光投向了自己的弟弟熊惲。為了防患於未然，他決定除掉弟弟。年少的熊惲為了避開哥哥的追殺，跑到漢水東岸的隨國。在那裡，他得到隨國君主的支援，組織武裝力量反過來突襲自己的哥哥。

一場小範圍的激烈砍殺後，熊艱倒在血泊之中。勝利者熊惲踏著哥哥的屍體，登上楚王的寶座。

這是發生在西元前六七二年左右的事情。因為在位時間短，也沒有什麼政績，失敗者熊艱未能得到王的諡號，而被諡為「堵敖」，史書上對他唯一的記載就是這場手足相殘。

直到三百多年後，楚國大詩人屈原才在《天問》中發出一段詠

嘆，為這位短壽的楚君鳴不平：「吾告堵敖以不長，何試上自予，忠名彌彰？」意思是楚成王殺害哥哥堵敖奪位，卻贏得後世的美譽，可堵敖的冤屈，又找誰訴說呢？

弟弟熊惲，則在史書上留下了一個響噹噹的名字——楚成王。

小貼士：楚成王兄弟年齡之謎

根據《春秋》記載，熊艱和熊惲的母親是息夫人。然而息夫人卻是在西元前六八〇年夏天，楚文王攻滅息國、霸佔息嬀之後才生的孩子。這麼算起來，西元前六七五年文王死時，兄弟兩人最多也就四五歲。而西元前六七二年熊艱、熊惲手足相殘時，年齡也都不到十歲。此事令人難以置信。可以有三種解釋：（1）史書記載的年代有誤；（2）史書記載的關系有誤，熊艱、熊惲不是息夫人所生；（3）這次血腥政變並非是年幼的熊惲主導的，有可能是幕後操縱他們的權臣集團主導的。

楚國雖然動盪不息，但周王朝比他們還要亂。西元前六七五年，也就是楚文王死的那一年，洛陽發生軍事政變。周惠王姬闐的叔父姬頹，在五位大夫的支持下發動政變，把侄兒周惠王趕出了京城，自立為王。直到西元前六七三年，周惠王才在鄭國、虢國兩路諸侯的支持下殺回洛陽，幹掉了叔父和五個叛亂大夫，奪回王位。悲催的是，為了犒賞兩位諸侯，周惠王再次把王室原本不多的土地，又分封了兩大塊給鄭國和虢國。這樣一來，周王朝的直屬領土就更小了，實力進一步削弱。不久，晉國與秦國開戰，陳國又發生內亂。

面對著周王朝日漸衰敗的局面，楚成王一面對內安撫民眾，發展生產，樹立威信，鞏固統治，讓軍民休養生息；一面派出大批使者，前往中原各諸侯國那裡建立外交關係。同時，他還專門派人前往洛陽，為周天子上貢。

看似輕描淡寫的一個舉措，卻包含著很深的政治智慧。

在過去數百年，楚國僅僅是子爵封地，被周王朝和中原各國看作蠻夷。即使楚國後來實力強大了，自封為王了，可他們的威風也不過是用武力迫使鄰國與之結盟，或者乾脆吞併領土。楚國不曾與中原各國及周王朝建立外交關係，對中原諸侯而言，楚國依舊是蠻夷，只不過這個蠻夷的威脅更大了而已。

現在，楚成王主動開展了外交活動。對中原各國乃至周王朝而言，楚國正式以一個強大邦國的身份出現，而不是一頭怪獸的面目。

道理如此簡單，但能掙脫「蠻夷」的思維，已足見楚成王的格局在其父、祖之上。

果然，面對楚國的外交使者，中原各國紛紛加以回應。儘管他們自封的王號並未得到尊崇，但至少楚國算是揚眉吐氣地躋身強大諸侯之列了。

早已焦頭爛額的周惠王，見這個南方最強大、最可怕的諸侯，居然前來向自己進貢，高興得簡直要哭了。他下令賞賜給楚君乾肉，並且故作威嚴地傳令道：「楚子啊，你好好鎮壓安撫南方的那些蠻夷，別讓他們侵犯中原！」

在周惠王看來，這只不過是一種形式上的宣言。反正南方那些蠻夷原本就不大聽從周王朝的話，讓楚國管管他們也好。

然而對楚國來說，這種形式上的宣言，卻有著極大的意義。

周惠王的這句話意味著此後楚國在南方征討其他國家，甚至對其滅國、吞併，都帶上了一層合法的色彩：「不服？周天子叫我們管理南方的！」

這張含糊不清的空頭支票，使得楚成王在位期間，安心地展開了曠日持久的吞併行動。

2. 剷除淫賊用賢臣

　　雖然通過外交活動，提高了楚國的國家地位，但此刻年少的楚成王，還得面對內部憂患。楚文王的兄弟，成王的叔父子元擔任著令尹（相當於宰相），手握大權。更讓楚成王無語的是，這位好色的叔父，還對自己的親媽垂涎三尺。

　　楚文王的夫人，楚成王的母親息媯，本是陳國國君的女兒，嫁給息國國君。她曾因為被姐夫蔡哀侯調戲，而引起息國、蔡國之間的一場血戰，最終兩國都被楚國征服，息媯也成為楚文王的王后。如今，息媯徐娘半老，風韻不減，引得令尹子元心猿意馬。楚國又處在「蠻夷」之地，禮教沒有中原那麼嚴格，而子元也就公然表達了對寡嫂的愛意。

　　令尹子元頗為浪漫。西元前六六六年，他令人在王宮邊上蓋了一座宅院，好使自己離心上人近一些。可是，怎樣才能討到息媯的喜歡呢？子元動了下腦筋，得出一個結論：那就模仿哥哥楚文王好了。他想起文王生前喜歡和息媯一起欣賞「振萬」這種舞蹈，這種舞蹈就是手持「鐸」（軍中常用的銅鈴）一邊搖動作為節拍，一邊手舞足蹈。於是乎，子元也安排了一群舞者，在別院門口擺開陣勢，跳起舞來。

可是息嬀聽到這聲音，卻流下了眼淚：「先君（楚文王）安排這舞蹈，是告誡大家不要忘記備戰。如今他死了，令尹大人不去向敵人報仇，反而在我身邊跳這個舞蹈，這也太過分了吧！」

車夫把這話傳給了子元，子元恍然大悟：「原來如此！嫂夫人一介女流都能不忘國仇，我怎能忘呢！待我破敵立功，再來贏取美人芳心！」於是他就率領六百輛兵車，向鄭國發動了進攻。

有趣的是，楚文王並不是被北面的鄭國害死的。他是先和西邊的巴國打仗兵敗，之後因為「敗軍不能入城」的規矩，轉而東征黃國，然後病死在凱旋途中。鄭國距離楚國很遠，之前只和楚國有過一次象徵性的戰爭，然而令尹子元卻選擇鄭國作為目標。

此外，楚國最初在江漢與蠻夷作戰，步兵居多。後來隨著疆域的擴大，也逐漸學習了中原的車戰技術。一般一輛兵車，二輪四馬，上面有三位甲士，一人駕車，一人持弓箭為主將，一人持戈矛護衛。每輛車後面還跟隨有數十名步兵。令尹子元此次北伐，出動兵車六百輛，步兵數萬名。這在春秋前期，已經是罕見的龐大兵力。要知道，周武王滅紂，也不過出動三百輛兵車而已。

再說鄭國，雖然在西元前六七八年被楚文王攻打了一次，楚軍也不過剛剛跑到南邊國境線而已。做夢也想不到，令尹子元為了贏取美人芳心，竟然會出動六百輛兵車來襲。楚軍勢如破竹，邊境上的鄭軍一觸即潰。很快，楚軍攻克了鄭國南郊的桔柣之門，直逼鄭國都城。

萬般危急之下，鄭國人一面向諸侯求援，一面玩起「空城計」。

他們把城門拉起來，故意擺出一副「開門揖盜」的架勢，城中士兵都藏起來。果然，子元心裡犯了嘀咕，莫非有埋伏？他本來是為了安撫息媯才出這次兵，並沒有打算跟鄭國人死拼到底。要是吃了大敗仗，那可就偷雞不成蝕把米了。於是，子元就在鄭國都城南面安營紮寨，悄悄偵查動靜。

此時的中原今非昔比，齊桓公姜小白已經成為諸侯的盟主。聽說楚國竟敢千里迢迢跑來打鄭國，齊桓公立刻集合了宋國和魯國的兵馬，前來救援鄭國。

令尹子元聽說過齊桓公的厲害，並不想和他硬碰硬。於是，子元下令在營寨裡插滿旗幟，敲鑼打鼓，做出一副要大舉進攻的模樣，同時卻趁著夜裡，拔寨而走。好笑的是，鄭國人被楚軍這虛張聲勢的架勢給嚇破了膽，以為楚軍真要來進攻，他們竟然打算收拾東西，棄城而逃。好在天亮了，斥候來報：「楚軍的營寨裡到處都是鳥在叫，看來已經空了！」鄭國君臣這才驚魂稍定，趕緊派人準備迎接齊國、宋國和魯國的救兵。

西元前六六六年秋天的這一場戰爭，戰況並不激烈，楚軍先前攻入鄭國時勢如破竹，此後並未與齊桓公率領的聯軍交手就草草撤出。然而這一戰的政治意義卻非同小可。楚國出動龐大的部隊直逼鄭國首都，而作為北方諸侯盟主的齊桓公則統率聯軍前來迎戰。這是後來春秋爭霸的一次預演。

令尹子元這次伐鄭之戰，雖然虎頭蛇尾草草收場，可畢竟攻入鄭國，也算是耀武揚威。依靠這種「功績」，他自以為足夠取悅息媯

了。收兵回國後不久，他就堂而皇之地搬進了王宮之中。

這種行為也太過分了，就算息媯夫人自己不說，年少的楚成王能忍嗎？西元前六六四年夏天，宗親大臣鬬廉出言勸諫。子元二話不說，把鬬廉抓起來關進了大牢，這下可把整個若敖氏家族給得罪了。他們在楚成王的支持下，密謀著針對令尹子元的政變。而子元呢，自以為大權在握，不以為意，整天沉溺在溫柔鄉中。

就在這年秋天，擔任申公的若敖氏大臣鬬班突然率領兵馬捕殺了令尹子元。

楚成王畢竟年少，為了更好管理龐大的楚國，他需要一位元元新的令尹。

或許是楚成王自己的決定，或許是若敖氏家族的推舉，最終，鬬氏家族中的一位元老接過了這個重擔。他叫鬬穀於菟，在史書上，他的另一個稱謂更加著名——令尹子文。

令尹子文是熊儀的孫子，著名賢臣鬬伯比的兒子，論輩分該算楚武王的堂弟、楚文王的堂叔、楚成王的堂叔祖。他的身世富有傳奇色彩。原來當年若敖死後，鬬伯比跟隨媽媽住在舅舅家，和表妹生下了這個孩子。鬬伯比的母親見出了這醜事，就把私生子扔在雲夢澤。哪想到這嬰兒居然沒有被猛獸吃掉，據說還有母老虎主動去給他餵奶。這下大家都說，這個孩子定然是貴人，於是鬬伯比把他抱回來撫養。因為楚國人管老虎叫於菟，所以就給他取名叫鬬穀於菟。

小貼士：子文年齡疑團

　　按照現有史料記載，熊儀死於西元前七六四年左右，而鬥伯比之後跟隨母親回家，直到與表妹生下子文，這中間按常理來說不應超過十年，即子文生於西元前七五四年左右，如此，則子文擔任令尹時已經差不多九十歲了！此後又過了二十八年，子文將令尹之位讓給成得臣，則此時子文已經超過一百一十歲了！子文之父鬥伯比首次出現在史書是西元前七○六年伐隨之戰。假設鬥伯比在那之前不久才生下子文，那麼子文在任令尹時約四十歲，退休時約七十歲，倒勉強合理。但那就意味著鬥伯比是在其父死後五十多年才和表妹生下子文的。這位令尹子文，是楚國歷史上少有的賢相，為楚國的發展作出過重大貢獻。當時國家財力不足，他就把自己的家產全部捐贈出來，可謂「毀家紓難」，甚至自己連飯都吃不上。子文的一個同族犯法被抓了起來，法官聽說這犯人是子文的同族，就把他釋放了。子文聞訊，勃然大怒，先把法官責備了一頓，又親自把這個同族抓到法官面前，聲稱「你若不秉公執法，我就自殺！」法官嚇壞了，趕緊依法判處，用荊條把這個犯人重重責打了一頓。這件事情傳開後，楚成王親自登門向子文致敬，老百姓也紛紛說：「令尹大人這麼公正，我們還有什麼害怕的呢？」正是靠著子文這樣的賢相，楚國政通人和，內部安寧。這為日後楚成王的大舉擴張奠定了基礎。

3. 齊桓楚成初交鋒

　　子文擔任令尹之後，楚國國力蒸蒸日上，這讓中原霸主齊桓公有些擔憂。當時整個周王室，西戎、北狄、東夷輪番入寇，搞得中原烽煙四起。現在，南邊的楚國也強大起來了！想想西元前六六六年那次楚國伐鄭，兵車六百乘，聲威何等浩大，鄭國差點就被滅了！現在楚國兵力日益強大，只怕不多時又要打過來！於是，西元前六六二年齊桓公專門召集諸侯會盟，共商對抗楚國的大計。鄭國君主鄭文公眼見盟主如此仗義，感激涕零，表示一定要在盟主的領導下，對抗野蠻的楚國，捍衛中原的大門！

　　消息傳到楚國，楚成王勃然大怒。他在西元前六六五年秋天，再次派兵討伐鄭國。這是歷史上有記載的楚國第三次攻鄭。

　　楚軍一路賓士，趕到鄭國境內。雙方交鋒，互有勝敗。鄭軍雖然兵少，倒也頑強抵抗。同時，鄭文公趕緊跑去找齊桓公求救。齊桓公當即又召集宋國、魯國、曹國、邾國的軍隊，準備再次聯軍救鄭。

　　楚成王打了一陣，發現占不到鄭國太多便宜，又聽說齊桓公在那裡召集聯盟軍隊，心想勞師遠征，好漢架不住群狼，就趕在聯軍集結之前撤退了。

楚國這次伐鄭，帶有了很明顯的政治目的：打擊齊國。最後的結果是楚軍無功而返，這標誌著老辣的齊桓公贏得了第一個回合的上風。

齊桓公一擊得手，得勢不讓人，立刻展開反攻。齊桓公的首席大臣管仲建議的反擊手段，依然是利用華夏正統的旗號，以軍事實力為支撐，外交活動為武器，爭取不戰而屈人之兵。

於是在西元前六五八年秋天，齊桓公又組織了一次會盟。這次會盟的參加者不多。除了齊桓公外，還有三位：一位是宋國君主宋恒公，當時天下虛位最高的諸侯；一位是江國（今河南正陽）的君主；一位是黃國的君主。在當時，江國和黃國這兩個國家都是臣服於楚國的小弟。

這次會盟的主題很簡單：別跟著楚國混了，還是回歸光榮的華夏正統諸侯陣營吧。

江國、黃國原本就只是屈從楚國的武力，如今齊桓公的威望如日中天，楚國兩次入侵鄭國，都被他組織的盟軍給嚇退了，那咱還能不聽麼？他們就滿懷信心地加入了齊桓公的陣營。

楚成王聽說這消息，氣得差點把牙齒咬碎了。齊桓公，你欺人太甚！

齊桓公既然開始了攻勢，楚成王如果再坐視不管，過去二百年楚國歷代君主憑藉武力打下的基業，可能就此崩塌。

你有會盟，我有兵車！

不過，楚成王並沒有去攻打江國、黃國這兩個「叛徒」。這兩個國家，只是趨炎附勢而已。真正的要害，還在那中原的門戶。

於是就在這年冬天，楚成王第四次進攻鄭國。

鄭國做夢也想不到，前些日子在齊桓公面前自顧不暇的楚國，居然又打上門來了，他們手忙腳亂地迎戰。這一次，楚軍取得了勝利，俘虜了鄭國大將聃伯，算是狠狠出了一口惡氣。

西元前六五七年夏天，齊國的盟友徐國南下進攻楚國的同盟舒國。由於背後有齊桓公的支持，舒國很快就被滅了。

同年秋天，齊桓公再次與宋國、江國、黃國會盟。這一次，會盟的主題更加明顯，他們打算商量如何討伐楚國了。

楚成王聽說，冷冷一笑：「那好，咱們各玩各的吧。」

你要打我，我就打鄭國。

這年冬天，楚軍第五次進攻鄭國。

鄭國雖然是中原二流強國，但連續三年被楚國攻打，也快崩潰了，因為損失了大將聃伯，兵馬損傷也很多。這回楚軍氣勢洶洶而來，長驅直入，直撲鄭國都城。

眼看楚軍一波比一波猛的攻勢，鄭文公動搖了。齊桓公說得動聽啊，可他一會盟，楚國就進攻！這麼搞下去，我鄭國只怕要滅國了！

萬般無奈下，他打算向楚國求和。

然而這時，鄭國大夫孔叔止住了鄭文公，他說：「齊桓公一定不會不管我們的。他很快會帶著諸侯聯軍來增援我們。要是此刻放棄了，我們有何臉面立足於天下？」

鄭文公被說服了。他咬緊牙關，帶領部下堅守都城。

楚成王圍攻了數月，始終拿不下鄭國。

這時，齊桓公終於發動軍隊了。

第二年，也就是西元前六五六年春天，齊桓公聯合了宋國、魯國、陳國、衛國、許國、曹國，加上齊國和鄭國的部分兵馬，一共八個諸侯國的聯軍，南下救鄭。

聯軍沒有直接和楚國的主力硬碰，而是殺奔蔡國而去。蔡國自從在息媯事件之後，一直老老實實給楚國當小弟，哪裡想到現在卻又成為齊桓公的目標！面對浩浩蕩蕩的八國大軍，蔡國瞬間潰敗。好在齊桓公還是講仁義的，他並沒有滅掉蔡國，只是勒令蔡國不得再跟隨楚國侵害中原。

接著，諸侯聯軍又向楚國本土發動了進攻。

就在齊桓公的聯軍出動時，楚成王已經知道這次不可能征服鄭國了。他把大軍撤回本國，誰知聯軍並不因此收兵，反而把蔡國給打垮了，這已經讓楚成王有些鬱悶。眼看著齊桓公還不肯住手，楚成王趕緊召集軍隊守住邊境，又派使者去聯軍中打招呼。

楚國使者到了聯軍營寨，但見齊桓公居中而坐，兩邊是宋國、魯國、衛國、陳國、鄭國、曹國、許國的將領，威風凜凜。使者卻也不懼，送上楚成王的書信，上面寫道：

　　「齊侯您在北邊，楚王在南邊，距離那麼遠，就算是牛馬走丟了，也跑不到彼此的領土裡。現在卻勞煩您老人家跑到我的地盤來，到底是什麼事啊？」

　　齊桓公心想，你這是揣著明白裝糊塗；若不是你屢屢入侵中原，我會涉足你的地盤嗎？再說，咱們現在駐軍的地方，也不過是你們楚國幾十年前才搶過去的啊！他冷笑一聲，瞅了瞅管仲。

　　管仲起身道：「齊國和楚國的距離有些遠，但當年召公和周康王曾經命令我們統率天下諸侯，輔佐周室，所以天南地北都歸我們管。你們楚國不按照規定向天子供奉苞茅，導致天子祭祀的時候沒有東西來濾酒。還有，當年周昭王南征，結果死於途中，這件事情也與你們有關。」

　　楚成王派來的這位使者，也是個人中之傑，有人認為他就是大將屈完。面對管仲咄咄逼人的質問，他回答道：「哦，您說沒有供奉苞茅，這事確實是我們的不對，回頭我們就恢復供奉。至於周昭王之死，這事真跟我們無關。他自己在漢水淹死的，您得去問漢水的神了。」

　　楚國使者避重就輕，將管仲的質問化解了。可是，齊桓公是不會因為這麼一番話就停止南征的。諸侯聯軍繼續前進，楚成王也調集全

國兵馬，派大將屈完做領率，與聯軍針鋒相對。

齊桓公的主要戰略思想，還是依靠聯合諸侯共同保住中原的安寧，並不願意和楚國主力硬碰硬。看見楚成王一副頑抗到底的架勢，他就把聯軍駐紮在召陵（今河南漯河），然後邀請楚國大將屈完前來會談。

屈完來了之後，齊桓公將八國的軍隊擺開，帶著屈完一起乘車檢閱。但見旌旗獵獵，戈矛如林，車馬肅然。看完後，齊桓公問屈完：「看看我們的軍隊，何等強大。用他們來作戰，誰能抵擋？用他們來攻城，哪個城攻不下？」

屈完不動聲色地回答道：「侯爺，您若是憑藉道德來安撫諸侯，那麼天下誰敢不聽您的？若是單憑武力，我楚國用方城（指方城山，位於今方城縣東北）作為城牆，用漢水作為護城河，只怕您兵馬再多也未必用得上。」

齊桓公和管仲眼見屈完不卑不亢，對他倒也敬重。最終雙方在召陵達成和解。楚國承諾與齊國一起尊奉周王室，重新進貢苞茅，齊國則撤兵而回。

西元前六五六年的召陵之會，是齊國和楚國第一次正面碰撞。雖然沒有發生大規模戰爭，但其實也是對齊楚兩國的巨大考驗。

碰撞的結果是，齊桓公迫使楚成王做出了政治上的讓步，取得這一回合的勝利，也維護了自己的霸主地位。

但對楚成王來說，雖然暫時停止了大舉擴張的行動，但並未遭到實質上的打擊，齊楚兩家注定還要繼續龍爭虎鬥。

4. 文攻武衛展雄威

西元前六五六年召陵之會後，楚成王暫時停止了武力進犯中原的行動，並且再次尊奉周王。他還派遣了大批間諜，去打探中原各國包括周王朝的底細。

原來，當時的天子周惠王本已立了太子姬鄭，可是後來又開始倚重次子姬帶，企圖改換太子。這件事按華夏禮法來說，是很不應該的。因此，齊桓公就專門組織了一次活動。他帶領宋國、魯國、鄭國、衛國、陳國、曹國、許國的君主們（就是上次出兵楚國的八國），在首止（今河南睢縣）這個地方召開盛會，諸侯輪流拜見太子姬鄭，一拜就是好幾個月。

齊桓公就是想告訴周惠王，諸侯都擁戴太子姬鄭，您還是別折騰了，可這讓周惠王非常不滿。

楚成王探聽到此事，心中竊喜。他立刻派人潛入洛陽，秘密向周惠王表達：「楚國覺得立誰當太子，應該是天子您的權力，別人管不著。楚國支持您。」

周惠王正被齊桓公帶領的那幫正統諸侯給糾纏得煩悶不已，眼看這個楚王竟然支持自己，立馬把楚成王當成了自己的盟友。

為了進一步增強自己這邊的實力，周惠王還叫大臣周公偷偷跑到首止，拉攏鄭文公說：「你別跟著齊桓公，過來站在我這邊吧。對了，楚國也是我這邊的，你們多親近親近吧。我讓你當朝廷的公卿！」鄭文公一聽能夠當上公卿，骨頭頓時輕了。他就遵照周惠王的指示，從首止之會上逃回國去，還私下和楚國建立了盟友關係。

楚成王五次進攻鄭國都沒能讓鄭國屈服，如今鄭國卻在周惠王的指揮下，輕鬆就範。

得到鄭國的支持，楚成王精神一振。接下來，他又準備動兵了。不過，畢竟齊桓公還在，楚成王不敢貿然進犯中原。他決定先對南方的諸侯下手。

原來召陵之會後，齊桓公繼續加強對楚國的包圍網。在齊桓公的拉攏下，河南南部、湖北等地的不少小諸侯國，原先已經歸順楚國的，現在又紛紛變換了陣營，比如江國、黃國、道國（今河南確山）、柏國（今河南西平）等，都聽齊桓公調遣。

還有個弦國（今河南光山），也是彈丸小國。它和前面這幾個國家都有姻親關係，於是自以為兄弟眾多，也不再尊奉楚國為老大。楚成王便派令尹子文率兵突襲。弦國毫無防備，被楚軍輕易滅掉。

這一年，楚國西北邊境還發生了一件小事。邊境的守衛抓住了北邊逃亡過來的一個老奴隸，沒多久，秦國方面派人來，說這個老奴隸是晉獻公女兒嫁給秦穆公的陪嫁奴隸，於是用了五張羊皮，把他換回了秦國。

這筆買賣楚成王可能根本就不知道。他更不可能知道，這個老奴隸名叫百里奚，本是虞國大夫，只因為虞國君主昏庸，中了晉獻公的「假虞滅虢」之計，被晉國所吞併，百里奚才淪為奴僕。此後，秦穆公重用這個五張羊皮換回來的奴隸，任命他為大夫，使得秦國逐步走向富強，並為數百年後的天下統一奠定了基礎。

此時的楚成王，正為鄭國首次歸順楚國而歡喜。而齊桓公則勃然大怒：「好你個鄭文公，當初我為了救你們，幾次三番組織聯盟對抗楚國，如今你竟然支持楚國！」

西元前六五四年夏天，齊桓公組織聯軍討伐鄭國。聯軍包括齊國、宋國、魯國、魏國、陳國、曹國，除了最弱小的許國，其他都來了。

鄭文公眼看兵臨城下，只好堅守。當初楚成王打他，他向齊桓公求救，如今齊桓公打他，他立馬派人送信到楚國，呼叫楚成王。

楚成王又好氣又好笑，短短一年工夫，雙方的角色反轉。楚成王就在這年秋天派出軍隊，準備救援鄭國。不過，齊桓公和楚成王當時實際上都不願意和對方死拼。若論在中原地區的戰力，齊桓公還在楚成王之上。因此，楚成王也沒有直撲鄭國，而是揀軟柿子捏——去進攻許國。

許國位於今天的河南許昌一帶，是個很特別的國家。春秋時有記載的諸侯有一百多個，按公侯伯子男五等排序，數量最多的是第四等的子爵，第五等的男爵反而寥寥無幾——而許國，就是極為罕見的男

爵國，而且這位男爵大人的地位比很多子爵還重要。

許國見楚軍氣勢洶洶殺來，心裡大呼倒楣，齊桓公組織聯軍圍攻鄭國，我想自家兵力弱，沒有跟著去摻和，哪曉得反而被人盯上了。沒奈何，他只能一面向盟主求救，一面守城。可是區區許國哪裡擋得住英勇的楚軍啊。沒多久，許國的城池就要被打破了。

這時，蔡穆侯過來勸說：「老弟，好漢不吃眼前虧，還是歸順楚王吧。齊侯的空頭支票沒用的啊。」許男爵走投無路，只好出城投降。他脫光了上衣，讓人把自己綁起來坐在棺材裡，嘴裡叼著一塊玉璧。士大夫們穿著喪服，士人們推著棺材，肅穆憂傷地走出城門。

楚成王詫異地看著眼前這壯觀的隊伍，問大臣蓬伯：「這是什麼規矩？該怎麼辦？」蓬伯回答：「當年周武王攻滅商紂，紂王的哥哥微子就是這樣子的。武王接受他的玉璧，解開他的捆綁，又燒了他的棺材，對他好生禮遇，並恢復他的地位。」於是楚成王如法炮製。這件事結束後，楚成王感覺神清氣爽。

再說齊桓公這邊，圍攻鄭國一時沒有得手，反而聽說許國被楚國攻打了，趕緊撤了圍攻鄭國的軍隊，去救援許國。還沒等他們趕到，許國已經向楚成王投降了。楚成王聽說齊桓公大軍趕來，也就收兵回國了。

西元前六五五年到西元前六五四年的這一回合，楚成王利用齊桓公聯盟內部的矛盾，更借助周天子這張虎皮，成功拉攏了鄭國，並迫使許國投降，算是扳回一局。這也反映出楚國改變了過去那種純以武

力征服或詭計欺詐的方法，開始採取更高端的外交手段，楚成王比之前確實又進了一大步。

當然，楚成王的勝利也沒持續多久。就在西元前六五三年，「牆頭草」鄭文公再次倒向齊桓公一邊，而且為了討好齊桓公，還把大臣申侯給殺了——這申侯，正是當年楚文王的寵臣，在楚文王死後逃到鄭國。

到西元前六五一年，周惠王去世，得到齊桓公支持的太子姬鄭繼位，就是周襄王（西元前 651—西元前 619 年在位）。齊桓公為此專門在葵丘（今河南省蘭考、權縣與山東曹縣交界處）進行諸侯會盟，擁立新天子。周襄王全靠齊桓公才能上位，自然感恩戴德，於是齊桓公的威望達到巔峰。而楚成王失去了朝廷中的靠山，只能甘拜下風。

然而，日中則昃，月盈則虧。年邁的齊桓公在這巔峰一刻之後，也逐漸走向下坡路。北邊，另一個姬姓強國——晉國，因為晉獻公去世，而陷入不斷的內亂之中。周王室中，周襄王的弟弟姬帶為了與他哥哥爭位，也是鬧得沸反盈天。齊桓公和管仲為了平息這動盪而焦頭爛額。

比齊桓公年輕二十歲的楚成王，迎來了新的機會。

西元前六四九年夏天，姬帶勾結西部少數民族戎人大舉入侵周朝王室，一舉攻入洛陽城中，還把洛陽的東門燒了。齊桓公趕緊聯合秦國和晉國勤王。齊桓公一時半會是沒工夫管南方的事情了。

楚成王大喜，就在這年冬天，他出兵討伐黃國。

如前所述，黃國在楚文王末期被擊敗後，當了楚國的附庸。但隨著齊桓公的外交攻勢，又倒向齊國的懷抱，背棄了楚國。黃國君主還得意地說：「楚國首都郢城，距離我這裡九百里，楚王能把我怎麼樣？」楚成王對此一直懷恨在心，次年夏天，楚軍滅了黃國。

這是楚成王在數年蟄伏之後，再次奮起。

滅了黃國之後，楚成王再接再厲，又在西元前六四六年，滅掉了英國，其勢力向東擴展。

西元前六四五年春天，休息了半年多的楚成王繼續東進，直撲徐國。徐國在三百年前的周穆王時曾經發動叛亂，被當時尚不算太強大的楚國擊敗。如今徐國是齊桓公的盟友，楚成王攻打徐國，就是直接向齊國宣戰。

齊桓公聞訊大怒，準備再次教訓下這個不知天高地厚的楚成王。可是，此刻他最得力的大臣管仲已然病逝，齊桓公自己也是垂垂老矣，行動力和決斷力都不如以往。諸侯在三月舉行會盟，直到六月才把聯軍集合起來。他們先不去救援徐國，卻轉而討伐楚國的盟友厲國。

結果，諸侯聯軍沒有攻下厲國，楚軍則在婁林大敗徐國。戰事一直拖延到西元前六四四年夏天，諸侯聯軍眼看厲國攻不下來，徐國卻快要被楚國亡了，只好撤了軍，去救徐國。

這一回合，楚成王又占了上風。

為了報復楚國，齊桓公在西元前六四三年進攻楚國控制的英國地區。但這次進攻很快便草草收場，因為齊桓公本人已然身患重病。

這年冬天，齊桓公死了。

由於齊桓公晚年信賴奸臣易牙、豎刁、開方等人，沒有很好地安排身後事，導致幾個兒子爭權奪位，齊國更是陷入內戰之中。

當時天下最強的諸侯國，無非是東齊、南楚、西秦、北晉四家。秦國和晉國彼此正陷入糾葛。齊桓公之死，則使得楚成王驟然失去了對手。

楚成王拔劍四顧，頗感寂寞。

「牆頭草」鄭國很知趣，再次改變方向。

前幾年，鄭國曾經在周惠王的慫恿下結交楚國。而這一回，鄭文公則是看到楚成王獨孤求敗，主動過來巴結。就在齊桓公去世的次年，也就是西元前六四二年春天，鄭文公千里迢迢跑到楚國首都郢城，求見楚成王。

這是當年的中原二等強國鄭國，第一次對楚國表示臣服。由此，也標志著楚國正式衝破了齊國的制約，成為當時天下最有影響力的諸侯國。

楚成王大喜，為了表示對鄭文公的獎勵，下令贈送給他大批的銅。

當時正處於青銅時代晚期，銅是極為重要的資源。無論是鑄造祭祀用的祭器，還是鍛造打仗用的兵器，都需要大量的銅。而楚國當時已經掌握了江漢流域的大批銅礦，贈送給鄭國的銅，在當時也算是極為豐厚的禮物了。

鄭文公大喜過望，帶著這批銅回國了。可是楚成王回頭又後悔了，他心想，鄭國人挺狡猾的，他們之所以來朝見我，是害怕我楚國的強大兵力。若是這批銅被鄭國人拿去鑄成兵器，他們軍力強大了，豈不是又會背叛楚國嗎？

於是，他趕緊派人去追趕鄭文公。半路趕上之後，使者逼著鄭文公發誓：這批銅運回去，不能用於鑄造兵器！結果，鄭國用楚國送的這批銅，鑄造了三尊青銅大鐘。

過了一年，即西元前六四一年冬天，齊國又舉行了一次會盟。這次參與的諸侯除了齊國外，還有楚國、陳國、蔡國、鄭國、魯國。這次會盟的主要議題是「繼承齊桓公遺志，繼續保持諸侯睦鄰友好」。

實際上，這次會盟的六個國家裡，楚國實力最強，齊國國內動盪不堪，齊孝公全靠宋襄公的扶持，才得以繼位。而在這四個中等國家裡面，蔡國追隨了楚國幾十年，鄭國前不久也開始追隨楚國，魯國文治有餘武功不足，陳國也開始漸漸向楚國低頭。

楚國和齊國之間的這種競爭，終於還是楚國得勝了。

5. 迂腐對手宋襄公

　　齊桓公死後，楚成王幾乎一家獨大，以鄭國為代表的不少中原諸侯開始向楚國靠攏。而給楚國當了幾十年附庸的隨國，居然在西元前六四〇年秋天再次豎起了背叛楚國的大旗，還得到了漢水以東的不少小諸侯國的回應。

　　就在這年冬天，令尹子文率領楚軍討伐隨國。兩軍一交鋒，隨國便兵敗如山倒，趕緊再度求饒服軟。這次江漢叛楚事件隨之灰飛煙滅。

　　接著，另一個諸侯跳出來了，他想要跟楚成王爭做盟主——那就是宋襄公。

　　宋國是周朝五等爵中第一等的公爵，在國力上則是僅次於齊、楚、秦、晉的二流大國。宋襄公是已故盟主齊桓公的擁護者，他一心繼承齊桓公的事業，希望把「仁義」的光芒照遍九州四海。因此齊桓公剛一去世，宋襄公就插手齊國內戰。他組織了一支諸侯聯軍，打敗了作亂的諸位齊國公子，護送齊桓公生前立的太子姜昭繼位，即齊孝公。

　　立下這麼個大功勞後，宋襄公更是一心要當諸侯盟主。西元前

六四一年，就在齊國、楚國、魯國、鄭國、蔡國、陳國會盟時，宋襄公也組織了一次會盟。可惜這次會盟的參與者除了宋國外，都是曹國、邾國、鄫國、滕國這些彈丸小國。就在這次會上，宋襄公大發淫威，囚禁了滕子，還把鄫子殺了祭神。

西元前六三九年春天，宋襄公送來一封書信，邀請楚成王到鹿上（今安徽太和）會盟，與會的還有齊孝公。

楚成王去了，他想聽聽宋襄公到底想說什麼？

宋襄公一本正經地表示，自己準備繼承齊桓公的事業，希望得到楚國和齊國的支持。

為此，宋襄公還專門強調，自己在平定齊國內亂方面做出的偉大貢獻。

楚成王一本正經地答應了宋襄公的要求。

於是，楚成王和宋襄公約定今年秋天在盂（今河南省內），召集擴大化的會盟，確認霸主一事。

正事談完，宋襄公喜滋滋地離開了，齊孝公無語地走了。楚成王嘴角露出一絲獰笑。

當年秋天，會議如期召開。出乎宋襄公意料的是，齊孝公並沒有來參加，大約是不滿宋國和楚國的約定。

這樣一來，楚國就成了與會的唯一一個大國。楚成王暗中鬆了口

氣，

畢竟齊國是足以與楚國抗衡的大國，若是齊孝公在，他還不敢太放肆。

除了楚國和宋國外，參加會盟的還有陳國、鄭國、許國、蔡國、曹國等。這裡面，蔡國、鄭國、許國都與楚國關係密切，而曹國前兩年剛和宋國打過仗。

也就是說，楚成王佈置了一個對宋襄公完全不利的會場。

不過，楚成王並沒有打算依靠投票表決之類的形式逼宋襄公就範。相反，他埋伏下了兵馬。

宋襄公只帶著隨從前來，並沒有帶護衛兵馬。本來，他的哥哥目夷勸他，最好還是帶些兵馬以防萬一，可是宋襄公堅持「咱們這是衣裳之會，不是兵車之會，怎能帶兵呢」。

看著對手這全然不設防備的模樣，楚成王心中狂笑不止。

會盟開始了，大家準備推選盟主。宋襄公當仁不讓地說：「在座諸位，陳國、蔡國是侯爵，曹國、鄭國是伯爵，楚國是子爵，許國是男爵，而我宋國是公爵，最為尊貴。再加上我還有平定齊國內亂的功勞，我來當盟主，大家沒什麼意見吧？」

幾個諸侯面面相覷。楚成王放聲長笑：「論爵位，我楚王可是王！以你宋國的實力，又憑什麼和我相爭呢？」

宋襄公眼一瞪，義正詞嚴地說：「你楚王的名號是自封的，不能算！咱們按周天子分封，你只是子爵！而且我祖上是商王，在周朝為客人，你只是個蠻夷罷了！」

楚成王冷笑一聲：「那就讓你瞧瞧蠻夷的玩法！」說完一拍桌子，張牙舞爪的楚兵衝出來，當即把宋襄公給抓住了。

宋襄公憤怒地指著楚成王：「楚子，你這個背信棄義的蠻夷！咱們說好是衣裳之會，你居然派兵來！你不仁義！你沒道德！你背叛了齊桓公之道！」

楚成王一揮手，楚兵把喋喋不休的宋襄公拖了下去。楚成王轉頭問陳國、蔡國、曹國、鄭國、徐國的諸侯：「你們還有什麼意見麼？」

幾個諸侯爭先恐後地說：「楚王最偉大，楚王當盟主名至實歸！」

於是，楚成王正式就任盟主。隨後，他帶著宋襄公當人質，起兵殺奔宋國而去，準備趁機征服宋國。

誰知宋襄公的哥哥目夷已經趁亂逃回了宋國。面對楚軍氣勢洶洶的威脅，宋國人毫不屈服，堅守城池。楚軍威脅要殺掉宋襄公，宋國人則回答：「隨便，我們已經立公子目夷為新君了！」這下子，宋襄公反倒成了楚軍手中一塊燙手的山芋。宋襄公素有仁名，殺掉他只怕會落個不好的名聲。思索再三，楚成王只得把宋襄公放了。

盂之會，楚成王生擒宋襄公，贏得了一群中小諸侯的擁戴。這種行為雖然威風一時，但從長遠看其實是在惹麻煩。如果把宋國當成楚國爭霸的對手，那麼在這之前，宋襄公於會盟中擅自囚禁滕子，殺死鄫子，其實是有些不得人心的。但楚成王「以彼之道還施彼身」，在衣裳之會上伏兵擒拿宋襄公，反而讓宋襄公之前的舉動被淡忘，而將自己推到風口浪尖。楚國捉住宋襄公，沒有得到實質性的好處，最後又結下了與宋國的這個大仇。

　　從這個角度，可知楚成王雖然比起其祖父和父親，已經在嘗試著向中原文明靠攏，但畢竟身在南方，對於禮儀文化並不是特別習慣，也沒有考慮到，在會盟上伏兵，取得短暫利益的同時，會帶來怎樣的後續影響。

　　不管如何，楚國這一次耀武揚威，確實進一步提高了自己的威勢。盂之會的次年也就是西元前六三八年春天，鄭文公再一次跑到郢都來朝見楚成王。與上次朝見時隔四年，這次鄭文公看向楚成王的目光，更多了幾分畏懼。

　　鄭文公回去後沒多久，送來一封求救文書。原來，宋襄公發兵攻打鄭國了。

　　鄭國和宋國之間的矛盾已有數十年之久，更何況這次鄭文公朝見楚成王，更被宋襄公恨之入骨。

　　六年前，當齊桓公率領諸侯聯軍圍攻鄭國時，楚成王採取的策略是攻打齊國的盟友許國。畢竟，憑楚軍的實力，要和齊桓公聯軍正面

對抗有點壓力。可是這次，楚成王決定直接去找宋國算帳——我打不過齊桓公，還打不過你宋襄公麼？

農曆十一月，楚軍逼近宋朝首都商丘，楚宋兩軍在泓水（今河南柘城）隔河相遇。

對峙片刻後，楚成王下令渡河進攻。

楚軍開始過河。這時候，楚成王心中非常緊張。論人數和裝備，楚軍遠在宋軍之上。然而軍隊渡水的時候是最混亂的，若是宋軍趁這個時候猛撲過來，楚軍准得吃大虧！要知道，六十年前的鄢水之戰，大將屈瑕就是在過河時候遭到羅、盧聯軍夾擊而兵敗自殺的。

雖然聽說按照中原的規矩，打仗是必須排好隊伍才開始，但誰真會這麼傻啊？

結果，楚軍過河的過程中，宋軍竟然真的一動不動！

楚軍主力過河了，開始整頓佇列。這個過程中，依然是不設防狀態，遭到打擊很容易潰亂，然而宋軍還是一動不動。

直到楚軍完全擺好陣勢，宋軍陣中這才傳來陣陣鼓聲。看來，他們真是鐵了心不肯佔便宜，硬要等楚軍完全擺好隊伍，這才來一場「公平戰爭」。

楚成王樂了。居然真有這麼傻的人？那好，我們也擂鼓進軍。

兩軍吶喊著相對而進，大戰爆發。

楚軍在人數上佔據絕對優勢，裝備精良，戰爭經驗也遠勝過宋軍，戰鬥的結果沒什麼懸念。很快，宋軍大敗，宋襄公大腿受傷。

事後大家才知道，宋襄公的哥哥目夷曾苦苦勸他，趁著楚軍渡河的時候發動進攻，或者在楚軍沒有擺好陣勢的時候就發起衝擊，卻都被宋襄公拒絕了。宋襄公一定要堂堂正正地展開會戰。戰敗後，宋襄公還振振有詞地說：「君子打仗，不去攻擊已經受傷的敵人，不去殺傷頭髮花白的老兵。古人打仗從來不占地形的便宜，一定要等雙方都擺好陣勢再開打。我就算兵敗亡國，也不能違背了這戰場的禮儀！」

楚成王聽說這事兒，差點笑掉了大牙。楚成王對中原禮法，是單純的嘲笑與輕視。然而他並沒有明白，這禮法背後蘊含的是什麼。春秋前期的戰爭，更多類似一種軍事競技。雙方列開陣型，相互衝擊，只分勝敗，點到為止，很少大規模殺人。國家之戰的結果，也更多是簽署盟約，賠禮認輸，較少割地滅國。這些在今天看來似乎很迂腐的做法，卻控制了戰爭的激烈程度，減少了生命的喪失。它代表著中華文明演進過程中理想化的一環。

失去了這些約束，一國固然可能在短期內提升綜合實力，卻也意味著，國家與國家之間，人與人之間更加殘酷與冷峻。

此刻的楚成王，當然想不了這麼多。他打敗宋襄公，解救了鄭國的危急。沒多久，鄭文公帶著自己的夫人芊氏（楚成王的姐姐）和姜氏到楚軍營寨勞軍。楚成王非常開心，把戰爭中砍下的宋軍首級和俘虜都擺開，讓自己的姐姐、姐夫參觀。此後，楚成王又去鄭國參加慶功宴。

這一番舉動，大大違反當時的禮法，在當時的「君子」中引起了轟動。大家都說，楚王這傢夥果然是蠻夷之輩，看來他軍隊再強大，霸業也就到這裡為止了！

至於被楚成王打敗的宋襄公，到第二年（西元前 637 年）就因為傷重去世了。頗具諷刺意味的是，後世評選「春秋五霸」時，總共有兩個版本，一共列出七位君主。在其中一個版本上，恪守禮儀，拘泥仁義，最終兵敗身亡的宋襄公赫然榜上有名。相反，攻滅數十國，拓地千里，還曾打得宋襄公遺恨而終的楚成王，卻不在任何一版的名錄之上。

6. 強敵出鏡禮相待

泓水之戰後的第二年，一位特殊的客人來到了楚國，他就是晉國公子姬重耳。

重耳是晉獻公之子，因為遭到晉獻公寵妃驪姬的陷害，他被迫流亡國外十多年，到過多個國家。後來晉國國內政局動盪，重耳尋求回國繼位的機會。就在泓水之戰這年的冬天，重耳先到了宋國。宋襄公隆重接待了重耳，並送給重耳二十輛馬車。這可真是雪中送炭。不過，宋襄公也表示，自己剛被楚國打敗，恐怕沒這個力量幫忙。他推薦重耳來了實力強大的楚國。

晉國是大國，而重耳公子的賢明天下聞名。楚成王熱誠地款待重耳，完全把這個流亡貴族當成諸侯一樣接待。這讓重耳都有些受寵若驚。

酒宴過後，楚成王問重耳道：「公子，你若能回到晉國繼位，準備怎麼答謝我呢？」

重耳沉吟片刻，回答道：「像財物、美女，您這裡已經很多了。至於北方稀罕的羽毛、象牙、犀牛皮和珍禽異獸，貴國也不缺。我實在想不出有什麼可以答謝您的。」

楚成王呵呵一笑，聽著別人讚美自己的國家富強，終究是很愉悅的。他追問了一句：「不過，您還是得想辦法答謝我吧。」

重耳道：「這樣吧，如果憑您的吉言，我真能夠回到晉國掌握國政，那麼，以後萬一晉國和楚國發生戰爭，我將命令晉軍後退三舍之地（一舍為三十里，三舍為九十里）。」

聽了重耳這番話，楚成王笑而不語。酒宴散後，司馬成得臣怒氣衝衝地道：「大王，您對重耳這麼優厚，他居然如此出言不遜，把他殺了吧，不然等他真回了晉國，一定會成為楚國的威脅！」

楚成王搖頭道：「重耳公子賢才出眾，言行有禮，跟隨他的都是當世英傑。我怎麼能殺他呢？至於說威脅楚國，關鍵還要看咱楚國自己是否足夠強大。要是楚國實力夠強，又怕什麼晉國呢？」

他繼續熱情款待重耳一行人。

重耳在楚國待了幾個月後，晉國又發生了變故。重耳的哥哥晉惠公病死，晉惠公之子姬圉本來在秦國當人質，聞訊逃回晉國繼位，即晉懷公。這就把秦國徹底得罪了。重耳的姐夫秦穆公來信，請重耳到秦國去。

楚成王對重耳說：「楚國在南，晉國在北，隔得太遠了。秦國和晉國相鄰，秦君也是個賢能君子。公子可以去秦國。」他贈給重耳很多禮物錢財，送他去了秦國。

在對待重耳一事上，楚成王確實十分慷慨。他的想法或許也很簡

單：你是強國，我對你好，指望你投桃報李呢。不得不說，楚成王面對迂腐的宋襄公，顯得老奸巨猾、詭計多端。可是遇上了真正狡猾的重耳，他又顯得有點天真了。

借著泓水之戰的勝利，楚成王繼續耀武揚威。就在重耳來楚的西元前六三七年，因為陳國竟敢和宋國來往，楚成王派成得臣進攻陳國，奪取了兩個城池。令尹子文見成得臣立下這麼大的功勞，就推薦成得臣繼任自己的官職，擔任新的令尹。

西元前六三六年，宋襄公的兒子宋成公與楚國達成盟約，並且親自到楚國來覲見楚成王。楚國第一次降服倔強的宋國。

然而就在這一年，重耳在秦穆公支持下，成功殺死姪兒晉懷公，登上了晉侯的寶座，史稱晉文公。這位具有雄才大略的君主，並沒有因為楚成王前一年的盛情款待，就執行親楚的政策。相反，晉國作為姬姓大國，早就對楚國不斷北伐、威脅中原的行徑有所警覺。重耳上臺後，很快開始部署對楚的反制。

西元前六三五年，晉文公拉上姐夫秦穆公，聯兵進攻楚國的附庸國鄀國（就是早年被楚國偷了一頭牛的那個小國）。楚國的申公鬬克（字子儀）和息公屈禦寇（字子邊）率領申、息兩地的楚軍抵擋。誰知秦軍抄近道急行軍包圍了鄀國首都商密城，並假裝在城外與楚國軍隊歃血結盟。這下鄀國人嚇壞了，趕緊向秦軍投降。秦軍趁機擊敗楚軍邊防部隊，俘虜了鬬克和屈禦寇。楚國令尹成得臣得到消息，急急忙忙帶著大軍趕來時，此時秦軍已經撤退了。成得臣一肚皮火氣沒地兒發，就轉頭進攻陳國，又把先前被陳國逼迫逃亡的頓國諸侯安置回

頓城（今河南商水）。

這一戰，主要是秦國和楚國交鋒，然而晉文公卻是背後推手。楚國的附庸國被攻佔，兩位貴族大臣被活捉，這是楚成王近年少有的敗仗。僅此一戰，已經足見晉文公的厲害了。

此後，晉文公的手段接連而來。他不斷拉攏原先被楚國降服的國家，首當其衝的是宋國。宋國原本就跟楚國有深仇大恨，只是礙於實力，不敢反抗而已。如今有了晉國撐腰，那還有什麼好怕的？西元前六三四年，宋成公與晉國結盟。中原地帶，再次豎起敵視楚國的一座碉樓。

甚至西邊的夔國（今湖北秭歸）也開始鬧了起來。說起來夔國也是楚國的支流，其先祖叫熊摯（不知是否即熊渠之子、熊延之兄熊摯紅），因為疾病不能繼承君位，而自己遷居到了秭歸一帶，建立國家。可是現在，他們居然不肯祭祀楚國的先祖祝融和鬻熊了。

祭祀只是表面現象。真正的內核，很可能是這個國家開始表現出對楚國的敵意了。這背後的暗流，或許也與晉文公有關。就楚國而言，夔國扼守三峽要道，西邊則是強大的巴國，若不能將它控制在一個放心的盟友手中，那確實將是心腹之患。

於是，在西元前六三四年秋天，楚國大將成得臣和鬬宜申帶兵攻滅夔國，俘虜了夔國君主。

掃清內憂之後，北邊又傳來消息。原來魯國遭到了齊國的攻打，便派使者臧孫來求見楚成王，請楚成王出兵主持公道。

楚成王樂得哈哈大笑：「不錯，如今該是我們楚國主持正義的時候了。齊國入侵魯國，該打！還有那宋國，居然背叛我們，去和晉國勾結，也一起打了！」楚成王就派成得臣帶領滅夔的得勝之師，北上中原，包圍了宋國的緡城，又奪取了齊國的谷城。

　　前面說過，齊桓公死後，他的兒子們爭權奪位，鬧得很厲害。齊孝公當初是靠宋襄公的扶持才當上君主。如今楚軍打來了，那些不服齊孝公的公子們，紛紛把楚成王當成靠山。楚成王更是歡喜：「連齊桓公的兒子都來投奔我，這天下的霸主我坐定了。」他把齊桓公的兒子薑雍安排在穀城，讓奸臣易牙輔佐他，作為楚國進逼山東的據點。齊桓公另外七個兒子，則被封為楚國的大夫。

7. 城濮之戰喪霸權

權西元前六三三年，楚成王的勢力達到巔峰。

齊桓公死後的這十年裡，他擊敗了不自量力的宋襄公，打服了一排不聽話的諸侯。當初跟隨齊桓公南征楚國的一群中原二三流國家，像魯國、陳國、鄭國、許國、衛國、曹國，先後投到了楚成王的旗下。再加上老跟班蔡國，楚國的大聯盟幾乎囊括天下。

不服從楚國的當然也有幾個，且都是大國。昔日的最大對手齊國，如今由楚成王扶持姜雍等公子，與齊孝公對抗。西邊的秦國剛剛從楚國搶走了鄀國，暫時還沒有進一步敵對舉動。勢頭最猛的是晉文公統治下的晉國，不過畢竟距離楚國較遠。

最讓楚成王看著想進攻的，還是中原的宋國。當年宋襄公和楚成王爭霸，宋襄公死後，宋成公迫於楚國壓力，假裝和楚國友好，沒兩三年看晉文公登基，立馬又倒戈過去了。這讓楚成王相當不滿。

這年秋天，楚成王調集大軍，準備攻宋。為此，他安排前令尹子文（鬬穀於菟）和現任令尹子玉（成得臣）兩人分別整頓軍隊。結果，子文整頓了一個上午就結束了，沒有處罰一個人。子玉則整頓了足足一天，有七個違反軍規的挨了鞭子，有三個受到了耳朵上穿箭的

處罰。

整軍結束後，滿朝大臣都向子文祝賀。有一位年輕的宗室貴族蒍賈卻不道賀。子文問他原因，蒍賈回答：「子玉當令尹，是您推薦繼任的。可是從今天的整軍過程來看，子玉性子過於剛硬，又不懂禮儀，根本就不是一個合格的統帥。所轄的軍隊如果超過三百輛兵車，他就無法指揮了。如今他帶兵打仗，只怕要喪師辱國，您推薦他，您也有責任。所以，有什麼可祝賀的呢？」子文默然。

此刻楚軍的行動已經箭在弦上，不可能因為一個年輕人的話就取消計畫。不久，成得臣率領大軍離開楚國，北上中原。楚國的跟班鄭國、蔡國、陳國、許國也都派出了兵馬，五國聯軍浩浩蕩蕩，把宋國首都商丘包圍起來。宋成公沒法子，趕緊向老大晉文公求救。

晉文公接到求救信，和群臣商量：「宋國是我們在中原最忠臣的小弟，豈能不救？可是，要對抗楚國，沒把握啊。」大臣狐偃道：「這個好辦。主公您在逃難途中，曾經受到衛國、曹國君主的侮辱，而這兩國新近又跟楚國勾搭上了。現在您可以聯合齊國和秦國，攻打衛國和曹國。這樣楚國必然撤兵來救衛國、曹國，宋國也就得救了。」

晉文公深以為然，就在西元前六三二年春天聯合齊國、秦國，圍攻衛國、曹國。區區衛國和曹國哪裡能擋住晉國的圍攻，忙向楚國求救。

按照通常的慣例，這種情況下楚軍應該扔下宋國，北上救衛、

曹，這樣晉國也就順勢撤兵，這一次戰爭就算是結束了。可是成得臣果然不懂禮儀，又犯了他的愣脾氣，他只派出小股部隊北上救援衛、曹，主力繼續圍攻商丘。這下，晉楚之間形成了「彼此圍攻對方小弟」的局面。

結果到頭來，還是衛國、曹國先頂不住。這也難怪，宋國的實力本就強於衛國、曹國，更重要的是楚成王在盂之會上背信棄義囚禁宋襄公，用武力脅迫諸侯，在道義上就先比晉文公差了一截。於是，宋國還在拼命抵擋楚軍，衛國人就先一步把自家的國君衛成公轟出了城池，向晉國投降。沒多久，曹國也被晉軍攻破，曹共公當了俘虜。

這時候，宋國也被成得臣率領的諸侯聯軍打得眼看就要崩潰了，再三派人十萬火急地向晉國求救：「老大，您的救兵再不來，我們就真只好投降了！」晉文公又和群臣商量：「要是不救宋國，這最忠心的小弟就沒了；救宋國呢，就得跟楚軍對打，咱們未必能贏，齊秦兩國也未必肯幫咱們，怎麼辦？」大臣先軫道：「我有一計。可以叫宋國去求齊國和秦國調解講和，同時我們把衛國和曹國的土地分給宋國。這樣一來，楚國必然憤怒，不肯和談。於是他們就得罪了齊國和秦國。以齊晉秦三家聯合對付楚國，勝算大增！」

晉文公大喜，依計而行。宋國也趕緊向齊國和秦國求救，齊孝公和秦穆公都出面勸楚國退兵。

楚成王到這時候才感受到外交壓力。楚國現在雖然軍力天下第一，但真要跟三大強國作對，只怕討不了好。因此，他趕緊派使者找成得臣：「算了，夥計，還是撤軍吧。晉侯重耳在外面顛沛了十九

年，什麼苦沒吃過，對天下諸侯瞭若指掌，如今他執掌晉國，你不是他的對手啊！」

成得臣得到楚成王的命令，倔驢子脾氣更大了：「我指揮大軍在外，好不容易要把宋國打下來了，您不能這樣就放棄啊！再說，當初我早就建議殺掉重耳，是您拒絕我的忠言，才有今日的後患。」他也派人回稟楚成王：「大王，請允許我和晉軍決戰！我不是貪圖自己立功，只是想拿成果來堵住朝野的讒言！」

楚成王也怒了，莫非我不讓你打仗，就是聽信讒言的昏君麼？那你自己去打吧！就這樣，楚國大敵當前，內部卻鬧起了內訌。成得臣向楚成王要援軍，楚成王只派出了王室精銳三十輛兵車給成得臣。成得臣又從自己若敖氏家族的私兵中調了一百八十輛兵車，增援前線。

前有強敵，後無大援，成得臣心裡也有些打鼓。他琢磨了一下，反過來向晉文公發動外交戰。他派人對晉文公說：「這樣吧，您把衛國和曹國恢復了，我也不再圍攻宋國，怎麼樣？」這一招確實狠。晉文公若是同意，等於是拿兩個已經被打下的衛國和曹國，交換一個還沒被打下的宋國，晉國吃了暗虧。可若是不同意，就變成楚國願意和談而晉國不肯，楚軍也就佔據了道義上的優勢，齊秦兩國都可能退出晉國陣營。

然而，晉文公麾下的智囊團，又豈是成得臣的那點心思可以擊敗的？晉文公採納了先軫的對策，將計就計。他們私下對曹衛兩國說，只要你們背棄楚國，就讓你們復國！曹衛兩國已經是晉國砧板上的肉，還能有什麼反對意見？同時，晉國又把成得臣派來的使臣囚禁起

來。

自古兩國交兵不斬來使，晉文公這一手是很下作的。然而，這下作的一手卻完全達到了目的。成得臣終於被激怒。他不顧諸多不利因素，指揮大軍放棄了對宋國的圍攻，北上向晉軍猛衝過來。

這時，晉軍剛滅掉了曹衛兩國，要是南下，正好迎頭趕上。但是重耳卻下令，不許和楚軍交戰，全軍向北撤退！有部將問，為什麼撤退？重耳回答：當初我流落楚國，曾經承諾過，一旦交戰要退避三舍報答，如今怎麼能違背呢。

晉文公可不是什麼正人君子，攻打曹國時候，拿挖人家祖墳當成威脅，又趁雙方交換陣亡將士屍首的空隙突襲得手。如今他退避三舍，明擺著是為了縮短己方補給線，以及和盟軍會師，卻偏要打出「信守諾言」的旗號。這樣既得了裡子，又得了面子。

晉軍一路北退，楚軍眾將都建議別追了。追得越遠，離咱們的根據地就越遠，士兵也越疲勞。可是成得臣仿佛被紅布挑弄的公牛，他一定要衝上前去，和晉軍拼個你死我活！

就這樣，晉軍一路退到了城濮地區（今山東菏澤），與齊國、秦國的友軍匯合。而剛剛從楚軍包圍下解脫的宋國，也派傾國之兵趕到城濮，參加戰鬥。晉秦齊宋四國，基本上是當時天下實力第二名到第五名的四大強國，總計有兵車大約一千輛，其中晉軍戰車七百輛。

而楚國這方面，連同鄭國、許國、陳國、蔡國等援軍，兵力也相當。

春秋五霸同時參與的大混戰正式展開。雙方各自分為左中右三路，針鋒相對，虎視眈眈。

　　成得臣深知楚軍的同盟許、鄭、陳、蔡等國軍隊的戰鬥力比晉的同盟秦、齊等差多了。因此成得臣把他們放到較弱的右翼，由大夫鬬勃（子上）率領，只作為輔助力量使用。若敖氏的精銳部隊放在中軍，由自己親自率領。左翼則由司馬鬬宜申（子西）率領。他的意圖，是通過加強左翼和中軍，力爭擊潰晉軍的中央和右翼，取得會戰勝利。

　　然而晉軍卻不準備按規矩出牌。晉文公和他的謀臣先軫等人制定了精密的戰術，準備針對性地埋葬楚軍。

　　戰鬥開始了。首先發動的是晉軍左翼的下軍，他們大張旗鼓，向楚軍右翼衝去。隊伍前面的戰馬身上都蒙了一張虎皮。楚軍右翼的馬匹看到「老虎」來了，嚇得亂蹦亂跳，一片混亂。晉軍左翼趁機集中兵力，攻打陳、蔡等附庸國的隊伍。這兩個小國，原本只是跟著楚軍吶喊助威的，如今遭到痛擊，頓時崩潰。整個楚軍右翼也因此潰敗。

　　同時，晉軍右翼做出向後敗退的樣子，引誘楚軍左翼的子西發起追襲。等到楚軍追出一段距離，晉軍的中軍卻突然橫截過來，晉軍右翼也回軍夾擊，以二對一，楚軍左翼寡不敵眾，很快被殺得大敗。

　　晉軍一邊用詭計收拾楚軍兩翼，一邊還用馬拖拉著樹枝，在地上飛跑，掀起漫天灰塵，迷惑楚軍。成得臣在中軍望見，還以為兩軍鏖戰正酣呢。等到煙塵平息下來，好嘛，中軍還沒動呢，左右兩翼全給

人幹掉了！

這會兒，晉齊秦宋聯軍從三面向楚中軍包圍上來。成得臣急忙指揮中軍抵擋優勢敵軍的攻擊，一面收羅左右兩軍的殘兵，一面且戰且退。依靠他的臨危不亂，楚軍主力得以撤回，然而已是元氣大傷。

春秋時代第一次霸主國家間的正面衝突就此結束。

8. 臨終熊掌烹難熟

西元前六三二年夏天的城濮之戰，促成了晉文公的崛起。就在這年夏天，晉文公把俘虜楚國的一百多輛戰車和一千多步兵獻給周襄王，受到周襄王的宴請，還被周天子冊封為「侯伯」，即天下諸侯領袖的意思，賞賜了衣服、弓箭和衛隊。天下諸侯也都來向晉文公致意，包括先前楚國的盟友魯國、鄭國、陳國、衛國、曹國等，也都跑去祝賀了。許國不知趣，一時沒來得及「棄暗投明」，就被晉國率領諸侯一頓圍攻，趕緊乖乖投降了。

從此以後，晉國成為中原北方的霸主，這個態勢一直保持了百餘年。

晉文公輝煌的同時，伴隨楚成王稱霸美夢的破碎。雖然楚國千里之地，這一場敗仗的損失並不難彌補，然而其席捲中原的勢頭卻被徹底遏制，大部分諸侯也都重新倒向了晉文公一邊。

楚成王輸給晉文公，有一定的偶然性。但究其本質，在於過去百年間，楚國咄咄逼人的擴張，依然是以武力征服作為絕對手段，而缺少正統的華夏文明作為內核。換言之，在大部分中原國家眼中，楚國依然是蠻夷，蠻橫而不懂禮法。他們即使暫時迫於武力屈從於楚國，

可是一有機會就會背離。所以，楚國可以在漢上小國中縱橫無敵，但遇上齊桓公以同等強大的戰力南下時，楚國的陣營就會動搖；儘管齊桓公死後楚國可以借這種力量席捲天下，但一旦晉文公這種強勢的對手再次出現，楚國的聯盟又將崩潰。

畢竟，武力的強盛只是一時，不可能百年不衰。要成為真正意義上的華夏領袖，還需要從精神上融合進去，得到大多數國家和民眾的認可。

而文化禮儀，對在南部蠻夷國家中殺開血路的楚國來說，還是一件需要慢慢學習領會的事情。楚成王曾對宋襄公在泓水之戰恪守立法的舉動表示嘲笑，但他沒有意識到，正是這種對禮法的追隨，使得霸權落到了晉文公，而不是他自己的手中。

此外，楚國軍法嚴厲，只要軍隊覆滅，主將必須以死謝罪。在班師途中，楚成王派人對成得臣說，如果回國，你如何面對家鄉父老？於是成得臣拔劍自刎。副帥司馬子西也想懸樑自盡，被楚成王命人救了下來。晉文公得知成得臣死去，大為歡喜道：「楚國在城濮之戰被我們大敗一次，回頭又自己除掉了名將成得臣，這是內外受損啊！」

此後幾年，楚成王自知不是晉文公對手，留在南方舔舐傷口，任憑晉文公在中原耀武揚威。西元前六二八年春天，他還接受大臣鬥章的建議，試探著和晉國和談。晉楚兩國之間，緊張的氣氛鬆弛了一些。

然而，就在這一年冬天，又發生了變故。

晉文公死了。

楚成王大喜，又耗死了一個強敵啊！上次齊桓公死了，給楚國留出十年空窗期。這次晉文公也死了，誰說我們楚國不能再爆發一回呢？

於是，剛剛展開的晉楚邦交，也就無疾而終了。

楚成王這麼想，其他諸侯也一樣。比如晉文公的姐夫秦穆公，就想趁著這時候撈上一筆，在西元前六二七年春天派出大將孟明視、西乞術、白乙丙，率領數百輛兵車長驅東進，偷襲鄭國。許國跟楚成王勾搭在一起，衛國更是直接和晉國對著幹。

結果，晉國虎倒威風在。西元前六二七年夏天，晉軍在殽山伏擊，全殲入侵的秦軍，生擒孟明視、西乞術、白乙丙三名主將。到冬天，晉國更聯合鄭國、陳國，圍攻勾搭楚國的許國。

許國自然向楚成王求救。楚成王一拍桌子：「出兵！北方諸侯，只有重耳一個人厲害。他已經死了，誰還能抵擋我們楚國的兵威！」

他派令尹鬭勃為統帥，太子商臣為副帥，出動大軍北進。按慣例，楚軍不是直接去許國和晉軍決戰，而是選擇攻打晉國的盟友，迫使晉國收兵。事實上在楚成王心中，小小的許國丟了也就丟了，趁這個機會，把原本那些追隨自己的諸侯再拉回自己這一邊，才是要緊的事情。

楚軍自城濮之戰後，休養生息數年，如今人歡馬躍，士氣如虹。

大軍先進攻陳國、蔡國。陳國、蔡國本來就曾經當過楚國的跟班，城濮之戰後才倒向晉文公，如今看晉文公死了，當即再次倒戈。

接著，鬬勃又率領楚軍進攻鄭國，隨行的還有鄭穆公的兄弟姬瑕，姬瑕先前因為鄭國的內部鬥爭失敗而逃到楚國，鬬勃準備扶持他為新的鄭國君主。不過這一次卻不太順利。楚軍雖然攻到了鄭國都城，姬瑕卻不慎翻車掉到水裡淹死了，於是楚軍這次行動草草收場。

這時又傳來消息，晉國大夫陽處父率領軍隊攻打蔡國去了。這一方面是為鄭國解圍，同時也是教訓倒戈的蔡國。鬬勃呢，當然不能看著剛剛倒戈過來的蔡國挨揍，趕緊帶著楚軍往蔡國跑。

於是，晉楚兩軍隔著泜水（今河南沙河）對峙。

這樣的情形，和十年前的泓水之戰何其相似。不同的是，如今對面不是宋襄公帶領的宋軍，而換成了陽處父率領的晉軍。

兩軍原本勢均力敵，誰先過河，給人家半渡而擊那是要吃大虧的。因此晉楚兩軍就像兩頭惡狗一樣，相互狠狠瞪著對方，誰也不敢先撲過去。

晉軍主帥陽處父畢竟狡猾。他探聽到楚軍主帥令尹鬬勃和副帥太子商臣有矛盾，於是派人去對楚軍說：「咱們兩家這麼對峙著一直不打，消耗國家錢糧，也不是個事兒啊。這樣吧，我軍退後三十里，讓你們過河之後擺好陣勢，兩家決戰，怎麼樣？如果你不肯，那麼你們退後三十里，我軍過河來也是一樣。」

鬬勃一聽，就打算率楚軍渡河。大夫大孫伯忙勸諫說：「不行！晉人狡猾得很，他們可不比宋襄公。說是讓我們擺好陣勢再打，可要是我們渡河到一半，他們背信棄義，衝過來開打，那咱們不全完了嗎？不如讓他們過來吧。」

鬬勃想了想，覺得有理，就對晉軍使者說：「那好，我們後退，你們過來決戰吧。」他命令楚軍後退三十里。

誰知陽處父就等這一刻。楚軍剛剛後退，他立刻派人到處宣佈：「楚軍撤退了！我們晉軍勝利了！」然後得意洋洋，撤軍而去。

鬬勃目瞪口呆，眼看敵人都走了，也只好收兵回國。

哪曉得晉軍臨走之前，陽處父派人跑到楚軍中散布流言，說是鬬勃接受了晉國的賄賂，所以才故意撤軍的！而楚國太子商臣早就對鬬勃懷恨在心，回國後趁機在楚成王面前讒言陷害說：「鬬勃受敵軍賄賂，臨陣逃跑，這是我楚國的奇恥大辱啊！」楚成王勃然大怒，就把鬬勃處死了。

那麼，太子商臣到底為什麼和鬬勃過不去呢？原來當初楚成王立太子的時候，鬬勃就反對，認為商臣不可擔此重任。為這事，商臣將鬬勃恨之入骨也正常，所以這次趁機取了他的性命。

然而，即使殺了鬬勃，楚成王還是逐漸看商臣不順眼了，打算廢了他換另一個兒子熊職當太子。這事兒對中原諸侯來說是難事，但在楚國來說，太常見了。

太子商臣聽到風聲，卻不知真假，就去求教自己的老師潘崇。潘崇給他出了個主意，讓商臣宴請江羋夫人（歷史上對她的身份有兩種說法，一說為楚成王的寵妃，一說為楚成王的姐妹），卻故意在酒宴上怠慢江羋。果然，江羋嘴巴不嚴，怒斥道：「你這傢夥太沒禮貌了，難怪你爹想廢了你，另立你兄弟熊職！」

這下，商臣算是摸清了老爹的算盤。他趕緊又去找老師潘崇：「老師啊，這該怎麼辦？」潘崇道：「你自己好好想想，以後能乖乖向熊職俯首稱臣麼？」商臣眉頭一皺：「不能！」「那你能逃出去麼？」「不能。」潘崇哼了一聲：「那你敢造反麼？」商臣一咬牙：「敢！」

西元前六二六年冬天，太子商臣帶領宮廷衛隊造反。

楚成王在四十多年前殺死自己的哥哥登上王位，掃蕩天下，耗死了齊桓公、晉文公兩個大敵，如今卻被自己的親兒子包圍在宮中。他心中充滿悲憤、蒼涼、感慨，但這些都沒用了。商臣瞪著血紅的眼睛，逼著老爹：「父王，您快自裁吧，別逼著兒臣我動手了！」

楚成王慘笑一聲：「讓我臨死前再吃一次燉熊掌，好麼？」

商臣露出狼一樣的牙齒：「不行！熊掌燉熟太費時間了！您趕緊上路！」

抹去眼角的兩滴老淚，楚成王顫顫巍巍地把脖子伸進繩圈之中。

商臣殺害父親後，自己做了君主。據說他原本準備給父親的諡號為「靈王」。按照諡法規定，「靈」字的意思是「亂而不損、不勤成

名、死見鬼能、好祭鬼神」，總之不是什麼好詞，後來改諡為「成王」。按照諡法，「成」的意思是「禮樂明具、持盈守滿、遂物之美、通遠強立、安民立政」。

楚成王在位四十餘年，憑藉強大的武力，一度將楚國的旗號插遍整個中原，卻終究因為缺乏禮法內涵，先後遭到齊桓公、晉文公的挫敗。然而另一方面，楚成王對中原不斷地進取，絕不僅僅意味著楚國本身的擴張，這也是長江文明與黃河文明的激烈碰撞。這種碰撞會帶來戰爭與殺戮，但長遠來看，卻也為中華民族的繼續融匯提供了機會。

四

一鳴驚人，名稱五霸楚莊王

1. 穆王商臣續爭霸

西元前六二六年，楚國太子商臣發動政變，弒殺了他的父親——楚成王，自己登基為王，史稱楚穆王。在先前的三百多年裡，楚國已發生過多次骨肉相殘的王室內戰，但兒子殺死父親，還是頭一次。

踩著老爹的屍骨稱王后，楚穆王面臨的局面並不那麼美好。北方的晉文公儘管已死，但其留下的政治遺產足以使晉國聯絡諸侯，對楚國保持優勢。

西元前六二四年春天，晉文公之子晉襄公率領魯國、鄭國、衛國、陳國、宋國組成的諸侯聯軍進攻楚國的盟國沈國（今河南沈丘）。區區沈國哪裡能抵擋晉國的兵鋒？趕緊向楚國求援，可是楚穆王也不敢帶軍和晉軍正面硬拼。沒多久，沈國就潰敗投降了。這一戰不但打垮了楚國的一個盟國，也狠狠打了楚國的臉，而且龐大的聯盟再次展現晉國在爭霸中的絕對優勢。

然而楚穆王也有他的主意。失之東隅，收之桑榆，你打我的盟國，我也打你的盟國。尤其是那些位於南方，距離楚國本土較近的國家，打了它們可以直接吞併，豈不美哉？

就在這年秋天，他派出大軍進攻江國。前面說過，江國原先依附

楚國，後來在齊桓公、晉文公的號召下背離楚國。楚穆王認為這個眼中釘非拔出不可。

江國當然擋不住楚國的攻勢，於是向晉國求救。晉國先後派大夫先僕和陽處父帶兵南下，一度打到了楚國方城一帶，逼得楚國也調集重兵迎戰。

這會兒卻有一個意料之外的盟友出現了。原來秦穆公前幾年在殽之戰被晉軍殺了個全軍覆沒，心中惦記著這仇怨，這兩年一直出兵報復。秦晉兩國交兵不休，晉軍的力量也就被牽制了。這樣一來，楚國趁機加強對江國的攻勢。經過一年圍攻，到西元前六二三年秋天，楚國終於把江國給滅掉了。

略有諷刺的是，江國君主是伯益之後，與秦國君主同姓同宗，兩國都是嬴姓國家，關係不錯。江國被滅後，秦穆公痛心疾首，為此穿上素服，出居別室，減膳撤樂，超過了應有的禮數。大夫勸他別這樣，秦穆公還說：「同盟的國家被滅，雖然沒有救援，豈敢不哀憐呢？」卻不想想，要不是你纏著晉國打仗，楚國哪能滅得了江國啊。

楚穆王滅了江國，他繼續避開北面晉國的鋒芒向東邊擴張。西元前六二二年，楚軍攻滅了六國（今安徽六安）和蓼國（今河南固始）。六國、蓼國連同前些年被楚成王滅掉的英國都是偃姓國家，國君是五帝時期皋陶的後人。如今被楚國一一吞併，皋陶氏的社稷就算結束了。

接下來，楚穆王也得到了一個好機會。西元前六二一年，秦穆

公、晉襄公先後去世。晉國大臣們為了立誰繼位的問題起了內訌，相互砍殺，還把秦國也捲了進來。此後雖然確定了晉靈公繼位，但晉國君臣依舊矛盾不斷，秦晉之間則是兵連禍結，數年不休。兩個大國這麼鬧起來，中原其他國家也紛紛大亂。楚國的老對手宋國發生內戰，殺了好些個大夫。周邊少數民族也趁機入侵。

楚國君臣目睹此景，大喜過望。大臣范山對楚穆王道：「大王，趁著晉國君主年幼，而且內部混亂，無心爭霸，咱們可以再度北進中原，恢復成王的霸業。」

楚穆王點頭稱是。西元前六一八年，已然蟄伏了十年的楚軍再度揚旌北上，直驅中原。這一回，他們的首選目標依然是中原咽喉──鄭國。

這時候鄭國的實力已經完全沒法和楚國相提並論了。沒過多久，鄭國就被打得大敗，好幾個公室貴族和大將都當了俘虜。於是，鄭穆公趕緊向楚國講和。

至於晉國方面，聽到這消息也趕緊組織了包括晉國、魯國、宋國、衛國、許國的一支聯軍，準備救援鄭國。可是，因為中原各國都處在混亂中，人心不齊，加上大家對楚國心懷畏懼，這支隊伍拖拖拉拉，直到楚軍撤退都沒能趕到鄭國。這次救援行動也就中途流產。

從楚成王在位時開始，鄭國就已經成為楚國爭霸中原的敲門磚。一旦降服了鄭國，楚國頓時聲威大振。這年夏天，楚軍又向陳國發動進攻。陳國頑強抵抗，還俘虜了楚軍的將領。然而，目睹源源不斷的

楚軍，而北方的盟主晉國也不算可靠，陳國終究還是害怕了。他們向楚國求和，表示願意給楚國當小弟。

這麼一來，楚穆王一口氣征服鄭、陳兩國，有了點重興霸業的意味。

次年（西元前617年）夏天，楚國發生了一次未遂政變。宗室大臣鬬宜申和鬬仲歸（子家）密謀暗殺楚穆王，不知道是不是打算給舊主楚成王報仇。可是他們的計畫洩露，兩個人都被抓起來殺了。

這次暗殺並沒有影響楚穆王的心情和霸業。秋天，楚穆王在息地接見了陳恭公和鄭穆公。到冬天，他帶著這兩位小弟，還有早先加入的蔡莊侯，組織了一支四國聯軍，駐紮在厥貉（今河南項城），準備攻打宋國。宋與楚素來不和，但近年宋國內亂不斷，無奈之下，宋昭公向楚國屈膝，親自出來迎接楚王，以免百姓受到兵火。

這樣，中原最頑強的釘子宋國，兵不血刃就被收服了。楚穆王大喜，為了表示慶祝，就在宋國首都商丘東北的孟諸地區進行了一次盛大的打獵活動，他命令鄭穆公率領左邊的隊伍，宋昭公率領右邊的隊伍，楚穆王自居中間。一時之間，旌旗獵獵，馬蹄陣陣，真是威風凜凜。

打獵過程中，宋昭公或許是太緊張，或許是心裡不高興，在執行楚穆王命令的時候犯了點錯。擔任左司馬的楚國宗室大臣申舟（無畏）就命令將士把宋昭公的僕人拖出去打了一頓，還要在全軍面前示眾。

有人勸他說：「還是適可而止吧，人家宋公好歹是一國之君，連周天子都要把他當成客人，怎麼能當眾侮辱呢？」申舟就擺出一副大公無私的架勢道：「我這是秉公執法啊，有什麼不合適的！」堅持處罰了宋昭公的僕人。

西元前六一七年冬天的孟諸之獵，是楚穆王人生的巔峰，卻也充分表明楚穆王未能脫離蠻橫暴力的一面。天下諸侯交往，雖有強弱尊卑，卻都應遵循一定的禮法。申舟自稱秉公執法，說得雖然義正詞嚴，然而楚穆王把別國君主當成自己的部下對待，本身就是嚴重的輕辱行為。這樣的舉措，在別國諸侯心中，只能帶來更多的鄙視和憤怒。宋昭公不惜屈身事楚，卻遭到這樣的羞辱，那麼宋國人以後對楚國的態度，就可想而知了。

此後，楚穆王繼續收拾不肯聽話的小國，維護楚國的權威。西元前六一六年，他派兵攻打不聽話的麇國（今湖北鄖縣）。西元前六一五年，他又出兵征討背叛楚國的舒國（今安徽舒城縣），並趁勢進攻巢國（今安徽巢城）。

西元前六一三年，楚穆王熊商臣病死，其子熊侶繼位。他就是後世赫赫有名的楚莊王。

2. 居深宮三年不鳴

　　楚莊王熊侶繼位之時，楚國疆域遼闊，人口眾多，軍力強盛。然而，在貌似強大的外觀之下，卻是風險重重。

　　他的父親楚穆王繼承了楚成王一味用兵的蠻橫，雖然趁著秦晉交兵之際，把楚國勢力向北再次推進到鄭國、宋國一線，然而武力威壓之下，換取的卻是不穩固的聯盟。隨著穆王一死，中原諸侯再度反彈。西元前六一三年六月，晉國大臣趙盾召集魯國、宋國、陳國、衛國、鄭國、許國、曹國在新城結盟，結盟的主題就是對付楚國。前幾年楚穆王用武力逼來的小弟——宋國、鄭國、陳國又都倒戈過去了。

　　而在國內，宗室貴族為了個人的權力而鉤心鬥角，甚至不惜舉兵造反。

　　就在楚莊王剛剛登基時，大臣子孔、潘崇出兵東征舒國，留守郢都的則是宗室大臣公子燮和鬬克（子儀）。誰知他們倆早就心懷不平。公子燮一心想當令尹，沒有當上；鬬克呢，當初在商密之戰中被秦軍抓去，後來因為秦晉交惡，為了聯楚抗晉，就放他回來了。楚國人對打了敗仗的將軍素來看不上眼，所以楚文王輸給巴人後寧可拚命再出征黃國，死在凱旋的途中，而成得臣打了敗仗就自殺了。鬬克雖

然對促進秦楚聯盟立下功勞，但作為被放回來的俘虜，依然得不到重用。他們鬱鬱不得志，如今當機立斷，發動叛亂。

兩個叛將先是關閉城門，派人刺殺子孔。陰謀失敗後，擔心遭到附近楚軍的鎮壓，又劫持了楚莊王準備去商密，結果他倆半路上被忠於楚王的大夫殺死。一場叛亂不到兩個月就告平息，但年輕的楚莊王卻也受了不少驚嚇，叛亂還讓整個楚國也人心惶惶。

面對這種內憂外困，楚莊王做出了異于常人的舉動。

史載，楚莊王登基的前兩三年，成天光顧著吃喝玩樂，絲毫不理國政，而且還不許大臣們進諫。在這種情況下，楚國一片死氣沉沉，中原唯一僅存的小弟蔡國也在西元前六一二年被晉國打敗後投降過去了。

忠臣們都很鬱悶。於是有個大臣冒險進宮，對楚莊王說了一個謎語：「大王，咱們郢都有只大鳥，羽毛燦爛，形如咱們楚國最崇敬的鳳凰。它落到南山都三年了，不飛也不鳴，您知道咋回事麼？」

楚莊王又不是傻子，怎麼不知道？他回答說：「這只大鳥啊，它三年不飛，一飛衝天；三年不鳴，一鳴驚人！」

總之，大致在西元前六一一年夏天，楚莊王開始理政。他選拔賢臣主持國政，短時間內提拔了數百名能員幹吏，又誅殺了數百名為非作歹、貪贓枉法的官吏。楚莊王恩威並舉的行為，讓一些人悚然生畏，而國內軍民則笑顏逐開。

我們可以猜測，楚莊王的奮發，絕不是聽了一兩位大臣諫言之後的心血來潮。他繼位最初兩三年的荒淫，很可能只是一種策略。面對內憂外患，先含光內斂，不露鋒芒，同時暗中瞭解國情，找尋人才，掌握朝廷官員的動向和分辨官員的忠奸。輕歌曼舞、美人醇酒的背後，或許是夜間獨處靜室的苦苦思慮，運籌帷幄。唯有如此，才能在一朝雷厲風行，整頓國事。而據《說苑》記載，楚莊王是通過大規模打獵這種准軍事活動，觀察臣下的才能和品行，從而為選拔人才提供參考。同時，楚莊王這種平庸的表現，也讓中原各國放鬆了警惕。晉國針對的主要目標，由楚國變成了東邊的齊國和西邊的秦國。這就給了楚國休養生息的機會。

　　緊跟著，一場巨大的考驗降臨了。

　　就在楚莊王開始理政的西元前六一一年，由於天災，楚國爆發了大規模的饑荒。楚國附近的少數民族第一時間得知了這消息。被楚國壓制了一百多年，他們終於得到這個機會，頓時蜂擁而起，如同一群餓狼，等著撲咬一頭處於饑疲困頓中的猛虎。

　　其中，西邊的戎人首先攻打楚國西南部，逼近阜山（今湖北房山），軍隊駐紮在大林（今湖北荊門），接著又繞道楚國東南，到達陽丘，威脅訾枝（今湖北鐘祥）。楚國的老對手庸國，率領荊蠻部族背叛楚國。麇國則率領百濮聚集在選地（今湖北枝江），也準備攻打楚國。一時間，橫行江漢、威震天下的楚國，竟然搖搖欲墜。就連遠離郢都的申地、息地的城池，都不敢開城門。

　　面對危機，楚國人心惶惶。有人建議，郢都這塊地四面受敵，乾

脆遷都到阪高（今湖北當陽一帶）去吧。楚莊王也有點拿不定主意。

大臣蔿賈說：「不行！我們能去那兒，敵人也能追到那兒。而且這一遷都，等於對外宣稱怕了敵人，那四面八方的蠻夷一起圍攻，咱楚國還能立足麼？依我看，還是以郢都為根據地，反攻庸國！那麇國和百濮部族，無非認為我們遭受饑荒不能出兵，所以才大著膽子來攻打我們。如果我們出兵，他們必然因害怕而回去。這樣一來，百濮就會散居到各自的故鄉，哪裡還有空來打別人的主意？」

楚莊王深以為然，於是一面整頓郢都的防務，安撫軍民，一面抽調出一支精銳，鎧甲鮮明，戈矛齊備，鼓號齊鳴，大張旗鼓開出郢都，揚言要反攻庸國！這樣一來，那些原本在楚國南面鬧騰得歡的百濮部族，心中犯了嘀咕：看樣子，楚國軍隊還很強啊。於是就在楚國出兵後十五天，百濮部族就紛紛逃回故鄉去了。

楚莊王僅僅用一個出兵的姿態，就嚇退了兵臨城下的敵軍。

百濮暫時退去，楚莊王繼續討伐庸國。他派人聯絡巴國和秦國尋求增援，更派出軍隊西進，直逼庸國首都方城（今湖北竹山）。然而庸國畢竟是當時的西南強國，眼見楚軍大舉來襲，一面調集本國軍隊，一面徵召附近的荊蠻部族，和楚軍決一雌雄。在方城的一場大戰，楚軍料不到庸國竟有這麼多人馬，吃了敗仗，大將子揚窗給庸軍抓去了。楚軍也只好後撤一段，伺機而動。

那楚將子揚窗運氣不錯，被庸軍囚禁了三天，居然逃了出來。回到自家營中，他對眾將說：「不好了，庸國聚集了大批蠻族，兵力遠

遠超過我們的估計。必須趕緊把主力調來，最好再加上大王直屬的精銳兵馬，合兵一處，然後再進軍！」

大臣師叔卻道：「沒這個必要，這等於是把咱們的主力填進去和他們死拼了。相反，我們應該就拿現在這些兵力再去和庸軍打，故意輸給他們，這樣庸軍和那些蠻人必然會驕橫輕敵，然後就能擊敗他們了。」

於是，楚軍再度出發，挑戰庸軍。庸軍自然毫不客氣，率領同盟的蠻族蜂擁而來。兩軍交戰七次，楚軍接連敗退，但每一次都只是淺戰輒走，損失不大。

這麼七仗打下來，庸國人都認為「楚國這樣無能，不足一戰了！」他們驕橫狂妄，不再設防。同時，那些來助戰的蠻人也都覺得無趣，紛紛散去，只剩下裨、鯈、魚三個部族還跟隨著庸軍。

楚莊王見時機成熟，親率王室精銳部隊趕到臨品（今湖北丹江口），匯合前線主力。他把軍隊分做兩隊迎戰庸軍。庸軍帶著裨、鯈、魚三個部族，還在趾高氣揚，自以為以摧枯拉朽之勢，掃蕩楚軍不在話下。滿懷激憤的楚軍，轉眼之間，就殺得庸軍大敗虧輸。這時，巴國和秦國的援軍也趕到了。庸軍四面受敵，徹底崩潰。原先那些依附庸國對付楚國的蠻族，眼見楚軍勢大，紛紛改變立場，去和楚莊王結盟。

就這樣，立國數百年的庸國內外受困，終於招架不住，被楚國所滅。楚莊王拔出了西邊的一顆大釘子，也進一步加強了楚國在長江中上游地區的影響力。

3. 問鼎洛陽知長短

西元前六一一年滅掉庸國後，楚國後方安穩了，楚莊王在國內的聲望也高漲起來了。隨後幾年，楚莊王並沒有急著出兵，而是安撫軍民，積蓄國力，同時向各國派遣細作，掌握各國的情形局勢。

同期，中原諸侯沒了楚國的威脅，繼續上演一鍋粥。齊國、宋國都發生了內亂，晉國君主晉靈公本是個昏君，率領諸侯聯軍，準備討伐弑君的宋國，以及欺負魯國的齊國，結果卻收受了宋國和齊國的賄賂，無功而還。

這麼一來，中原不少諸侯都覺得晉國靠不住。相反，南邊楚國的內政卻搞得有聲有色。西元前六○八年，曾長期在晉楚之間搖擺的鄭國先發難了。鄭穆公說：「晉國這樣子，不足以保護我們。」就去和楚莊王結盟。

結盟鄭國後，楚莊王又去勾搭陳國，畢竟陳國也曾追隨楚國。誰知道，因為幾年前陳共公去世時，楚穆王表現得不夠禮貌，所以陳靈公拒絕投入楚莊王的懷抱。

楚莊王在這年秋天率領大軍，連同鄭國軍隊一起，進攻宋國、陳國。

晉國畢竟是盟主，當然不能坐視不管。晉國權臣趙盾率領大軍進攻鄭國，以迫使楚國轉移兵力。

按之前楚成王的方法，大約是你打你的，我打我的。楚莊王卻不這樣，他派大夫為賈帶兵前去救援鄭國，晉楚兩軍在北林地區（今河南新鄭）相遇。

此時距離城濮之戰已經有二十多年，晉楚兩家實力發生了逆轉。楚莊王的才略和氣度都在其爺爺楚成王之上，而晉靈公則驕奢淫逸，絲毫趕不上他爺爺晉文公。兩家交鋒，晉軍敗退。到這一年冬天，晉國為了報仇，又一次進攻鄭國，依舊無功而返。

儘管北林之戰的影響力完全無法和城濮之戰相比，但這卻是二十多年來，楚國首次正面擊退晉國。

次年即西元前六〇七年，楚莊王派新投靠的鄭國去攻打不聽話的宋國。農曆二月，鄭宋兩軍在大棘開戰。由於宋軍戰前犒賞時，主帥華元的車夫沒有得到羊肉，導致他心懷不滿，開戰前車夫直接駕駛華元的戰車沖入了鄭軍的包圍圈中。宋軍在開戰前就失去了主帥，毫無懸念地大敗。鄭軍俘獲了宋軍四百多輛兵車。

楚莊王無需自己出馬，僅僅派鄭國將領出戰，就取得了輝煌的戰績。而此刻的晉國，正被楚國的盟友秦國糾纏，無力南顧。由此可見，楚莊王已經開始有效地發揮盟友的價值，牽制敵人，從而獲得有利的戰略態勢。相反，過去的楚成王也好，楚穆王也好，更多都是在憑藉楚國自身力量硬拼蠻打。

大棘之戰宋軍吃虧太大，晉國權臣趙盾決心報復。這年夏天，趙盾率領晉軍，聯合宋國、衛國、陳國攻打鄭國。楚莊王派大將鬥椒帶兵去救援鄭國。鬥椒這次打定主意要和晉軍決一雌雄。他們一路緊趕慢趕，搶先進入鄭國，擺開陣勢，等待諸侯聯軍過來交鋒。這麼一來，趙盾又猶豫起來了。他說：「鬥氏家族在楚國爭權奪利，要不了多久就會完蛋，咱們沒必要和他死拼。」於是收兵而回。

楚莊王兩度維護鄭國，楚鄭之間的友誼經過鮮血的澆灌，上了一個臺階。

趙盾對鬥椒的評價有一定道理，可他也是燈下黑，回到國內，自己先和晉靈公鬧翻了。晉靈公想殺死趙盾，結果反而被趙盾的弟弟趙穿帶兵砍了，趙盾扶持晉靈公的叔叔繼位，史稱晉成公。這樣，晉國陷入內亂。

強敵內部混亂，楚國再次贏得了北上中原的良機。西元前六〇六年，楚莊王揮戈北進。這一次，他的目標在陸渾。

陸渾，位於今天河南嵩縣東北，洛陽城區西南，雖然接近東周的京畿，卻因為地勢複雜，當時還盤踞著一支少數民族——陸渾之戎。楚莊王選擇陸渾之戎下手，有三點好處。

首先，陸渾之戎實力平平，楚軍對付他們並不費事。

其次，春秋時代國與國的征戰，講求師出有名，如楚國前幾代君王那樣，單純為了吞併土地而出兵，其實是遭人鄙視的。攻打戎人則是毫無道德風險的，更何況此舉也可以說為周王室掃清王城附近的威

脅。

第三，此舉順道還可以進一步接近周室……

楚軍出動了。那陸渾之戎，哪裡擋得住楚國大軍？很快就被楚軍完全擊敗。

隨後，楚莊王在洛陽城郊舉行了一次閱兵式。數萬楚軍戈矛如林，排成方陣，威風凜凜。

看著城郊的楚軍，洛陽城中的周定王（西元前 606-西元前 586年在位）不禁膽戰心驚。他派出宗室貴族王孫滿前去犒勞楚軍，探聽動靜。

於是，楚莊王向王孫滿提出了一個很霸氣的問題：「大廟裡的九鼎，到底有多重啊？」

所謂九鼎，是當年大禹治水後鑄就的，用來象徵九州，是夏朝的鎮國之寶。後來商滅夏，周滅商，九鼎都是江山社稷的象徵。楚莊王問這個問題，意圖很明顯，就是在討論，你們周朝的實力到底還有多少？是否可能由我們楚國來搬動一下你們的九鼎，也就是由楚國來取代周朝的統治？

其實，除了楚莊王，就連前幾代楚王，都很疑惑。洛陽一帶的周天子，只剩下不到幾百里的土地，實力還比不上一個中等諸侯國，在秦、晉、齊、楚這些大國面前更是不值一提。可是，憑什麼這些諸侯都還尊奉他，就沒一個人想到推翻他、取代他嗎？

對於長期與蠻夷邦國為伍，以武力為尊的楚王，這真是個難題。

王孫滿面對楚莊王咄咄逼人的提問，從容回答：「在德不在鼎。」表面的意思是說，鼎的輕重是由德行高低來決定的，暗喻我們周朝並不是靠實力，而是靠德來獲得擁戴的。

楚莊王覺得王孫滿在敷衍。他又加緊問了一句：「我問九鼎多重，你就如實回答好了，打什麼馬虎眼呢。你看我楚國雄兵十萬，只要把兵器上的青銅鉤子都摘下來，就足以重新鑄成九鼎了！」

王孫滿看楚國執著於「實力」，他繼續循循善誘道：「您把歷史都忘了麼？當年夏朝有德的時候，遠方的邦國和民眾紛紛遵奉夏朝，九州都來進貢銅器，這才鑄就了九個大鼎，並且把各地的出產都畫成圖像鑄在鼎上。大鼎在夏朝的首都放了四百年，等到夏朝末年，夏桀昏庸殘暴，所以才使得九鼎被搬遷到了商朝。又過了六百年，商紂王昏庸殘暴，於是九鼎又被搬遷到了周朝。可見，如果擁有鼎的人德行美善光明，那麼鼎就算再小，它也是非常重的，不能被人搬移。反之如果擁有者奸邪昏亂，那麼鼎雖然大，也是輕的，會被別人搬走。」

王孫滿這一番話不卑不亢，以鼎比喻統治權，給楚莊王生動形象地上了一課。楚莊王終於明白，為何前幾代楚王，枉自擁有強大的兵力，多次進軍中原，滅國無數，但始終不能得到中原諸侯的信服。原來，我們壓根沒有意識到德行的重要性！

在戰場上廝殺時，德行或許虛無縹緲。但戰前能夠爭取到多少支援，戰後能否鞏固成果，卻與德行有很大關係。楚國在過去數百年中

以蠻夷自居，時時挑戰周朝的禮法制度，這樣看似威武痛快，卻是在自絕於諸侯。

明白這點後，楚莊王收兵而去，不再關注九鼎了。他發現，自己要做的事情，還非常多。必須把楚國從一個單憑武力的

野蠻國家，變成能夠與中原文化交融的文明國家。唯有這樣，才可能建立真正的基業。從這個角度上看，楚莊王此次接近洛陽，雖然沒能真正把九州大鼎搬

回楚國，但卻從王孫滿的這一番教導中，真正汲取了華夏德之九鼎的精髓所在。翱翔在華夏上空的鳳凰，也尋找到了新的立足點。

小貼士：周朝壽命

史載王孫滿回答楚莊王后還說了幾句話：「上天賜福給明德的人，是有一定期限的。成王在郟鄏安放九鼎，占卜的結果是能傳三十代，享國七百年。這是上天注定的。現在周朝的德行雖然衰微，天命並沒有改變。所以鼎的輕重是不能問的。」不過按現在的史料，從周成王定鼎到周赧王失九鼎，時間是接近八百年，而非七百年。

4. 狼子野心亂若敖

西元前六〇六年春天，楚莊王在洛陽南郊接受了王孫滿一番指點，明白了爭霸也要講道德的道理。不過道理歸道理，處理眼下的事情還是少不得暴力。比方說就在楚莊王剛要回國的時候，卻聽說鄭國又被晉國拉攏過去了，於是楚莊王派兵攻打鄭國，作為懲罰。

那一年冬天，鄭穆公去世，他的兒子鄭靈公繼位。楚莊王覺得鄭靈公對楚國比較友好，就在次年春天派人送去一隻黿（大鱉）。哪曉得，這只黿又惹出了大禍。在宴席上，為了爭喝一口黿湯，鄭靈公與公子宋大打出手，彼此都動了殺機。最後公子宋造反，殺死鄭靈公。就這樣，楚國的黿就把盟友給葬送了。

楚莊王還來不及感慨，楚國內部也爆發了一次大規模的內訌，史稱「若敖氏之亂」。

所謂「若敖」，本是西元前八世紀楚君熊儀的諡號。熊儀死後，其子熊坎繼位。而熊儀其他兒子的後人，便以「若敖」為姓氏，形成楚國的名門望族，長期執掌大權。據統計，從楚武王到楚莊王，有據可查的十一位令尹（宰相），其中八人都來自若敖氏家族。若敖氏權勢之大，就連楚王都要忌憚三分。

西元前六〇五年擔任楚國令尹的，正是若敖氏的鬬越椒。鬬越椒是賢臣鬬穀於菟的弟弟司馬子良的兒子。當初鬬越椒剛出生，子文就說：「趕緊把他殺掉！這個小孩有熊虎的形狀和豺狼的聲音，要是不殺他，等他長大了，必然會導致我們若敖氏的滅亡！所謂『狼子野心』，這孩子就是一匹狼，不能養著！」但子良愛子心切，沒有聽從哥哥的忠告。子文說服不了弟弟，心中一直記掛著這事兒。等到子文臨終前，鬬越椒已經長大成人了。子文就把他的族人聚集起來說：「你們聽好，一旦越椒執政，就趕緊走！不然，准會遭到災禍！」說到這裡，子文老淚縱橫道：「鬼也需要吃東西（楚人保留了商朝的一些文化傳統，信奉鬼神祭祀）。可是我們若敖氏的鬼魂，怕不是要挨餓了！」這也是成語「若敖鬼餒」和「狼子野心」的來由。

果然，等到鬬越椒擔任令尹之後，在西元前六〇五年夏天發動叛亂。他率領若敖氏的親信人馬，先把司馬為賈抓起來殺掉，然後在烝野（今河南新野）起兵造反，一時之間，氣焰高漲。

楚莊王臨危不亂，先派人去和鬬越椒講和，表示可以多派幾位王室成員作為人質。鬬越椒也不是傻瓜，他知道每耽擱一刻，楚莊王可以調集的力量就越多，不能中了緩兵之計。他拒絕和談，帶著軍隊大舉南下。楚莊王見鬬越椒不上當，便也調集王室的直屬部隊北上抵抗鬬越椒。

農曆七月初九，兩軍在皋滸（今湖北襄樊）展開戰鬥。鬬越椒身先士卒，拉開強弓，搭上利箭，手指一鬆弦，那箭帶著風聲直射而出，竟然射穿了楚王身邊的鼓架，插在銅鉦（類似鐘的樂器）上面，

還發出嗡嗡的響聲。接著鬬越椒又是一箭，飛過車轅，射穿了車蓋。

楚莊王的士兵看見鬬越椒這樣神勇，都有些害怕，禁不住往後撤退。楚莊王急中生智，趕緊叫人到處喊著：「大家別怕！當初楚文王攻克息國，得到了三支寶箭，能夠穿石透金。鬬越椒這混蛋偷走了兩支，就是剛才射我這兩支，現在已經用完了！大家只管上就是！」接著，他下令擂鼓進軍。士兵們一聽，原來不是鬬越椒厲害，只是偷走了寶箭啊，頓時士氣大漲，奮勇上前。兩軍一場大戰，鬬越椒戰死。

楚莊王這些年來受了若敖氏家族不少牽掣，如今終於可以出這口惡氣了。他借機大開殺戒，把若敖氏家族的重臣殺的殺，罷免的罷免。令尹子文的孫子箴尹克黃出使齊國，回來時剛到達宋國，就聽到這悲慘的消息。隨從對他說：「這下麻煩了，不能回去了。」他卻說：「我是奉國君的命令出使，怎能違命逃亡？國君對於臣子就是上天，難道可以逃避上天嗎？」他硬著頭皮回到楚國覆命，還自己到監獄裡面去等候處置。

楚莊王呢，想起過去子文治理楚國的功績，也要借此安定人心，於是說：「子文為國家做了這麼多貢獻，如果不留下他的後代，如何勸人為善？」就讓克黃恢復原來的官職，還把他的名字改為「生」。

楚國的這一場大變亂就此終結。從血緣上看，這是楚君熊坎的後裔和熊坎其他兄弟的後裔之間的爭鬥；從政治結構上看，則是楚王與尾大不掉的公室權貴之間的鬥爭。其實，有這種爭鬥的絕不止有楚國。上到晉國、齊國，下到宋國、魯國等，都有君主與權臣的爭鬥，有的鬥爭還直接改變了國家命運。

有人認為，這次變亂絕非是鬭越椒驟然發動，楚莊王被迫迎戰。相反，這是楚莊王早有預謀，安排的一次大棋，其目的就是剪除若敖氏。

在鬭越椒擔任令尹之前，楚國朝廷的格局原本是鬭越椒的堂兄鬭般擔任令尹，鬭越椒擔任司馬，蔿賈擔任工正。後來，蔿賈向楚王進讒言誣陷鬭般，於是鬭般被殺。之後鬭越椒繼任令尹，蔿賈則接替司馬。這一步一方面讓鬭越椒變得一人之下萬人之上，但同時也削弱了若敖氏家族的總體權力，把司馬一職，改放到非若敖氏的蔿賈手中。考慮到蔿賈在之前的數次表現，都是以國事為重，那麼這裡的「讒言誣陷」，到底是出於本人掌握權力的野心，還是在楚莊王授意下進行的政治清洗藉口，也就難免讓人猜疑了。

而鬭越椒調集若敖氏全部力量發動大規模叛亂時，楚莊王居然並未慌亂，甚至都沒有暫時退卻保守，而是從容調兵遣將，一舉將其平定。這似乎又能看出，楚莊王對此早有準備，已經做好了應付的後手，且等鬭越椒自己發動，自投羅網。

總之，儘管若敖氏家族並未被斬盡殺絕，少數人得以保全官職，在之後若敖氏依舊不時出現高官，然而他們過去在楚國朝廷中那一手遮天的局面從此煙消雲散。借著一場遠未傷筋動骨的內戰，楚莊王搬掉了執掌政權最大的一塊絆腳石，成為這次叛亂最大的獲利者。

對比同時期其他諸侯國內亂，動輒遺患多年，紛爭不休的局面；對比晉靈公想要除掉權臣趙盾，反而送掉自己性命的悲劇，楚莊王已經表現出了高人一等的政治手腕。

5. 明君賢臣相益彰

除掉若敖氏家族後，楚莊王尋覓著能夠替代他的人才，孫叔敖出現了。他姓蒍，名敖，字孫叔。

有人說他是楚國的宗室貴族，是在若敖氏之亂中被害的司馬蒍賈的兒子，父親遇害後與母親避難他鄉，但也有人說他是楚國的「處士」。

關於推薦孫叔敖的官員，有人說是孫叔敖的好友沈尹莖；也有人說是令尹虞邱推薦孫叔敖代替自己；還有人說，是楚莊王寵妃樊姬推薦的。

孫叔敖是一位德才兼備的賢臣。他的言行，既符合後世儒家的仁義，也符合法家的規範。他治政期間，政務相對寬鬆，但並不廢弛；整頓吏治，提高管理效率，同時避免擾民；教導民眾，緝拿盜賊，發展生產。在他的治理下，楚國經濟發達，田疇廣袤，民眾安居樂業，而且吏治清明。

傳說孫叔敖幼年時候，有一次在野外遇見了罕見的雙頭蛇。當時的人迷信說，若見了雙頭蛇，就會橫死。孫叔敖就把蛇打死埋了，然後哭著回家告訴母親：「我看見了雙頭蛇，要和娘親永別了！」母親問：「那蛇在哪裡呢？」孫叔敖回答：「我怕別人也看見兩頭蛇遭災，就把它打死埋了。」母親安慰孫叔敖說：「你自己擔心災禍的同時，還不忘替別人消除危險，這樣的陰德，老天是會保佑你的。你不會橫死。」因此孫叔敖在很年輕的時候，就已經以仁義聞名了。

孫叔敖並非道家人，卻深知「治大國若烹小鮮」的道理。楚莊王有一次心血來潮，想改革市場上用的貨幣，結果搞得老百姓無所適從，國內一片混亂。孫叔敖果斷勸諫，請楚莊王收回成命，商業也恢復繁榮。又有一次楚莊王想把民間的車輪尺寸調大，以利於交通。可是楚國的民眾卻喜歡較小的車輪。楚莊王想用行政命令強制調整，孫叔敖說，連這種事情都要下命令，老百姓會煩的。大王您真想讓大家把車輪改高，很好辦，只要把城裡的門檻都調高就好了。楚莊王依計而行。果然門檻一變高，那些乘坐矮車的，每次過門檻都要磕磕碰碰，很不方便。還沒半年的時間，百姓就都把車輪改大了一號了。

此外，孫叔敖還興修了不少水利工程。如位於今大安徽壽縣的芍陂，今名安豐塘，便是孫叔敖修建的。孫叔敖圍堤造陂，長一百二十里，上引龍穴山、淠河之水源，下控一千三百多平方公里之淠東平原，從而在很大程度上促進了附近農業的發展。孫叔敖還在期思、雩

婁（今河南固始）主持興修水利，建成期思雩婁灌區（期思陂）。在楚國首都郢城附近，孫叔敖也興修過水利，開連通沮水和漢水，並在雲夢澤附近修築堤防，防止洪水氾濫，又曾興建安徽霍邱縣的水門塘……

在先秦時代，水利工程既要耗費大量的人力，也需要精密而系統的規劃、組織工作。而完成一項水利工程，既能帶來防範旱澇、促進農業發展的效果，也能借此建立有效的行政管理機制。孫叔敖能在並不算長的執政時間裡完成這麼多水利工程，從一個側面也可見他對當時楚國資源的有效發掘和應用。而這，也就意味著楚國國力的提升。

在私人道德方面，孫叔敖也無懈可擊。據《說苑》記載，孫叔敖初任令尹，朝野官民都來祝賀，只有一位老人穿著粗衣白帽，跟弔喪似的來見孫叔敖。按說這真夠晦氣的，可孫叔敖卻非常隆重地穿著正式服裝出來迎接，並對這個老人說：「我當了令尹，全國人民都來祝賀我，只有您知道我的苦衷，您有什麼教導我的麼？」老人告訴他：「有啊。如果身份尊貴了就驕傲，那麼民眾就會疏遠你；如果職位高了還熱衷於攬權，那麼君主就會厭惡你；如果俸祿已經很豐厚了還不知足，那麼災禍就會隨時發生。」孫叔敖向老人拜謝道：「您說得太好了。請繼續說，我該怎麼辦？」老人又道：「職位高了，姿態卻擺得更低；官當得很大，卻越發小心；俸祿非常豐厚，卻謹慎地取用。如果能恪守這三條，那麼治理楚國就足夠了。」

孫叔敖擔任令尹後，果然恪守準則。他坐著母馬拉的簡陋車子，吃著粗糧麵餅、蔬菜羹，葷菜就是楚國最不缺的乾魚。孫叔敖冬天穿

著小羊皮裘，夏天穿著葛布衣服，就這麼省吃儉用，日夜為了國事操勞，堂堂一個令尹，臉上居然帶有菜色。

當時，楚國的《茅門之法》規定：「大臣和公子貴族們到宮廷來朝拜楚王時，禁止馬蹄踐踏到茅門外的水坑。如果違反了，就要砍斷車轅，處死車夫。」有一次，楚莊王的太子入朝，大約是太著急，加上自以為身份不一樣，違反了這條規定。執法官毫不客氣，當即就把太子的車轅砍斷，把他的車夫拖下來殺了。太子嚇得哭哭啼啼跑到宮裡，對楚莊王訴苦道：「父王啊，那傢夥太欺負人了，把他殺了給兒臣出氣吧。」楚莊王瞪了兒子一眼：「你就知道出氣！國家的法令，是用來敬宗廟尊社稷的。這執法官能立法守法，尊敬社稷，那是國家的寶啊，你居然想殺他？相反，如果有人違反法令，不尊重社稷，相當於臣子欺凌君王。這樣君王失去權威，王位也會動搖，國家都可能因此滅亡。那樣的話，我拿什麼留給子孫後代呢？」太子聽了這番話以後，趕緊磕頭認罪。同時楚莊王把這個嚴肅執法的官員晉升了二級。

除此之外，還有許多關於楚莊王的故事流傳下來。

例如某一天黃昏，有人獻給楚莊王一些魚，可這魚都有點臭了，楚莊王問：「為什麼獻給我呢？」那漁夫回答：「今天打的魚比較多，自家吃不完，在市場上賣了半天也沒賣出去，再放過夜就該臭了，扔了又舍不得，所以拿來獻給大王。」左右一聽，都說：「大王，別要！」楚莊王卻道：「你們不知道，這漁夫是個仁人君子！俗話說，倉庫裡堆滿錢糧，而老百姓又窮又餓；後宮裡美女如雲，而民間光棍

無數，這都是君王不稱職的表現！那些亡國之君，都是把財富藏在自己庫房裡，而叫民間受苦的！這個道理我早就懂，就是一直懶得實行。如今這漁夫是來勸我趕緊實行呢！」於是楚莊王下令把倉庫的錢糧用來賑濟貧民，撫慰孤寡，又把後宮多餘的宮女都放出去讓她們婚配。楚國的老百姓因此大為歡喜。

再如有一年冬天，楚莊王正在床上舒舒服服地躺著，忽然想到：「我在宮裡燒著爐子，裹著毛皮都這麼冷，那民間的窮人豈不是更悲慘了？」於是楚莊王一下子爬起來，派出大批使者，到國內各地巡視，看看那些最窮的人有沒有過冬的好辦法，對困難戶加以賑濟。

在先秦時，人們普遍把一些天災和異象，當成上天對統治者的警告。如果發生天災和異象，就表明統治者應該反省自己了。而楚國比較平靜，沒有發生什麼天災或出現異象。楚莊王卻還是憂慮道：「為什麼一點異象都沒有呢，莫非上天把我忘記了麼？」這種反省精神，也是相當難得。

總之，楚莊王與孫叔敖，可謂是賢臣明君。正是在他們的努力，讓楚國在十多年裡，逐漸洗去了「蠻夷國家」的痕跡，在道德文化上逐漸接近中原國家。

6. 反復拉鋸爭中原

　　另一方面，楚國要實現霸業，要能在天下諸侯中取得領導地位，終究還是要依靠對外的戰爭與外交。

　　前面說過，楚莊王在西元前六〇五年春天送給鄭靈公的一隻黿，反而間接送掉了這位盟友的性命。鄭靈公死後，繼位的是鄭靈公的兄弟鄭襄公。鄭襄公繼位時，楚國恰好鬧起了鬬越椒發動的若敖氏之亂。鄭襄公一看，楚蠻子也鬧內亂啊。他就打起了別的主意，還偷偷和楚國的死敵宋國勾搭。

　　楚莊王可不能容忍這樣的行徑。等到秋天幹掉鬬越椒，把若敖氏滅掉後，楚軍冬天就進攻鄭國，不過楚軍元氣未複，雖然攻到了鄭國城下，但沒能打下來。楚莊王也知道心急吃不了熱豆腐，下令收兵，等養足了精神再起兵。

　　到西元前六〇四年冬天，楚軍經過一年養精蓄銳，再次殺奔鄭國而去。這一回，楚軍氣勢洶洶，很快包圍了鄭國都城。鄭襄公還在咬著牙抵抗，有趣的是，尚未遭到楚國攻擊的陳國，居然宣佈和楚國結盟了。

　　從地理位置來看，陳國位於鄭國的東南方，楚軍北上伐鄭，是要

路過陳國邊境的。但具體陳靈公為何選擇這個時候投楚，史料沒有記載。或許是見到楚軍人多勢眾，兵力強大吧。就在四年前，楚莊王打下鄭國後，帶著兵馬謀求和陳靈公結盟，遭到拒絕。這麼看來，更大的可能性是在兩年前洛陽問鼎之後，楚莊王及其軍隊表現出更加符合道德禮儀規範的形象，因此讓陳靈公感受到不同。

不過，這時的晉國也消除了內亂，依然是當仁不讓的中原霸主。楚莊王包圍鄭國，晉成公就派大將荀林父帶兵救援鄭國，順便攻打楚國的新盟友陳國。兩個大塊頭相互對峙了一陣，楚國沒有打下鄭國，晉國也沒打下陳國，各自收兵。

這一回合雙方戰成平手，卻昭示著晉楚爭霸再次拉開帷幕。短短兩三個月後，也就是西元前六〇三年春天，晉國又拉攏了衛國，一起討伐楚國的盟友陳國。楚國則在這年冬天，又一次北伐鄭國。算起來，從西元前六〇五年開始，接連三年，楚莊王每年冬天都打一次鄭國。鄭襄公終於招架不住了，宣佈與楚國結盟。

楚莊王再次掌握了北上中原的鑰匙。

目睹楚莊王再次進逼，晉成公針鋒相對，用外交手段反擊，鄭國再次被晉國拉攏過去。西元前六〇二年冬天，晉國、宋國、衛國、鄭國、曹國等在黑壤（今山西沁水）會盟。楚國在中原的盟友又只剩陳蔡兩家了。

緊跟著，楚國東邊的舒蓼國（今安徽舒城）又鬧起來了，他們背叛了楚國。要是晉成公說這事兒和他沒關係，你說楚莊王信不信？信

不信沒關系。楚莊王親率大軍東征，很快平息了叛亂。這一回，他直接把舒蓼國給滅掉，並在當地設置官員。

再往東，就是吳國、越國兩個當時還比較落後的國家了。楚莊王考慮到吳越之地距離楚都郢城太遠，而且當地山水地形錯雜，民風彪悍，難以用武力征服，於是便和吳國、越國結盟，然後班師回朝。

小貼士：楚莊王伐越之疑

《韓非子》記載說楚莊王準備攻打越國，大臣杜子問他：「大王為什麼要攻打越國？」楚莊王說：「越國政治混亂，兵力衰弱，正好攻打。」杜子說：「我只怕大王您的智慧就和眼睛一樣，能看見百步之外的景物，卻瞅不見自己的睫毛。楚國的兵馬前番輸給秦晉，喪失數百里土地，這兵力夠衰弱了；大盜莊蹻在國內橫行，而官吏沒能抓住他，政治也夠混亂了。大王，楚國的衰弱、混亂，只怕比越國還厲害。」楚莊王就打消了主意。但這則記載很是可疑，楚莊王時期秦楚之間戰爭很少（只有初期秦國攻打暗中勾結楚國的郜國），也沒怎麼敗給晉軍。而後面提到的大盜莊蹻，一般認為是楚莊王后人中的支系，活動於戰國中後期。

趁著楚莊王在東邊平叛的機會，晉成公繼續四處活動。這年冬天，陳靈公再次背叛楚國，和晉國結盟。楚莊王立刻帶兵北伐。陳靈公才送走晉國使者，一看楚國大軍又兵臨城下，嚇得直哆嗦，趕緊再次倒戈，和楚國結盟。

西元前六〇〇年，晉成公在扈地召集諸侯大會，準備討伐楚國。

宋國、衛國、鄭國、曹國都跑來參加了，可是陳靈公卻沒有來。晉成公想，你區區陳國，對楚蠻倒還挺仗義啊！他派出諸侯聯軍，準備教訓陳國。哪知道諸侯大會還沒散，晉成公就歸天了，其子晉景公繼位。於是諸侯對陳國的討伐，也就此無疾而終。

楚莊王聞知，心想你晉成公這麼狂妄，想召集諸侯來打我，這下自己先走一步了吧。他再度北上進攻鄭國。然而晉成公雖然剛死，實力猶在，遂派軍隊增援鄭國。在晉軍支持下，鄭襄公居然表現得十分神勇，在柳棼將楚軍打敗。

楚莊王吃了一次敗仗，並不氣餒，繼續向鄭國展開攻勢。西元前五九九年夏天，鄭襄公再次轉變立場，又和楚國結盟。隨即，晉景公率領宋國、衛國、曹國聯軍再度伐鄭。鄭襄公心想，反正你們誰來我就跟誰結盟。他毫不臉紅地又一次倒戈，和晉國結盟。這年冬天，楚莊王又一次北伐鄭國，被晉國大將士會擊退。

西元前五九八年春天，楚莊王又一次北伐鄭國，迫使鄭襄公屈服結盟。但等楚軍一走沒多久，鄭襄公又倒向了晉國的懷抱。

這樣，在若敖氏之亂後的六七年間，楚國和晉國在中原一帶展開拉鋸，尤其將鄭國、陳國作為彼此爭奪的棋子，搖擺不定。整體來看，兩家勢均力敵，但晉軍還是佔據著主導優勢。楚莊王的數年努力，並未打破自城濮之戰以來形成的大格局，尤其在西元前六〇〇年和西元前五九九年冬天，兩次敗於鄭晉聯軍之手。楚國爭霸，尚需努力。

7. 平陳亂舉義顯德

楚莊王數次北進，都被晉國給堵了回來，難免鬱悶。但就這時，一件事給了楚國夢寐以求的機會。

原來，楚莊王的盟友陳靈公，惹出一樁大麻煩來。

當時陳國公族中有夏氏一族，夏御叔官拜司馬，娶了鄭穆公的女兒夏姬為妻，生下兒子夏徵舒。那夏御叔英年早逝，留下孤兒寡母。夏徵舒少年老成，出落得身材高大，威風凜凜，也繼承父業擔任了陳國的司馬一職。

可他的母親夏姬，生得嬌媚美豔，年紀輕輕守寡，難免寂寞。那好色的陳靈公可不管夏御叔是自己的叔父，夏姬是自己的嬸娘，仗著國君的威勢，很快與這位寡嬸勾搭成奸。

哪知夏姬勾搭的不光是陳靈公，還有另外兩位大臣孔寧和儀行父。這君臣三人同追一個寡婦，彼此爭風吃醋，三個人甚至公然在朝堂之上，穿著夏姬的衣服追逐打鬧，把陳國鬧得烏煙瘴氣。大臣泄冶實在看不下去了，勸陳靈公稍微顧及點君王顏面，可泄冶竟然被孔寧和儀行父殺害了。

眼看三個無恥的傢夥天天來家裡和母親鬼混，堂堂陳國司馬夏徵舒早已是滿腔憤懣。可這三個色鬼還不知道收斂，一天他們又跑到夏家去喝酒，大家都喝得醉醺醺，陳靈公醉眼惺忪，指著儀行父哈哈笑道：「愛卿，我看夏姬的兒子夏徵舒的模樣有點像你啊，莫非他親爹其實是你？」儀行父和孔寧也厚顏無恥地湊趣道：「過獎過獎，其實夏徵舒長得也像主公啊！」

客觀來說，夏徵舒和陳靈公本來就是同曾祖父的堂兄弟，長得有點相似倒也不奇怪。但陳靈公君臣這種調侃，分明是在羞辱夏徵舒。夏徵舒終於忍受不住，起兵造反，把荒淫的陳靈公射死在門口。孔寧、儀行父一瞅，趕緊一溜煙逃到楚國。陳靈公的太子媯午也趕緊逃到晉國去了。

夏徵舒殺死昏君，一不做二不休，乾脆自立為王，反正他也是陳宣公的後人。這就是史稱的「夏徵舒之亂」。

根據《春秋》記載，這是發生在西元前五九九年的事情。

小貼士：「夏徵舒之亂」時間存疑

根據《春秋》等史書記載，「夏徵舒之亂」發生在西元前五九九年夏天，而楚莊王在西元前五九八年冬天殺夏徵舒，立陳成公，前後距離一年半。但史書又記載西元前五九八年夏天，楚國與鄭國、陳國會盟。按此推論，此刻陳國的代表就是自立為君的夏徵舒。而楚莊王在夏天才和夏徵舒結盟，冬天就以弒君的罪行殺夏徵舒，這個舉動有些矛盾。因此，有可能史書記載存在錯

誤，比如實際上「夏徵舒之亂」是在西元前五九八年（而非西元前 599 年）的冬天，或者楚莊王在西元前五九九年（而非西元前 598 年）冬天殺死夏徵舒。這樣，夏徵舒在位的時間就從一年半縮短到半年，而西元前五九八年夏天和楚莊王會盟的陳君則是陳靈公或陳成公。當然，也可能西元前五九八年夏天，陳國並未和楚國會盟。

楚莊王聽說夏徵舒之亂，又看孔寧和儀行父跑到自己面前，一把鼻涕一把淚地哭訴，禁不住又怒又喜。怒的是夏徵舒竟敢殺死陳靈公，喜的是夏徵舒此舉雖然情有可原，但畢竟犯下了弒君之罪，在春秋時是很嚴重的問題。楚莊王借著這個機會，正好進兵陳國，一則揚威立名，二則也能進一步擴大勢力，挺進中原。

於是，楚莊王在西元前五九八年調動大軍，北伐陳國。鄭國、蔡國等附庸國也跟隨前往。

楚軍北上進攻中原國家，近百年來至少有數十次了，但以往各次，都是為了爭霸。唯有這一次，楚莊王打出了堂堂正正的旗號。他派人告知天下：我熊侶出兵，目的是為了平定陳國的內亂，誅殺弒君篡位的賊人夏徵舒！陳國的軍民百姓，你們不要驚慌！

果然，楚軍所到之處，沒有遭到陳國人多少抵抗。夏徵舒帶著自己的一批兵馬和楚軍玩命，可是寡不敵眾，何況還有孔寧和儀行父等帶路黨。沒多久，楚軍就完全擊潰了陳軍。夏徵舒被楚軍逮住砍了頭，還把腦袋掛在城門口示眾。

如此輕易地滅掉了一個中原的侯國，楚莊王非常開心。他模仿過去楚文王對待申國、息國的做法，把陳國設為楚國的一個縣。

　　這個縣的設置，意味著未來繼續在中原動兵，無論是討伐不服從的諸侯，還是增援自己的盟友，都能更加方便。楚國朝野為此歡呼，楚莊王也洋洋自得，認為自己樹立了楚國爭霸的新里程碑。

　　這時，大臣申叔時恰好奉命出使齊國回來。回國後，他面見楚莊王，彙報了自己在齊國的公事，然後準備告辭退下。

　　楚莊王叫住他：「慢著，忘記告訴你了，咱們大楚國正義之師，攜雷霆萬鈞之力，一舉蕩平了陳國夏徵舒為首的弒君叛賊，如今已經完全控制陳國，並把陳國變成楚國的一個縣了。」

　　申叔時點頭：「哦，知道了。為臣告退。」

　　楚莊王納悶了：「我說，為這事兒，全楚國的人都在向我祝賀，你好歹也說兩句吉祥話啊！」

　　申叔時問道：「大王，除了吉祥話，我還能不能說點別的？」

　　楚莊王道：「你說吧。我也不是那種只聽好話的君主嘛。」

　　申叔時道：「那我就直言不諱了。夏徵舒弒君，罪孽很大，所以大王您率領軍隊討伐他，把他砍頭示眾，這是您主持正義。諸侯也都跟著您出兵討伐有罪之人，但現在呢，您把陳國吞併了，設為一個縣。這就等於向天下諸侯宣告，您根本不是主持正義，而是為了貪圖陳國的財富和土地！好比說有個人牽著牛，把人家的田地踩了。這個

人當然是犯了錯誤，但如果因此就把他的牛都牽走，是不是有點過分？」

楚莊公聽到此話，沉吟片刻道：「你說得太好了。那麼現在還能補救麼？」申叔時道：「當然可以啊，從別人懷裡拿走東西，還給別人不就好了？」

於是，楚莊王就停止了將陳國設為縣，把陳靈公的太子媯午從晉國迎接回來，讓他擔任陳國新君主，史稱陳成公。不過，大軍走這麼一趟，總不能完全空手而歸。楚莊王就下令從陳國每個村莊抽選一個人帶回楚國，聚集在一起形成一個新的鎮子，叫「夏州」。

楚莊王平定陳國內亂，又恢復陳國的舉動，在楚國歷史上具有劃時代的意義。

過去楚國屢次北進，一旦攻佔小國，往往就滅掉人家的國家，吞併人家的領土。楚國從當初五十里的子國，最終成為占地千里的大國，就是這麼一步一步侵吞而來的。然而，吞併江漢一帶的蠻夷方國，已經足以讓楚國被視為貪婪野蠻；進一步對中原諸侯下手，只能使楚國成為諸侯眼中的惡魔。

西元前五九八年冬天的這次戰爭，作為進攻一方的楚莊王，最初的立場其實非常微妙。夏徵舒殺死楚國的盟友陳靈公，從春秋大義上當然是亂臣賊子，人人得而誅之，然而從另一個角度說，陳靈公不但與夏徵舒的母親夏姬通姦，而且肆無忌憚，言語中辱及夏徵舒的父親（也就是陳靈公的叔父）夏御叔，夏徵舒為了洗雪父母的恥辱而弒

君，本身也有一點值得同情。

在這種情況下，如果楚莊王在殺掉夏徵舒後，直接吞併陳國，那麼不但先前懲罰弒君之賊的旗號成為笑談，反過來還會讓人重新評價夏徵舒的行為。而楚國的盟友，無論是資格較老的蔡國，還是正在拉鋸的鄭國，也都會不再信任楚國。這樣一來，楚國雖然佔有陳國領土，卻將永遠失去中原的人心。

相反，楚莊王接受申叔時的建議，恢復陳國，不但取悅了陳國的君臣和民眾，安撫了自己的盟友，而且向整個天下傳遞了這樣一則資訊：

我們楚國，再也不是你們過去經常渲染的那個野蠻、暴虐、貪婪的蠻夷國家了。我們也懂得中原禮法，我們也會依照華夏的規矩行事。我們不是文明的破壞者，而是秩序的維護者。

在過去數十年間，楚國與齊國、晉國爭霸，「蠻夷」烙印是他的原罪。這使得楚國在爭霸戰中，必須以絕對的武力壓制住對手，才能保證自己的陣營穩定。一旦實力稍有削弱，或者在戰場吃一點虧，小弟們立刻就生二心。而楚國爭霸的對手，無論是齊桓公、晉文公，還是那個迂腐可笑的宋襄公，打出的都是「尊王攘夷」的旗號，得到了其他諸侯的支持。楚國人，無論他們的武力再強大，在諸侯眼中都是屬於蠻夷，是「攘」的對象。

但楚莊王卻一舉洗刷了這個烙印。從此，楚國終於被中原諸侯視為另一個文明國家。

八年前，楚莊王洛陽問鼎，從王孫滿的一番話中，領悟到號令天下的真諦。如今，他的這種轉變，才真正得到了向天下展現的機會。

一個世紀後，當孔子讀到楚莊王恢復陳國這一段時，感嘆道：「楚莊王實在是一位賢明的君主！為了遵守諾言，他寧可放棄千乘（可以出動一千輛兵車打仗，指二流強國）的陳國！」得到這種評價的君王，不但在楚國歷史上是絕無僅有的，在整個東周時期，也是屈指可數的。

楚莊王放棄了陳國，對於另一個戰利品——夏姬，卻沒有放棄。夏姬雖然年逾四旬，但風韻猶存。想當年，楚莊王的曾祖父楚文王，不就在滅掉息國後娶了息夫人嘛。

但這時申公巫臣出來勸諫說：「不妥不妥。大王您召集諸侯出兵，是為了平定陳國的內亂。可是如今如果納了夏姬，就變成了貪好美色，是淫亂，是大罪孽啊。」說著還引經據典地論證了一番。楚莊王這會兒正在努力學習中原國家的禮法規矩，雖然覺得巫臣說的有點牽強，但依然忍痛割愛，放棄了納夏姬的想法。

馬上，莊王的弟弟司馬熊側（子反）對夏姬表現出了濃厚的興趣。楚莊王準備成全他，巫臣又出來勸阻：「夏姬這妖婦，是個不祥之人啊！聽說她出嫁前，就跟自己同父異母的哥哥子蠻通姦，結果把子蠻克死了；後來嫁給夏御叔，夏御叔年紀輕輕就喪命；再後來跟陳靈公、孔寧、儀行父通姦，結果陳靈公被殺，孔寧、儀行父逃亡，夏徵舒被殺，陳國差點滅亡。這樣一個不祥之人，要是給司馬大人做妾，我只怕害了司馬大人事小，害了楚國事大啊！」

楚莊王聽巫臣這麼說，心頭有點打鼓，熊側氣得直冒火，但也不敢再強出頭。末了，楚莊王就把夏姬賜給連尹襄老為妻。連尹襄老年紀不小，又已喪妻，而且職務也沒那麼重要。這回，巫臣沒話說了，雖然他前面說這麼多，其實是自己想娶夏姬。

　　夏姬的風波就此告一段落。楚莊王他怎麼也想不到，就在自己死後，這個女人還將給楚國帶來無盡的麻煩。

8. 恩威並舉收鄭國

通過平定陳國夏徵舒之亂的戰役，楚軍大大提升了威望。可是就在此後不久，鄭國居然又一次投靠了晉國。

楚莊王心頭冒火，於是在西元前五九七年春天又一次興兵北進，目標直指鄭國。

幾十年來，晉國和楚國之間為了鄭國的這種拉鋸戰，已經進行了許多次。反正晉楚哪家的軍隊打贏，鄭國就跟哪家結盟，彼此遊戲人間，倒也默契。但是仔細比較還可以發現，鄭國投靠楚國，多半是楚國兵臨城下的結果，但對晉國而言，有時候無須軍隊出動，只要一勾引，再加上楚國的威勢降低，鄭伯就會屁顛屁顛地投靠晉國。這也就是前面說的，正統盟主與蠻夷霸王號召力的差異。尤其是鄭襄公，曾經兩次在晉國的支持下擊退楚軍，就更不肯輕易就範了。

誰也不知道，這次楚軍伐鄭，會和之前的有什麼不同。

面對楚軍的包圍，鄭襄公不打算輕易投降。他一面堅持抵抗，一面向晉國求救。楚軍來勢兇猛，圍攻了半個多月後，鄭國城牆已經千瘡百孔，眼看就要破城了。鄭國君臣占卜，發現「求和」是「不吉利」的，而「出城投降」卻是「吉利」。這下全國人民都慌了。難道

鄭國要因此滅亡了麼？於是君臣一起跑到祖廟放聲大哭，守城的士兵也在城頭上痛哭。但聽得偌大一座城池，哭聲震天，愁雲籠罩。

敵軍陣前痛哭，亂了陣腳，這本是楚軍破城的大好機會。楚國的將領們都躍躍欲試。誰知楚莊王聽到城頭哭聲，卻道：「鄭國人這麼害怕、傷心，要是我們趁機進攻，那豈不是太殘酷了麼？」他居然下令楚軍暫時後退，讓鄭國人平復下心情。

王命難違，楚軍只好退兵。鄭國人呢，本來正哭得撕心裂肺，一看楚軍居然退了，大喜，仰天狂呼「祖宗保佑，一定是晉國援軍來了！」可是往城外一看，沒有援軍影子啊？不管了！他們抓緊時間，修補破損的城牆，準備守城的設備。沒兩天，鄭國都城又是銅牆鐵壁，煥然一新。

楚莊王在眼看可以攻破鄭國的關鍵時刻下令撤軍，貽誤戰機，縱敵為患，簡直堪比當年的宋襄公。此舉大大增強了鄭國的後續抵抗能力，使得楚軍死傷更多。

然而，楚莊王要爭的，並非是一場戰爭的勝利，而是樹立起楚國「正統諸侯」的名號。在這種大目標下，只能矯枉過正了。敵前撤退，給予鄭國更多的準備，雖然喪失了單場戰爭的戰機，卻進一步培養出楚國的「君子之風」。長遠來看，這對於楚國，是有價值的。

總之，楚軍退後，等鄭國緩一緩，然後再次攻了上來。由於多出兩天做戰備，鄭國現在已經從最初的猝不及防中緩過來，防禦一應俱全，心理上也更加沉穩。楚軍的圍攻成為曠日持久的苦戰。好在那時

候城牆還沒有那麼高，攻城守城的器械還沒有那麼高級，而且楚軍的圍城，也不是夜以繼日的猛攻，所以軍隊傷亡數字沒有那麼可怕。

楚軍一連打了三個月，從春天打到夏天。而鄭國人呢，咬牙苦苦支撐了幾個月，望眼欲穿的晉國援軍一直沒個影。終於，城池還是給攻破了。楚軍一擁而入，要把這幾個月遭受的苦戰，好好發洩一番。

這時，鄭襄公脫光了膀子，牽著一隻羊，跑到楚莊王面前投降道：「我犯了大錯，讓您千里迢迢跑到鄭國來打仗。現在我全憑您的處置了。您要把我流放到江南或者海邊去，我也遵命；您要把我當成奴隸賞給部下，我也遵命；要是您顧及咱們兩國前面幾代的友誼，願意保留鄭國的社稷，讓我可以繼續侍奉您，那更是您的恩情。我萬分願意這樣，然而不敢奢求。總之，我的話掏心窩子給您說了，要打要罰，隨您了。」

楚莊王微微一笑：「您放心，我不會滅掉鄭國的。」

左右的臣子一聽都不爽，趕緊給楚莊王說：「大王，鄭國可不是主動投降求和，是被咱打下城池後才來說這些。千萬別答應！」

楚莊王道：「鄭襄公能夠以一國之君的身份，這樣低三下四來和我說話，那麼他平日裡也一定能和老百姓處理好關係。滅掉這樣的國家，可不符合道義啊。」

於是楚莊王下令退兵三十里，等待鄭國和談。這也符合當時的禮儀，如果在鄭國城下甚至城中和談，叫「城下之盟」，是一種刀架在脖子上的逼迫，而退兵三十里的和談就要溫柔得多。楚國大臣們又不

樂意了，他們說：「為了攻克鄭國都城，咱們打了整整三個月，大夫、將軍都戰死了好幾個，士兵更是死了幾百人。這要是撤軍三十里，萬一鄭國人再反悔咋辦？」楚莊王道：「出兵打仗，目的不是搶佔鄭國地盤，而是讓鄭國人心服。現在他們已經服了，還打什麼？」

於是，楚軍後撤三十里，與鄭襄公結盟。

楚國出兵伐鄭，早已不下十餘次，就是迫使鄭國降服，也已有好幾次。唯有這一次，楚莊王贏得最是漂亮。他不僅從軍事上征服了鄭國，更是讓鄭國人見識了楚國泱泱大國的風範。鄭襄公對楚莊王是真正的心服口服，而絕非僅僅迫於武力威脅下的屈膝。

等到楚鄭結盟完畢，已經是六月盛夏了。鄭國人盼望的晉國援軍，這時候才來。晉軍趕到黃河北岸時，聽說了發生在鄭國的事情。晉軍主帥荀林父和上軍元帥士會都打算先撤軍，等楚軍回去後再進攻鄭國。士會尤其說了長長一段話，盛讚楚莊王的舉止：

「楚國的德行、刑罰、政令、事務、典則、禮儀都是合乎道義。鄭國背叛楚國，楚國就進攻他們；等到鄭國順服了，楚國就赦免鄭國，恩威並舉，賞罰兩全。這樣的國家是戰無不勝的。楚軍去年進攻陳國，今年進攻鄭國，百姓並不感到疲勞，國君沒有受到怨恨，可見政令合於道義。楚軍陣法儼然，百姓都安居樂業，軍隊中步兵和車兵配合默契。孫叔敖擔任令尹，法典嚴明，軍隊進退協同，官員各司其職。他們國君選拔人才，在同姓中選擇親近的支系，異姓中選擇世代舊臣，提拔有德行的人，賞賜有功勞的人，對老人有優待，對旅客有賞賜，不同身份各有規定的服飾，對尊貴的人有一定的禮節以示尊

重，對低賤的人有一定的等級以示威嚴。我們是打不過他們的，所以還是先撤軍吧。」

這一段記載，展現出楚莊王統治下，楚國煥然一新的面貌。這也反映出之前十年楚莊王所做的種種努力，在放棄一些眼前小利的同時，確實大幅度提升了楚國的文化素養，使得楚國由過去單憑武力的蠻夷，成長為真正令人敬畏的文明國家。

不過，晉軍中也有好戰分子。比如中軍副帥先縠，就聲稱：「晉國之所以能稱霸諸侯，是由於軍隊勇敢、臣下得力。現在要是不敢和楚軍對戰，就會失去霸主的地位。」先縠等人這種觀點，其實恰好是過去幾代楚王秉持的，企圖一味地憑藉武力奪取霸業。由於先縠等人的堅持，晉軍最後還是渡過黃河，來向楚軍挑戰。

楚莊王要實現自己的霸業，還必須把這個強敵給擊退。

9. 邲之戰破晉河上

西元前五九七年夏天，已經征服鄭國的楚莊王率領楚國大軍，駐紮在黃河南岸的邲地（今河南鄭州）。其中沈尹率領中軍，楚莊王的弟弟熊嬰齊（子重）率領左軍，另一個弟弟熊側率領右軍，準備在黃河邊轉悠一圈就回國，卻不料晉軍居然在這個時候趕到。

按照往年的慣例，楚軍此刻有兩個選擇。其一是自己先撤軍，等著晉軍進攻鄭國，然後再揮師北上，救援鄭國（假設鄭國未被晉國打服），或者重新攻打鄭國（假如鄭國又倒過去了）。其二，就是留在這裡，和晉國正面廝殺一場。

過去幾年晉楚直接交戰的戰果，楚軍敗多勝少。左軍主帥熊嬰齊建議撤軍，他說：「這塊地方距離晉國近，他們過了黃河就到了，而咱們楚國路遠，又在鄭國打了幾個月，兵力疲憊，還是先回去休息一段時間再說。」楚莊王手下的頭號能臣令尹孫叔敖也建議不打，他說：「去年攻打陳國，今年又征服鄭國，咱也該休息下了。」

楚莊王的近臣伍參主張打仗：「您也知道這兒離咱們本國遠，來一趟不容易啊，不打就走，楚軍很吃虧。」

孫叔敖是個老好人，可這回他很憤怒地說：「要是打了敗仗，就

算吃了你伍參的肉，也無濟於事了！」

伍參道：「要是打贏了，足見令尹大人您無謀。要是打輸了，我伍參的肉早被晉軍吃光了，還輪得到您老品嘗麼？」

伍參又對楚莊王道：「大王，晉軍主帥荀林父優柔寡斷，副帥先縠剛愎自用，晉軍兵力貌似強大，其實將帥不和，很容易戰勝。再說，您作為一國君主，看到晉國的臣子來了就逃避，這也太羞恥了吧？」

楚莊王點頭道：「伍參說得對。晉軍確實強大，但正因為如此，才更要打這一仗。如果看到強敵我就逃避，看到弱敵再去威逼，那還有臉爭霸麼？」這樣，楚軍最終決定作戰。

史書記載楚國這一次軍前會議，頗有幾處值得玩味的地方。作為楚國令尹，被各類史書不遺餘力吹捧的孫叔敖，這次卻似乎站在了錯誤的一方，主張不戰。但其實這樣反而更加真實可信。戰爭總是有風險的，孫叔敖作為勤政愛民的宰相，不願意面對強敵打無把握之仗，這絲毫無損其偉大。同時，伍參作為一個近臣，卻能獨到地提出晉軍主帥的性格缺陷。我們可以猜測，楚莊王為了這一刻，已經策劃了很久，並派遣出大量的間諜偵查晉國內情。晉國朝廷的拖延，高層內部的紛爭，或許都已被楚國間諜知悉，而近臣伍參便是掌控情報系統的骨幹。

至於說「身為君主不能躲避臣子」，只是一句場面話。但有一點沒說錯，那就是楚國想要爭霸，總得在戰場上戰勝晉軍才行。而這

次，或許是最好的機會了。

楚國這邊已經做好了戰鬥的準備，鄭國也唯恐天下不亂地在中間挑事。而晉國方面依舊還在「戰」與「不戰」中搖擺不定。下軍副帥欒書認為楚軍一向彪悍善戰，加之鄭國已經歸附楚國，這會兒打仗沒有好處。上軍元帥士會對楚國派來的使者好生接待。然而副帥先縠、大將趙括、趙同等為首的「鷹派」卻口出狂言，一心和楚軍決戰。這就更給了楚莊王可乘之機，抓住敵人混亂的態勢，加以重擊。

在戰鬥之前，楚莊王還耍了一個花招。他派出使者向晉國使者請求和談，晉軍主帥荀林父答應了，雙方還約定了結盟的日期。

按照那時候的規矩，只要盟約還沒正式簽訂，雙方就依然處於戰爭狀態，可以相互攻擊。楚莊王派出了許伯、樂伯和攝叔三位勇士，單車前去晉軍營前挑戰。

許伯擔任車夫，駕著戰車風馳電掣，逼近晉軍營寨。到達之後，擔任射手（車左）的樂伯張弓搭箭，射死了門口的一名晉兵，然後暫時代替車夫許伯掌控轡繩。許伯跳下車，整理馬脖子上的皮帶。同時，擔任護衛（車右）的攝叔，也下車衝到晉軍門口，砍殺了一個猝不及防的晉兵，割下他的耳朵，順手還活捉了一人，又跳上戰車。這時候許伯也把皮帶整理好了，上車回到駕駛座上，從樂伯手中接過轡繩，兜轉馬匹，又風馳電掣地往回開去。

晉軍想不到楚國的勇士居然這麼生猛，在晉軍營前殺人、捉俘虜，簡直如入無人之境。他們被激得七竅生煙，派出三路人馬追趕。

樂伯左右開弓，箭無虛發，左邊射馬，右邊射人，只射得晉軍人仰馬翻，左右兩路追兵都被擊退了。但中間的大將鮑癸卻緊追不捨，此時樂伯手中只剩下一支箭了。

恰好路邊躥出一頭麋鹿，樂伯就一箭射倒麋鹿，然後叫攝叔拿著麋鹿，去獻給晉國大將鮑癸說：「現在時令不對，沒有射到什麼珍奇的禽獸，勉強把這獻給您，請用來犒賞您的部下吧。」鮑癸看樂伯這般厲害，原本就有些心驚，再看楚國人居然這麼講禮儀，於是就坡下驢道：「楚軍的車左箭法如神，車右說話彬彬有禮，都是君子啊。我又何必逼人太甚呢。」於是吩咐收兵回營。

許伯等三人這次挑戰，不僅揚了楚軍威風，而且有禮、有利、有節，充分展現楚國的風采。

楚莊王這次求和後的挑戰，進一步打亂了晉軍的節奏。晉國的魏錡、趙旃兩個心懷不滿的傢夥也來向楚國挑戰，結果被楚軍追得猛跑。魏錡趕緊學著樂伯的樣子，射死一頭小鹿獻給追趕的楚國將軍潘黨，才得以脫身；趙旃被楚莊王追得走投無路，丟下車子和鎧甲，準備逃回營地。

這時，晉軍派出一支部隊前來接應己方的挑戰者。楚軍望見飛揚的塵土，以為是晉軍主力殺過來了。楚莊王已經追趕趙旃去了，不在軍中，令尹孫叔敖就是臨時的總指揮。孫叔敖雖然在戰前主張撤退，但真到了該打的時候，還是很果決的。他當即下令道：「全軍前進！寧可我們去迫近敵人，不要讓敵人迫近我們。」

煙塵沖天，馬鳴蕭蕭。楚軍戰車賓士，步兵緊隨，朝著晉軍猛衝過去。兩大強國之間的決戰，就這麼稀裡糊塗地展開了。

晉軍派遣來接應魏錡、趙旃的隊伍兵力不多，哪裡擋得住楚軍主力，很快被殺得大敗，紛紛抱頭鼠竄。楚軍趁勢挺進，尾隨逃敵直撲晉軍大營。荀林父還在那兒琢磨到底打不打呢，沒想到怎麼這就開戰了？晉軍根本沒有做好戰備，先就被自家的敗兵沖得七零八散。在春秋戰爭中，以戰車為主力部隊，沒有排好隊形，那就是一盤散沙，只能任人宰割。

荀林父見勢不妙，趕緊下令撤退。這下晉軍就只能選擇逃亡。楚軍趁勢追殺，斬獲無數。晉軍中軍、下軍一起退到黃河邊上，為了爭奪船隻過河，相互砍殺起來。不少船隻已經裝滿人離岸了，還有士兵撲通跳進河裡，攀住船沿想往上爬。有的船就這麼連人帶船被拽翻了，其他船上的士兵生怕落到同樣的下場，就抽出刀來砍攀登者的手指頭。被砍落的手指頭掉進船艙，斷了手指的晉兵則慘叫著沉入河中。有的船艙裡，血淋淋的斷指頭多得可以用手捧起來。

還有的晉軍沿著黃河邊飛跑，結果戰車陷進泥土裡面，動彈不得，一個個急得要自殺。後面追趕的楚軍看見了，高喊道：「喂，前面的晉軍兄弟，你們趕緊把車前橫木抽出來啊!」晉軍依言而行，果然戰車從坑裡出來了。於是繼續一個追一個逃。可沒走多遠，馬車之間又相互糾纏起來了。楚軍看見晉軍的狼狽相，又喊道：「喂，你們把車上的大旗拔掉，把車轅頭的橫木扔掉，這樣就可以了!」晉軍如法炮製，再次得以脫身。想想居然連逃跑都要靠敵人來教，真是有點

害臊。不過晉軍回過頭沖著楚軍大喊：「楚軍兄弟們，多謝了！我們平時沒打過敗仗，說到逃跑的經驗，還要向你們多多請教啊！」這也可稱為血腥戰場上的一絲溫情了。

又過了片刻，楚莊王帶兵追到了河邊。望著黃河上晉軍自相殘殺的慘景，還有些來不及逃走的晉軍，在河水中、河岸邊掙扎號哭。楚莊王不禁嘆息道：「哎，這是我們兩家君主的矛盾，這些士兵有什麼罪過呢？」他下令停止追殺晉軍。

當然，晉軍也並非全是這樣慌亂。晉國上軍元帥士會早已預料到楚軍可能會突襲，因此提前安排了伏兵接應。進攻他們的楚軍占不到便宜，暫時按兵不動。士會就趁這機會，帶領上軍退過黃河去了。

在主戰場上楚軍也受到了意外的損失。晉國下軍大夫荀首的兒子荀罃被楚軍俘虜了，荀首愛子心切，帶著本部人馬跟好友魏錡一起翻身殺回。荀首平日裡對士兵很好，所以不少士兵也主動跟隨。楚軍原本以為大局已定，正在興高采烈地搶戰利品、抓俘虜，冷不丁遭到這支晉軍的反衝鋒，一時大亂。楚莊王的兒子熊谷臣被荀首射傷，生擒活捉。另一位不幸的老將則命喪箭下，連屍首都給晉軍搶走了。這位一命喪箭下的老將，就是剛娶了美女夏姬不到一年的連尹襄老。荀首估摸著這兩件東西足夠換回自己的兒子，趁楚軍還沒反應過來，趕緊渡河走了。

除了荀首這一波反衝鋒之外，楚軍的戰場損失微乎其微，而晉國的中下兩軍則遭到了毀滅性的打擊，完全潰不成軍。

這就是著名的邲之戰。

在過去近百年的爭霸中，雖然楚國能對中小國家保持壓制，但面對同等級的對手，無論是對齊國，還是對晉國，楚軍都是勝少敗多，尤其城濮之戰更是一敗塗地。在如此浩大的戰爭中取勝，這是破天荒的第一次。

因此，楚國的臣子們對這勝利也都欣喜若狂。就在次日，大將潘黨建議，把晉軍的屍首聚集收埋，外面封土，形成一個大墳堆，稱為「京觀」，用來給子孫後代展現楚國今日大勝的武功。

然而楚莊王拒絕了潘黨的建議，還說：

「這事兒你就說錯了。你要炫耀武功，可是你識字麼？武字，拆開了就是『止戈』兩個字啊！所以，止戈為武！

「當初周武王戰勝商朝，他作《周頌》說：『收拾干戈，包藏弓箭。我追求美德，展示在《夏》樂之中，成就王業保有天下。』又作《武》篇，在最後一章說：『鞏固你的功業。』《周頌》的第三章說：『繼承先王的美德而加以發揚，我打仗只是為了安定。』第六章則說：『希望安定萬邦，希望常有豐年。』由此可知，所謂武功，應該是指抑制強暴、平息戰爭、保持強大、鞏固功業、安定百姓、協調大眾、豐富財物這七種美德，所以武王才要子孫後代都不要忘記《周頌》的內容。

「現在呢，如果我讓兩國士兵暴露屍骨，這是行強暴之事；顯耀武力讓諸侯畏懼，這使戰爭不能平息。強暴而不平息戰爭，哪裡還能

夠保持強大？晉國雖然打了敗仗，依然是強國，有他們在，我再這麼橫暴，怎麼能鞏固功業？我違背了百姓的願望，百姓如何能夠安定？如果沒有德行而強行爭霸諸侯，怎麼能協調大眾？乘人之危牟取利益，以別人的動亂來作為自己的安定，如何能豐富財物？武功具有的這七種美德，我卻一件都沒有，哪還有臉給子孫後代看？

「古代賢明的君主討伐邪惡的國家，把他們的罪魁禍首殺掉埋葬，這才有京觀來昭示罪惡，使後人引以為戒。如今晉國來救援鄭國，並沒有大罪，他們的將士為了忠於君主而死在戰爭中，怎能能把他們的屍首拿來展覽呢？我看啊，咱們修建先王神廟，把這次勝利在祭祀中告訴先王，也就夠了！」

說完這一番長篇大論，楚莊王在黃河邊上祭祀了河神，修建了先君的神廟，報告戰爭勝利，然後班師回國。

邲之戰幾乎是楚國八百年歷史上最為輝煌的一次勝利。楚莊王之偉大，不僅是反映在主力會戰中擊敗頭號強敵晉國，他在戰後展示的精神，悲天憫人，能夠體諒敵對方將士，更表現出先秦質樸的人文關懷。

這標誌著楚國不僅在軍事上，而且在政治上、文化上，都達到了春秋霸主的高度。

小貼士：絕纓會

　　傳說楚莊王在一次款待群臣的酒宴之上，安排自己的寵姬出來給眾人敬酒。不料一陣風吹滅了燈，堂上漆黑一團。這時有人趁機去扯許姬的衣服。許姬不動聲色，摘下了這個人帽子上的穗兒（帽纓），然後悄悄告訴楚莊王，只要點起燈看哪個人帽子上沒纓，就知道是誰了。楚莊王卻下令，滿座的人都把自己的帽纓摘下來，然後才吩咐點燈，這事兒就算過去了。數年後楚莊王伐鄭（一說與晉國交鋒），副將唐狡身先士卒，奮不顧身，殺得敵軍大敗。戰後論功行賞，唐狡對楚莊王道：「我就是當日宴會上那個沒有帽纓的人，今天是為了報答君王您的寬宏大量。」

10. 無虞無詐定宋盟

　　楚莊王在西元前五九七年的邲之戰大敗晉軍之後，坐穩了天下霸主的地位，也對晉國原先掌控的同盟體系構成了劇烈的衝擊。就在這一年，晉國、魯國、衛國、曹國結盟，繼續對楚國及其僕從國作戰。可是盟約的墨跡未乾，當宋國出兵進攻楚國的附庸陳國時，衛國不但不幫忙，反而出兵援陳。這就是在公然用行動向楚國示好了。而曹國也對晉國陽奉陰違。

　　晉國在西元前五九六年夏天討伐鄭國，以圖一雪邲之戰的恥辱。不過，晉國並沒有和楚國再決戰一場的勇氣。他們只是把軍隊開到鄭國，舉行了閱兵式，然後就回國了。晉國君臣是打算用「敲山震虎」之計，震懾鄭國，讓鄭國自己乖乖來歸順。這條計策在過去成功實行過好幾回，但這次卻不靈了。鄭襄公看到晉軍前來，不但沒有投降，反而親自跑到楚國去，和楚莊王商量如何對付晉國。這在過去是很少見的。由此也知道，楚莊王的形象在諸侯中確實已經上升到了一個新的臺階。

　　然而依然有一個中原國家，堅定地站在晉國一邊。這就是春秋諸侯中爵位最高的宋國。前面說過，因為宋襄公之死，宋國對楚國宿怨很深。加上在二十年前的孟諸打獵中，楚國大臣申舟侮辱了宋昭公，

所以宋國打死也不肯屈從楚國，處處和楚國作對。

宋國不但在西元前五九七年楚國風頭最盛時出兵討伐陳國，而且在同年楚國進攻蕭國（今安徽蕭縣）時，還出兵救援蕭國。雖然最終楚國將蕭國攻滅，但楚國對宋國的這筆仇卻記下了。西元前五九六年，楚莊王以宋國救蕭為由，北伐宋國，但宋國在宰相華元的領導下，頂住了楚軍這一輪攻擊。

西元前五九五年，楚莊王送走鄭襄公之後，環視天下，中原的中小國家大都降服，就剩下宋國還在商丘。他決定，這回無論如何，要降服宋國！

可是，春秋時打仗講求師出有名，過去的楚國不在乎這一套，如今楚莊王可不能不講究。宋國救蕭這理由已經用過了，最好換個新的。

想來想去，楚莊王定下一條計策，他派大夫申舟假道宋國出使齊國，卻故意不提前給宋國下達過境文書。這是不符合外交慣例的。

楚莊王的算盤是：如果宋國乖乖讓申舟過境，那麼就說明宋國也怕了我楚國，可謂不戰而勝。如果宋國敢為難申舟呢，那更好，我就有理由出兵，打到他怕為止。想到這裡，楚莊王不由哈哈大笑。

作為「對照組」，楚莊王又同時派遣公子馮出使晉國，假道鄭國，也不提前給鄭國打招呼。

申舟接到這份差使，差點哭暈了。他對楚莊王道：「大王啊，您

派我經過宋國，好歹要給份公文吧。我二十年前在孟諸打獵的時候侮辱過宋昭公，宋國人恨我入骨。這次被他們抓住，我多半要送命啊！」

楚莊王道：「沒關係啊，公子馮路過鄭國，不也沒有文書麼？我就是試探下這兩個國家的態度。」

申舟苦笑道：「鄭國人很機靈，公子馮一定會沒事的。宋國人傻乎乎的，我這次在劫難逃了。」

楚莊王劍眉一豎：「你安心去吧。要是宋國人敢殺你，我就攻打宋國給你報仇！」

申舟見楚莊王心意已決，只得嘆了口氣：「萬一我死了，請大王您照顧我的兒子申犀！」隨後，申舟硬著頭皮取道宋國前往齊國。果然，剛剛進入宋國，他就被抓了起來。宋國大臣華元一看是這傢夥，憤怒地說：「楚國派人過境而不借路，這是把我大宋國視若無物啊！更何況申舟這個混蛋，二十年前侮辱我們先君，與我宋國仇深似海！今天我們若殺了申舟，楚國一定會來攻打我們，可是要是白白受楚國這樣的侮辱，那宋國和亡國也沒什麼區別！既然左右都是亡國，不如亡得硬氣一點！」就下令把申舟拖出去砍了。

楚莊王正坐在宮裡面，聽到這個消息傳來，大叫一聲：「嘿！」把寬大的袖子一甩，起身就往外跑。他動作太快了，左右伺候他穿衣出行的侍從都來不及跟上。等跑到院子裡，侍從才給他把鞋子穿上；等跑到門外，侍從才把劍給他配上；等跑到市場上，侍從才讓他坐上

車子。後人為了形容這種迫不及待的模樣，就用了一個成語「劍及履及」。

楚莊王派出申舟之時，早已開始備戰，因此楚軍很快整裝出發。西元前五九五年九月，楚軍包圍商丘。宋軍當然打不過楚軍，但華元帶領士兵堅守城池，絕不屈服。

商丘之圍一拖就是半年多，從西元前五九五年圍到了西元前五九四年。全天下的眼睛都盯著看，卻沒人願意替宋國分憂解難。楚國的那些盟友們自不必說，魯國甚至趁著楚國包圍宋國的機會，派大臣公孫歸父到宋國來會見楚莊王，表達敬意。華元只能一邊拼命守城，一邊向晉國求救。

晉景公想要救援宋國，可是大臣伯宗勸諫說：「古人說：『鞭子雖然長，卻也達不到馬肚子。』」（鞭長莫及），現在楚國勢力正強，咱們鬥不過他們。」於是晉景公打消了派兵的念頭。這也是晉楚爭霸數十年來，晉國首次表現出害怕楚國的樣子。

晉國也太壞了，他們不肯出兵救援宋國，卻又不甘心讓宋國絕望投降，於是就派大臣解揚到宋國去，給宋國開空頭支票。途經鄭國時，鄭國人把解揚抓起來，送到楚軍中。

楚莊王想借機摧垮宋國的士氣，就對解揚說：「只要你給宋國喊話，說晉國援軍不能來了，我不但不殺你，還許你高官厚祿，寶物車馬！」解揚假裝答應了。楚軍押著解揚登上樓車，向宋國人喊話。誰知解揚張口高呼：「宋國的兄弟們聽好！我晉國派遣大軍十萬，很快

就要來救援你們宋國。你們一定要堅持下去啊！」

楚莊王氣得跺腳，趕緊叫把解揚拉下來，罵他道：「你要是不願意說假話，可以不答應。既然已經答應我了，為什麼又出爾反爾？這是你背信棄義對不起我，可別怪我心狠手辣！準備死吧！」

按說解揚到這一步，就算被楚軍殺死，也算求仁得仁了。他振振有詞回答說：「這是您錯了。國君制訂命令就是道義，臣下完成命令就是信用。道義不能有兩種信用，信用不能接受兩種命令。您作為君主，卻拿高官厚祿來賄賂我，這本身就是亂來。而我既然接受了晉景公的命令，就算死也不能辜負，又怎麼會接受您的賄賂？我剛才所以答應您，本來就是為了借機會完成晉景公的使命！現在我以一死來完成使命，這是作為臣下的福氣。晉景公有我這樣守信的臣子，而我也能死得其所，那還有什麼不滿意的？您動手吧。」

楚莊王被解揚這番忽悠，心中一震。正在猶豫，卻聽解揚對左右高呼：「楚國弟兄們看好了，今天有一個盡忠的臣子要被殺了！」楚莊王便道：「盡忠的臣子是值得尊敬的。你回去吧。」於是赦免瞭解揚，放他回晉國。

解揚捨命傳令，確實體現了先秦時代的烈士風範。然而楚莊王在吃虧上當之後，不為洩憤而殺戮，釋放給自己帶來巨大麻煩的敵方使者，這份胸襟也是凹間少有。

解揚這番話，讓商丘城頭的宋軍打起精神，繼續和楚軍周旋。經過八個月的圍城戰役，宋國固然死傷無數，楚軍的糧食卻也要耗盡

了。楚莊王想不到宋國居然這樣頑強，正在考慮撤軍，卻見申犀跪在馬前叩頭說：「大王啊，我父親去年奉命出使，明知道必死，卻不敢違背君王的命令，您今天卻失信了。」楚莊王聽了，無言唏噓。

大臣申叔時獻了一條計策，讓楚軍在宋國都城外開墾荒地，建造房屋，擺出一副準備長年累月圍困下去的樣子。果然，這下子宋國人害怕了，城中士氣迅速減半。然而，他們依然沒有投降。

當天晚上，宋國執政大臣華元偷偷縋下城來，潛入了楚軍大營，跑到了楚軍司馬熊側的寢帳。

熊側正在呼呼大睡，卻被華元推醒，看見眼前一位大漢，疑惑道：「什麼人？」華元厲聲道：「我就是華元！」熊側大驚，待要掙紮，衣袖已經被華元壓住了。熊側趕緊道：「有話好說！您別緊張，別緊張，慢慢說吧！」

華元道：「司馬大人，我奉國君之命來告訴您，現在我們城中，大家易子而食，撿起枯骨來當柴燒，已經走到絕境了！」

熊側想不到華元會把宋國的窘迫和盤托出。他問：「常人都會掩蓋自己的缺點，為何您要把實情告訴我？」華元回答：「君子聽到別人的困難就會憐憫，而小人聽到別人的困難就會幸災樂禍。我知道您是一位君子，所以據實相告。」

熊側不禁得意。華元又道：「我們宋國實在堅持不下去，但是，我們寧可亡國滅種，也絕不會無條件投降楚軍！只要貴軍退兵三十里，我們唯命是從。」

熊側被華元這麼一邊捧一邊威逼，早已神魂顛倒。他也對華元說：「您放心，我這就回稟大王。說實話，我們楚軍也只剩七天軍糧了。修築房屋，開墾荒地，都是做出來騙你們的。」於是熊側和華元定了盟約，送他出營回城了。

第二天大早，熊側去見楚莊王道：「華元昨晚來我帳中，說宋國已經易子而食，析骸而炊了。」楚莊王嘆息道：「想不到宋國居然這麼慘了。不過，這對我軍卻是好消息，可以趁勢攻克宋國！」熊側道：「不行，華元說了，他們寧可滅亡，也絕不簽訂城下之盟！而且，我也把我軍的情況告訴他了。」楚莊王大怒：「你怎麼能吃裡爬外呢？」熊側道：「區區宋國的大臣，都能說實話，我堂堂楚國王室又怎能說假話騙人？」

楚莊王聽自家兄弟這麼說，又嘆息一聲：「好吧，那是天不亡宋國啊。」他下令撤軍三十里，隨後華元前來代表宋國與楚國簽訂了盟約。在兩家盟約中寫著「我無爾虞，爾無我詐」，意思是「我不欺騙你，你也不欺騙我」。後人把這句話刪除兩個否定詞，變成了「爾虞我詐」，意思完全顛倒過來了。

從西元前五九五年秋天到西元前五九四年夏天的圍宋之戰，是楚莊王主持的最後一次大規模戰爭。從表面上看，這次戰爭沒有邲之戰那樣酣暢淋漓。後人稱頌的主要是宋國執政大臣華元的頑強勇敢，捍衛國家尊嚴。楚莊王呢，最初派遣申舟出使，就帶上了「血染陰謀」的不祥味道。此後大軍壓境，被解揚欺騙，八個月不能使宋國屈服，最終糧草耗盡，熊側「通敵」，末了後退三十里才與宋國結盟，怎麼

看都是個「丟臉」的局面。

然而，楚莊王實際上還是贏家。

因為他的戰略目的，本來就是迫使宋國與楚國結盟。經過八個月的漫長圍困，中原國家中反楚最堅決的宋國，最終沒有等到晉國的增援，還是與楚國結盟了。這就意味著楚國達到了目的。這一階段的晉楚爭霸，以楚國的全勝而告終。

至於說，具體過程中，楚莊王因為輕信解揚而增強宋軍守城信心，以及在華元和熊側會面後退兵三十里，將城下之盟改為相對平等的和談，這些，其實都是楚莊王提升楚國文化內涵的一貫做派。在三年前伐鄭之戰中，他也是秉持這樣的思路，從而使得十七天能夠打下的鄭國，最終多打了三個月。

從長遠來看，這種代價終究是值得的。畢竟，在先秦時代的禮法背景下，只有尊重文化規則，才能真正得到別國的認可。

11. 振金翅鳳鳴長空

與宋國結盟，標誌著除了晉、秦、齊三大國外，所有的中原國家都完全歸服于楚國。新一代霸主楚莊王就此停止了征戰。之後數年，晉楚之間全無兵鋒。

三年後，也就是西元前五九一年秋天，楚莊王熊侶病逝。臨終前，他囑咐自己的弟弟熊嬰齊和熊側：「如果沒有德行到達邊遠的地方，那就多多體恤本國的百姓，合理地役使他們吧。」

楚莊王的一生並不長壽，在位不過二十多年。

他稱不上才華蓋世，二十多年中雖然也打了不少仗，除了邲之戰，也沒見什麼酣暢淋漓的大勝。要論攻城掠地、滅國開疆的記錄，比他的高祖父楚武王、曾祖父楚文王、祖父楚成王都要差。

在史書的記載中，他也並非完人，喜歡美色，喜歡享樂，有時候也會發些小脾氣，需要旁人的勸諫。

然而他確實是楚國最偉大的君主之一。

　　傳說楚莊王有一匹愛馬，莊王讓它住華屋，披錦衣，睡大床，吃果脯。後來馬養得太肥，死了，楚莊王大為傷心，要把它放進棺材，用大夫的禮儀安葬。大臣們不同意，楚莊王就下令：「誰敢為這事勸諫，殺頭！」楚莊王寵愛的優伶優孟跑到宮殿裡放聲大哭：「好慘啊！楚國這麼強大，大王的愛馬居然如此薄葬，太過分了！」楚莊王問：「那你覺得該怎麼安葬？」優孟說：「不應該用大夫之禮，應該用君主之禮！用上等玉石和木料製作棺材，讓軍隊挖出陵墓，叫諸侯都來參加葬禮，再把馬放進太廟，安排一萬戶供奉它。這樣全天下都知道大王重馬輕人了。」楚莊王聽了，忙說：「我錯了。你說應該怎麼安葬馬才好。」優孟道：「不妨用牲口之禮。用土灶當外棺，銅鍋當內棺，調料當陪葬和祭品，火焰當壽衣，安葬在大家肚皮裡面。」於是楚莊王吩咐把馬肉燉得香噴噴的，讓滿朝文武大吃一頓。

　　關於春秋五霸的說法有兩個版本，其中，齊桓公、晉文公和楚莊王三人，是兩個版本都認可的。這也足見楚莊王的地位，其功績足以和齊桓公、晉文公相提並論。當初他祖父楚成王接連被這兩位君主挫敗的憤懣，也可隨之一掃而光了。

　　經過楚莊王二十餘年的不倦努力，楚國不僅國力、軍力增強，在諸侯中的影響力也大幅度提升，更重要的是楚國從文化上脫胎換骨，被越來越多的中原諸侯所認可。

在之前的近百年中，楚軍屢屢北上，雖然也常能找到幾個諸侯國結盟，但多數都是靠武力裹挾的。反之對手齊國、晉國則可以僅憑法統號召，不需軍隊圍攻即令諸侯倒戈叛楚。而從楚莊王時代開始，楚國在不戰而爭取諸侯方面，取得了和老對手晉國相當的底氣和成績。

在楚莊王時代，不但秦國因為反晉的緣故開始接近楚國，而且齊國也與楚國頻頻外交往來。楚國被孤立的格局得到大幅度改善。

在楚莊王時代，楚國國勢達到巔峰。有趣的是，從時間上看，楚莊王的時代幾乎也恰好是楚國剛剛過半的臨界點。在楚莊王身後，我們可以頻繁看到後任楚王與諸侯會盟的情形。這在之前是很少見的。甚至，之後楚晉之間能夠實現兩次弭兵休戰，也與楚莊王有關。

楚莊王振興楚國的偉大意義，不僅限於此。

要知道，從先秦時代開始，中國文化中對「華夷之辨」就非常專注。一個文明或是一個政權，如果被認可屬於華夏，那麼它將得到自居華夏的士人和民眾支持。反之，如果被認為是蠻夷，則將遭到強烈的抵制。因為後者的得勢，將意味著文明的動盪、斷裂甚至滅絕。

區分華夏或者蠻夷的標準，主要不是血緣，而是文化。

楚國作為祝融氏之後，單從血緣來說，他們無疑是屬於華夏族的。但由於長期混跡於江漢的荊楚群蠻之中，他們逐漸脫離了中原禮法，變得蠻夷化。過去的歷代楚君，多次對中原的周王朝自稱「蠻夷」，並將「蠻夷」作為他們不尊奉周王室，或者踐踏其禮儀法則的理由。

這種「自居蠻夷」，確實可以減少自己在某些行為上的束縛，從而發揮出更大的力量。但同時，也就使得楚國始終被排斥在中原文化圈之外。

雖然隨著楚國不斷征討四方，在江漢流域形成一個強大的國家，諸多蠻夷方國紛紛被征服，原本的中原週邊國家也被吞併，形成一個在血緣、習俗上更加混雜的群體。然而，因為文化上的不被接受，站在華夏正統諸侯的立場，楚國這種擴張，乃是一個龐大蠻夷族群的崛起。對華夏文明來說，這是一個不斷變大的威脅。

這樣一來，楚國與齊國、晉國的爭霸，便被定性為不共戴天的華夷之戰。這種楚國與中原國家勢不兩立的解讀，其實無論對楚國，還是對中原國家，都是很痛苦的。

對中華民族而言，也是一種災難。

隨著楚莊王的洛陽問鼎之會後的反省，他意識到楚國的短板，開始有意識地提升楚國文化內涵。從這一刻起，楚國脫胎換骨，真正開始了與華夏文明的融合。

當然，這種融合並非是單方面的接受與施與。事實上，隨著楚國與中原各國的法統隔閡消除，中原各國也開始接受楚國原有的文化元素。後面我們將談到，楚國的建築、歌舞、服飾、青銅鍛造等，都將北漸中原，甚至風行一時。

中華，本來就是一個富有包容性的文明。海納百川，有容乃大。

楚莊王的這一步，從本質上，使得周王室為代表的黃河文明，與楚國所代表的長江文明，正式開始融為一體，構成今日中華文明的基石。

九天翱翔的鳳凰，與暢遊大洋的蛟龍，不再是水火不容的死敵。相反，龍吟鳳鳴，龍鳳呈祥，共同在海天之際，熠熠生輝。

五

內憂外患，蕭牆偏多狼子心

1. 戀美人巫臣私奔

西元前五九一年，春秋五霸之列的楚莊王在壯年去世，其子熊審繼位，史稱楚共王。

此刻，靠著楚莊王二十餘年的經營，楚國進入鼎盛時期。以國內而論，領土遼闊，疆域內政通人和，民心穩定。以國外而論，楚國先前的「蠻夷」原罪已然被楚莊王洗脫，最大的敵手晉國在數年前邲之戰慘敗後，尚無力與楚國抗衡。中原的中小國家紛紛奉楚國號令，就連西邊的秦國和東邊的齊國，也都與楚國結交。

在一片興盛繁榮下面，也有暗流湧動。

日中則昃，月盈轉虧。楚莊王在位時深知本國的風險，生於憂患，故而兢兢業業，一面謹慎地維繫著來之不易的局面，一面也用自身的雄才偉略，統禦著朝廷的群臣。可是隨著楚莊王去世，楚國失去了領頭人。令尹孫叔敖更是在楚莊王之前便去世。這時候，剩下楚莊王時代的一群老臣，年輕的楚共王想駕馭他們便不易了。

就在楚莊王去世的前後，魯國和齊國發生了矛盾，魯國向晉國求援，準備共同對抗齊國，而齊國則就勢與楚國加強盟約。於是楚共王在西元前五八九年派出申公巫臣出使齊國，找齊頃公商量聯合打仗的

事。巫臣很高興地接受了命令，立刻收拾行李，奔出國境。奇怪的是，他隨身攜帶的行李特別多，遠遠超出了這趟行程所需。

這也難怪，因為巫臣把自己家的細軟都帶走了，打算一去不回了。而這樣做是為了一個女人。

這個女人，就是人稱「春秋第一妖婦」的大美女夏姬。當初楚莊王打下陳國，想要將她納入後宮，被巫臣勸阻，說夏姬克死了自己的哥哥子蠻、丈夫夏御叔、國君陳靈公、兒子夏徵舒，還差點滅亡了陳國，實在是個不祥之人。楚莊王的弟弟熊側想得到夏姬，也被巫臣制止。最後夏姬嫁給了老臣連尹襄老，結果在邲之戰中，楚軍大勝，晉軍大敗，可連尹襄老卻在晉軍的一次反擊中喪命了。

按照史書推斷，此刻夏姬至少已經年近半百了，可依然美豔動人。丈夫戰死，她也不甘寂寞，居然和連尹襄老前妻的兒子黑要通姦。而申公巫臣對夏姬一直很迷戀，他暗中寫信給夏姬，先表白了一番自己的思念之苦，說得夏姬心動，願意聽他安排，和他同床共枕。隨後，巫臣就指使夏姬以「索要連尹襄老屍首」的名義離開楚國，待在鄭國，等他前來。

現如今，巫臣終於得到機會，楚共王命令他出使齊國。喜出望外的巫臣趕緊收拾了細軟，大搖大擺地離開楚國。途經鄭國時，他與等候多時的夏姬會合，然後兩人雙飛雙宿，共同奔向自由幸福了。

最開始，巫臣打算和夏姬逃到齊國去，畢竟齊國也算楚國的盟友。可是就在巫臣執行私奔計畫期間，山東的戰事也發生了轉折。齊

國雖然在西元前五八九年春天擊敗了魯國和其盟友衛國，但隨著晉景公派出八百輛兵車，率魯國、衛國捲土重來，齊軍終於在鞍（今山東濟南）被聯軍打得大敗，齊頃公差點被生擒活捉，齊國被迫向晉國割地求和。

這下巫臣犯嘀咕了，他想：「齊國是個戰敗國，待在這裡怎能享受甜蜜生活呢？」然而除了齊國，還有哪個國家可以庇護他呢？思前想後，巫臣就帶著夏姬逃到了晉國。晉景公前段時間被楚莊王壓制得喘不過氣來，如今看巫臣來投，心花怒放，趕緊任命巫臣為大夫。

這消息傳到楚國，頓時起了軒然大波。巫臣身為國家的重臣，竟然為了一個女人叛逃，而且叛逃去了楚國的死對頭晉國！楚國朝野義憤填膺。

最憤怒的是楚共王的叔叔熊側，當時擔任司馬一職。當初他本想自己娶夏姬，被巫臣哄騙得放棄了，如今巫臣卻把夏姬娶了！

還有楚共王的另一個叔叔，擔任令尹的熊嬰齊也對巫臣很不滿，因為幾年前楚莊王圍攻宋國，逼得宋國和楚國結盟，兩國結盟後，熊嬰齊希望楚莊王把申地、呂地分封給自己。楚莊王原本都答應了，又是巫臣出來勸告莊王，說申地、呂地是北方的重鎮，國家直接管理這兩個地方，是為了徵集人力、物力作為北方第一道防線。如果這兩個地方被封賞給個人，一旦晉國大舉南下，就可以直接威脅到漢水流域。楚莊王聽了巫臣的話，就把這請求駁回了。斷人財路，熊嬰齊也對巫臣恨之入骨。

現在，熊側和熊嬰齊趁機對楚共王道：「巫臣這個混蛋，太過分了！當初說夏姬不吉利，不許莊王納入後宮，結果他自己卻娶了夏姬，這是欺君之罪啊！應該把他的家族都流放到邊境去！還要送錢到晉國，要求晉國把他抓起來，至少也要永不敘用！」

楚共王年紀輕輕，倒是繼承了其父楚莊王的一些氣度。他對兩個氣急敗壞的叔父說：「叔叔，你們消消氣。巫臣勸我父王不納夏姬，這事沒錯，夏姬確實不祥嘛，你看連尹襄老也被她克死了。至於他自己娶夏姬麼……他為我父王出主意就忠心耿耿，考慮自家的事情就色迷心竅給自己找晦氣，那也沒關係啊。至於出錢讓晉國不用他，就更別提了。晉國人又不是傻子，巫臣若對他們有價值，我們送錢人家也不會答應啊。巫臣若沒價值，我們又何必送錢呢？」

這方面來看，楚共王倒還是有些胸襟的。熊側和熊嬰齊面面相覷，暫時收回來報復的心思。巫臣私奔事件，也暫時告一段落。然而，這其中埋下的隱患，將在數年之後展現，最終給楚國乃至天下的命運帶來重要的影響。

2. 遭吳侵疲於奔命

　　巫臣帶著美女私奔只是小煩惱，眼下對楚國而言，最重要的還是應付中原的戰事。盟友齊國剛剛挨了晉國一頓打，若是不找回面子，那麼楚國在中原建立的外交體系就要崩潰。為此，令尹熊嬰齊準備率領軍隊北上。在出兵之前，熊嬰齊專門進行了準備工作，包括清查戶口、完成拖欠的行政工作、施捨孤寡、救濟窮人等。這些工作讓全國軍民士氣更加高漲，消除了後顧之憂。

　　經過近半年的準備，終於一切就緒。熊嬰齊動員了全部軍隊，楚王的直屬衛隊也全部出動。除此之外，還有一些諸侯盟軍也參加進來。其中，蔡國的君主蔡景公和許國的君主許靈公，都被楚國拉上了戰車。可憐這兩位君主還沒成年親政，也得勉強加入。

　　楚軍大舉北伐，旌旗遮天，車輪滾滾，軍威凜然，很快入侵了衛國、魯國。衛國、魯國先前在晉國支持下，和齊國都敢打幾個回合。這次楚軍一來，晉國卻沒膽量正面對抗，只是死守國境。衛國、魯國慌了，趕緊向楚國求和。熊嬰齊呢，繼續恪守莊王時代的風範，只要你肯歸順，我就不再打你。這一戰史書稱為「陽橋之役」。陽橋在今山東泰安市北，當時屬於魯國，楚軍曾進攻到此地。雖然叫「戰役」，但其實沒怎麼打，衛國和魯國在楚軍面前當然是不堪一擊。

西元前五八九年農曆十一月，在蜀地（屬魯國，在今山東省，不是四川省）又舉行了一次盛大的諸侯會盟。這一次參會的，包括超級大國楚國，一等強國秦國、齊國，中等國家魯國、宋國、陳國、蔡國、衛國、鄭國，還有小國曹國、許國、邾婁國、鄫國等。換句話說，當時中原的主要國家，除了楚國死對頭晉國之外，其他的全部都參與了會議。這一次會盟，楚國揚眉吐氣。

此刻，楚國是名副其實的霸主，甚至連周天子都對晉國有點疏遠了。晉景公派大臣鞏朔去洛陽進獻戰勝齊國的戰利品，周定王卻不接見，還派人辭謝說：「要是打了周邊不聽話的蠻夷戎狄，可以進獻戰利品。如今您打的是姜太公的後代齊國，請問齊國又犯了什麼錯誤呢？」於是用降了一等的禮儀接待晉國大臣鞏朔。周定王私下款待鞏朔，給他送禮物，還專門吩咐不要記在史書上。

然而，從這以後，事情就沒那麼美好了。

幾乎所有的諸侯都變成楚國的盟友，卻也生出了新的麻煩，因為天下的矛盾絕不僅僅是晉楚之間的矛盾。其他諸侯國之間，甚至諸侯國內部都有爭端。作為盟主，有時候自家的兩個盟友彼此衝突，如何站穩立場，也是很考驗政治智慧的。

就在蜀地會盟的第二年，即西元前五八八年，中原風雲再變。先是晉國出兵討伐楚國的盟友鄭國。這一次，衛國、宋國和曹國都參加了晉國的盟軍，儘管他們在短短幾個月前，還參與了楚國的蜀地會盟。所幸鄭國這回很給楚國爭面子，設下埋伏擊敗了諸侯聯軍。鄭國大臣皇戌還專門到楚國進獻戰利品。

雖然打了勝仗，楚國的聯盟還是在不斷瓦解。夏天，魯成公又到晉國，拜謝晉國去年幫忙教訓齊國的事，還讓齊國退還侵佔魯國汶陽的土田。此後，楚國的盟友鄭國和許國又起了矛盾，鄭國出兵攻打許國。

到了冬天，不但魯國、衛國等和晉國再次結盟，連齊頃公也跑到晉國去，和晉景公把酒言歡。這幾件事一起來，夠楚共王頭疼了。

小貼士：知罃歸國

　　邲之戰中，晉國大將荀首的兒子荀罃被俘。西元前五八八年，晉國用楚共王的弟弟熊谷臣，還有連尹襄老的屍首來交換荀罃。楚共王送別荀罃時說：「你恨我麼？」荀罃回答說：「兩國交戰，我自己沒用才被俘虜，您不殺我，放我回去，這是您的恩惠，我敢怨恨誰？」楚共王又問：「那你感激我嗎？」荀罃回答說：「晉楚兩國都是為了自己的江山，希望百姓得到安寧，因此壓制怒火，相互寬容，釋放俘虜，尋求友好。但這事情我並沒有參與，又敢感激誰？」楚共王再問：「那你回去怎麼報答我？」荀罃回答說：「我對您既不怨恨，也不感恩，不知有啥報答的。」楚共王說：「就算如此，你也好歹說說，你回去後打算怎麼辦吧。」荀罃回答說：「我回國後，如果被我們晉國君主殺了，那也是死得其所；如果得到赦免，被我父親荀首在祖廟處死，也是死得其所；如果君主和父親都不殺我，而讓我繼承宗子的地位，未來能在晉國掌權，帶兵保衛邊疆，那時候，如果遇上您的部下，我也不敢違背禮義回避，要竭盡全力死戰到底，以盡到為臣的職責，這就

是我報答您的最好辦法。」楚共王聽了說:「有這樣的臣子,晉國是難以戰勝的。」他對荀罃重加禮遇,送他回晉國去。

到了西元前五八七年,局勢進一步混亂。中小國家中對楚國仇怨最深的宋國,再次和晉國加強了聯絡。魯成公到晉國時,遭到晉景公不禮貌的對待。魯成公回國後氣悶不已,想要再次背叛晉國,投奔楚國。這時大臣季文子卻說:「晉國雖然看不起咱們,但咱們還是不能背叛他們。楚國雖然強大,但楚國不是我們同族啊!」因此魯成公就沒有那樣做。這也說明,數百年根深蒂固的殘留觀念,依然會對楚國產生不利的影響。

同時,楚國的盟友鄭國和許國之間的戰爭也繼續升級。晉國趁機插手進來,支援許國,打敗了鄭國。兩個小弟的內訌,被對頭插了一竿子進來,那可尷尬了。楚共王趕緊一面派叔父熊側帶兵救援鄭國,打退晉軍,另一方面則調停鄭國和許國的矛盾。

於是,鄭襄公和許靈公就展開了一番辯論。熊側當法官,聽兩邊的申辯,實在分不清誰是誰非。第二年(西元前 586 年)六月,他們又在楚共王面前繼續爭論。最後,楚共王說,是鄭國恃強淩弱,要還許國公道!為此,還把鄭國的大臣皇戌和子國抓了起來。

在楚共王看來,這事情是秉公而斷,扶持弱小,順便也可挽回許國。可是在鄭國看來,許國接受了晉國的援助,你楚共王反而偏袒他,這是會哭的孩子有糖吃啊,就轉而跟晉國結盟。

鄭國這把中原鑰匙，又一次從楚國手中失落了。

到這年冬天，晉國、齊國、魯國、宋國、衛國、鄭國、曹國、邾國、杞國在蟲牢（今河南封丘）結盟。這意味著，楚國在三年前召集的蜀地會盟，其成果已經喪失大半。中原的主要國家又都被晉國拉過去了，留在楚國這邊的，只剩下陳國、蔡國等少數幾個長期跟班。

當然，晉國的聯盟也不是鐵板一塊。西元前五八五年春夏，因為宋國不肯完全順從晉國，晉國又率領衛國、鄭國、魯國等進攻宋國。楚共王則派令尹子重帶兵進攻背楚親晉的鄭國。作為報復，晉國軍隊向楚國的小弟蔡國發動進攻。西元前五八四年秋天，子重再次進攻鄭國，晉國也調集諸侯援軍前來增援，楚軍吃了小敗仗，郧公鍾儀被聯軍俘虜。聯軍勝利之後，晉國、齊國、魯國、宋國、衛國、曹國、莒國、邾國、杞國再度在馬陵結盟，聲威顯赫。

在楚共王繼位後短短數年，楚國已經喪失了之前莊王時代積累的優勢。晉楚之間又恢復了過去那種勢均力敵的局面。

這時，更可怕的事情發生了。

戰爭的頻繁，使得晉楚之間矛盾加劇，而幾年前帶著夏姬投奔晉國的楚國叛將巫臣，也因此被楚國所痛恨。早已對巫臣不滿的熊側、熊嬰齊，終於順應廣大軍民的意願，開始了對巫臣的懲處行動。巫臣已經跑到晉國去了，拿他怎麼辦？他們把巫臣的族人子閻、子蕩等全部殺掉，甚至連尹襄老的兒子黑要也慘遭池魚之殃。熊側、熊嬰齊等人還瓜分了巫臣家族的家產。

巫臣在晉國得知家族遭到清算，悲憤萬狀。他不去檢討自己貪戀美色、背叛國家的過錯，卻把仇恨全都算到了熊側和熊嬰齊頭上。他寫信給兩人說：「你們這兩個貪得無厭的惡棍，濫殺無辜，我要讓你們好看！」

於是，巫臣給晉景公出了一個主意：聯絡楚國東邊的吳國，夾擊楚國！

晉景公同意了，並派遣巫臣為使者，前往吳國。

位於今天江蘇南部的吳國，是周文王的伯父太伯在幾百年前建立的。雖然與周王室同宗，當時卻是一個標準的「蠻夷國家」。楚國二百年來從漢水流域向東擴張，直到今天安徽一帶，吞併、征服無數小國，最終與吳國接壤。數十年來，吳楚兩國基本相安無事。

巫臣作為楚國大臣數十年，對楚國的戰略態勢瞭若指掌。以江漢平原為核心的楚國，西邊是巴蜀，東邊是吳越，南邊是湘鄂，地域廣大，三面沒有強敵，因此可以充分調集資源，全力向北爭霸中原。但是，如果東邊的吳國發難，楚國則兩面受敵，戰略態勢將極為不利。

巫臣到了吳國，吳王壽夢正在積極學習中原文化，得到巫臣的指點，非常高興。巫臣告訴吳王壽夢應該怎樣治理民眾、選拔官吏、組織軍隊，尤其是他把中原的兵車技術和戰術教給了吳國。在巫臣的教導下，原本彪悍而落後的吳國，其軍事實力發生了質的飛躍。

在巫臣的慫恿下，吳軍開始西進，進攻今天安徽一帶的楚國城邑，以及依附楚國的巢國、徐國等。單論國力，楚國當然遠在吳國之

上，然而從地理上說，這些地區距離吳國近而楚國遠。加上楚國主要力量還要顧及中原爭霸，吳國背後捅來一刀就非常致命了。

每次楚軍主力到達東部邊境，兩家對砍一陣，吳軍就退走了。可是等楚軍主力撤回國內，或者北上中原時，吳軍馬上又來了，這迫使楚國主力在相隔千里的戰線上來回奔波。令尹熊嬰齊、司馬熊側等人一年之中就被逼著往東邊跑了七次。

即使如此，也不能阻止吳軍的西進。熊嬰齊、熊側等人費盡心機，也不過勉強保住楚國的城邑。而在長江中下游那些原本臣服於楚國的蠻夷邦國、部族，眼見身邊出現一個更加兇猛的強國，紛紛叛楚投吳。楚國的實力因此遭到削弱，而吳國則變得更加強大。

3. 會西門初次弭兵

吳國的崛起，使楚國兩面受敵。東部的附庸國家一個接一個倒向吳國，北面的晉國也趁機頻頻南下。數年之間，晉楚之間的攻守態勢逆轉。

然而占上風的晉國也有一肚子的苦水。在內部，國君與大夫之間的矛盾，大夫之間的矛盾，愈加嚴重。在外部，同盟諸侯之間的矛盾重重牽扯。齊國和魯國之間的領土糾葛不停，晉國最初偏袒齊國，為此卻遭到了魯國等中小國家的一致指責。還有西邊的秦國，不斷攻擊晉國。晉國承受秦國的襲擾，就跟楚國承受吳國的襲擾一樣痛苦。

在這種情況下，晉楚兩國禁不住起了同一種心思：

咱們這麼不死不休地打下去，有意義麼？誰也撈不到好處啊。

西元前五八二年，晉景公接見了被俘虜的楚國將領鍾儀，問了他一些問題。鍾儀對答如流。晉景公便接受晉國大臣范文子的建議，對鍾儀重加禮遇，並放他回楚國去，向楚共王表達和平的意願。

鍾儀見了晉景公，下跪磕頭。晉景公問他們家族最初的官職，鍾儀回答說：「是樂師。」晉景公問他會不會奏樂，鍾儀回答說：「這是先人的職責。」於是彈奏了南方的樂調。晉景公問楚共王的情況，鍾儀回答：「這不是我能知道的。」晉景公再三詢問，鍾儀回答說：「當他做太子的時候，平時遵從老師的教導，每天早晨向叔父熊嬰齊請教，晚上向叔父熊側請教。我不知道別的事。」范文子知道後說：「這個楚囚是君子啊。舉出先人的職官，這是不忘記根本；奏家鄉的樂調，這是不忘記故舊；舉出楚君做太子時候的事，這是沒有私心；稱二卿的名字，這是尊崇君王。」

鍾儀回到楚國，向楚共王傳達了晉景公的意思。楚共王不禁大喜。兩線作戰實在太痛苦了！他在這年年底派公子辰去晉國，表示楚國也有和平的願望。

西元前五八一年春天，晉國又派大臣糴伐回訪楚國。

兩大巨頭之間的橋樑終於架通了。

消息傳到了宋國執政華元耳中。這位華元，曾在十多年前楚莊王圍困商丘之戰中，單身出城和熊側面談。他和楚國的令尹熊嬰齊關係不錯，又跟晉國的大臣欒書（欒武子）關係挺好的。華元聽說此事後，就在西元前五八〇年冬天前往楚國、晉國，兩地奔走，撮合晉、楚兩家停止戰爭。

晉楚兩國都早有此心，再加上在中間當和事佬的宋國，原本是周朝諸侯中地位最尊崇的公爵，華元本人又交友廣泛，頗具名望。經過不長時間的遊說，晉楚兩家都答應了停戰。此後，晉國大臣范文子又會見楚國大臣公子罷和許偃，進一步敲定談判的細節。

西元前五七九年，晉國和楚國兩國使者，在宋國首都的西門之外結盟，發誓說：

「晉楚兩國，今後不要再以兵戎相見，而要同甘共苦，一起救濟災難，救援饑荒。如果有人危害其中哪一國，兩家要一起打它。兩國要保持外交暢通，有矛盾協商解決，有叛徒嚴加討伐。誰要是違背盟約，天打雷劈，敗軍亡國！」

這件事情，史稱「第一次弭兵之會」。

自晉文公繼位以來，已經持續數十年的晉楚爭霸，至此出現了短暫停歇。晉楚兩國的士兵，不必再為了對付另一個同樣強大的敵人，長年累月喋血沙場。夾在晉楚之間的那些中小國家，也不必再選邊站隊，相互廝殺，或者因為和這國結盟而遭到那國攻打了。就在晉楚結盟之時，雙方麾下的諸侯也和平見面，大家其樂融融。

晉楚弭兵，實在是功德無量的善行。

當然，這次臨時起意的弭兵，從一開始就充滿變數。就在弭兵大會的這一年，晉國大夫郤至到楚國來結盟，楚共王設宴款待，讓叔叔熊側安排招待。

熊側是有名的酒鬼，而且與晉軍交戰多年。現在雖然和談了，他卻想拿出點不一樣的東西出來顯擺。於是，就在宴會廳下面挖了個地下室，在地下室中安排了一個樂隊。

到了宴會快開始時，郤至來到大堂，地下室的樂師們敲鐘擊鼓，頓時叮叮噹當的樂聲透過地面傳上來。郤至嚇得一激靈，趕緊退出門來。熊側暗自好笑，做出一副平和的表情說：「貴客，時間不早了，趕緊進去赴宴吧，大王還等著你。」郤至道：「貴國君主居然用這麼隆重的儀式來款待我，那以後兩國君主相見，該用什麼禮儀呢？」熊側道：「兩國君主相見，彼此贈送一支箭就夠了，要什麼音樂啊。走走，快進去吧。」郤至嘆息道：「兩國君主要是互相射箭，這是天下的大禍。司馬大人你這麼說，是動亂之道啊。不過，我只有客隨主便。」於是郤至勉強進去赴宴、訂立盟約。回國之後，給范文子說起此事。范文子也評論道：「楚國人這樣不講禮儀，多半也會不講信用。我看，要不了多久又要開戰了。」

話雖這樣說，其實晉國自己也心懷鬼胎。

對晉國來說，與楚國停戰，目的是從南部戰爭中騰出手來，轉向對付西邊的秦國。就在結盟的次年，即西元前五七八年，晉國聯合齊國、魯國、宋國、衛國、鄭國、曹國、邾國、滕國，大舉西進伐秦。當時秦國雖然也是一等大國，畢竟沒法和晉楚相比，更何況晉國還拉來了這麼多助威的！秦國很快被聯軍打得大敗。

秦國沒辦法，只得向楚國求救：「你不能就這麼光看著啊。等我們被晉國打垮了，你們也沒好日子過啊。」

楚國的高官權貴們心裡也在打鼓，要是讓晉國把秦國打垮了，再撕毀盟約向南進攻的話，只怕楚國到時候就真的孤掌難鳴了。

又過了一年，西元前五七七年，局勢更亂了。在弭兵大會之前，中原的諸侯大多數都是晉國的屬從，只有少數幾個國家是楚國的跟班，其中有彈丸之地的許國。這一年，受晉國支持的鄭國，卻向許國發動了進攻。作為末流小國的許國，哪裡擋得住二流強國鄭國的進攻？許國很快被打得割地求和。

這更讓楚國起了警惕之心。

同時，晉國在中原繼續大擺老大的譜。西元前五七六年春天，晉厲公更是抓走了不聽話的曹成公。

此舉成為直接的導火索。楚國老一輩的大臣，如熊側、熊嬰齊等紛紛主張：咱們楚國不能光坐著看晉國逐漸整合力量，得立刻北上進兵中原！

楚共王的弟弟熊貞（子囊）有些擔心，他說：「咱們才和晉國結盟，現在就要背棄盟約嗎？」叔父熊側道：「局勢有利，那就前進，管什麼盟約呢？」這話被老臣申叔時聽到，感嘆說：「熊側這傢夥，怕是要倒楣了。不講信用，不尊禮義，下場肯定不妙啊。」

西元前五七六年夏天，楚軍北上，進攻鄭國、衛國。

至此，晉楚之間的第一次弭兵正式失敗。此時距離雙方在宋國西門結盟，只有三年而已。

史書通常把破壞這一次弭兵的責任推到楚國頭上，這有失公允。事實上這三年楚國確實沒有對北面進兵，而晉國縱容鄭國攻打許國，實際上已經挑起了爭端。就中原國家而言，晉國的盟友齊、魯、宋、鄭等國明顯強于楚國的盟友蔡、許等國。如果說弭兵意思就是「老大不插手小弟之間的戰爭，小弟之間可以任意打」，那實際上對楚國是不公平的。另一方面，晉國對付楚國的友好國家秦國，以及對付內部不聽話的小弟曹國，可都是公然發動戰爭。總之，不能總是按晉人的立場去解釋規則吧？楚國北伐鄭國、衛國，實際上是在晉國不斷佈局進逼下的反擊。

　　儘管這次弭兵的時效僅為短短數年，然而對廣大軍民而言，一年的和平也勝過十年的戰亂。同時，它更為戰亂中身不由己的各國君主權貴，尤其是那些大國指出了一條新路：兩強之間未必只有採用暴力才能共存。

　　促成此事的宋國執政華元當然勞苦功高，而才能並不出眾的楚共王，僅憑這數年的弭兵之期，也足以名列楚國的偉大君主之一。

4. 因酗酒鄢陵兵敗

西元前五七六年，楚軍進攻依附晉國的鄭國、衛國，宣告為期三年的第一次弭兵結束，天下回歸到晉楚爭霸的常態。

不過楚共王畢竟受過父親莊王的薰陶，他爭霸不光是打仗，也用外交手段。就在這年冬天，他把遭到鄭國威脅的盟友許國南遷到葉地（今河南葉縣）。次年（西元前 575 年）春天，楚共王又把汝陰之地割讓給鄭國，換取了鄭國背晉親楚。

當然，晉國是不能容忍這一切的。鄭國春天轉換立場，晉國夏天就出動大軍，南下直撲鄭國。跟晉國一起來的，還有齊國、魯國、衛國等諸侯盟邦的軍隊。

楚共王自然不會坐看新加入的盟友再被奪走，他親率大軍北上。擔任三路軍隊統帥的，是他的三個王叔：司馬熊側率領中軍，令尹熊嬰齊率領左軍，右尹熊壬夫率領右軍。除此之外，還有不少南方部族、邦國的隊伍也一同進軍。

途經申地，中軍主帥熊側順道會見了老臣申叔時，請教他這次出兵勝算有多大？申叔時侃侃而談，說出一番大道理，大意是楚國這次戰爭違背盟約，不顧百姓死活，非打敗仗不可。熊側也沒多想，就繼

續行軍去了。

另一方面，北面來的晉軍聽說楚國大軍到來，也有點猶豫。晉軍大將范文子多次打算撤退，避開楚軍。只是因為欒書和郤至等人的再三勸說，這才決定和楚軍決一雌雄。

西元前五七五年六月末，楚軍和晉軍在鄢陵（今河南許昌）相遇。繼城濮之戰和邲之戰後，晉楚之間的第三次大規模戰爭一觸即發。

楚共王經過考慮，選擇農曆六月二十九日作為決戰之日。這天一大早，楚國、鄭國和南方各部族的軍隊拔寨而起，向著晉軍營寨進發。沒等晉軍反應過來，他們已經在晉國軍營的外面擺好了陣勢。楚鄭聯軍人數眾多，戰車粼粼，戰旗紛飛，煞是威風。一些少數民族的戰士忍不住紛紛揮動武器叫囂，一片嘈雜。此時，如果晉軍出營來戰，等不及擺成陣勢，就會被楚軍來個迎頭痛擊，多半要吃虧。楚共王登上高高的戰車，瞭望晉軍營中的情形，心頭暗自得意。

然而晉軍將帥中人才濟濟。范文子的兒子範匃建議，咱們也不必出去了，直接把軍營裡的灶台和水井填平，就在營中擺陣和楚軍對打！欒書也指出，楚軍將帥不和，各部隊缺少配合，而且軍中老兵很多，新兵則士氣低落，軍紀混亂，晉軍一定可以得勝。

楚共王在外面的戰車上，忽然望見晉軍營中的車輛左右賓士，忙問身邊的大宰伯州犁：「他們這是在幹什麼？」伯州犁道：「這是召集軍官們準備和咱們對打。」過了片刻，楚共王又道：「那些人都集

合在中軍了。」伯州犁說：「這是一起商量怎麼和咱們打。」楚共王又說：「帳幕張開了。」伯州犁說：「這是他們在先君的靈牌前算命，看吉凶如何。」楚共王又說：「帳幕撤除了。」伯州犁說：「這是要發佈命令和咱們開戰了。」楚共王又說：「這會兒喧鬧得厲害，塵土飛揚的。」伯州犁說：「這是在填井平灶，要擺開陣勢準備開戰了。」楚共王又說：「他們都登上戰車了，護衛都拿著武器下車了。」伯州犁說：「這是宣佈號令。」楚共王說：「他們又上了戰車，然後車又都下來了。」伯州犁說：「這是戰前的祈禱。看樣子馬上就要和咱們開戰了。」

果不其然，片刻之間，晉軍推倒營寨的圍牆，千車驅馳，殺出營來。雙方頓時混戰一團。

楚軍先行逼近晉營，本來是佔據了優勢，然而晉軍臨危不亂，反而可以在營中針對性地佈置兵力。更糟糕的是晉營中還有個「叛徒」。原來三十年前鬭越椒之亂被楚莊王平息後，鬭越椒的兒子苗賁皇逃到晉國，如今也跟隨晉厲公一起打仗。他對於楚國的軍隊制度瞭若指掌，告訴晉厲公說：「楚國最精銳的部隊是位於中央的王族直屬軍，兩翼比較薄弱。咱們可以先用精兵攻擊他們兩翼，打垮兩翼後，再三路夾擊中央的王族精銳。」晉厲公依計而行。

恰好，雙方戰場的中央有一大片泥沼，行軍不便。晉軍趁機在中央只留下少數部隊，依託大泥沼牽制楚軍，主力則分為兩翼，從左右繞過泥沼，猛攻楚軍的兩翼。

一時間，煙塵飛舞，殺聲震天，兩軍車輪滾滾，戈矛在旭日下閃

閃發光。楚軍的兩翼遭到晉軍猛攻，漸漸抵擋不住。尤其是隊伍中的鄭國和南方蠻夷軍隊，看戰況不利，先就慌亂了，反而連帶楚軍也一起動搖。而楚共王率領的中央精銳部隊，卻被大泥沼所隔斷，無法全力攻擊正面敵軍，如果增援兩翼的部隊，又擔心亂了陣腳。這麼一耽誤，兩翼的部隊已經被晉軍殺得節節敗退。接著，晉軍又向楚中軍夾擊而來。司馬熊側率領的中軍雖然精銳，但是看到兩翼已經敗退，也難免心慌。

鏖戰中，楚共王親臨一線，在戰車上督戰。晉國大將呂錡瞅見了，張弓搭箭，倏地射去。楚共王猝不及防，一隻眼睛已經給射中了，鮮血一下流出來。左右士卒轟的一聲亂了。楚共王心知此刻斷不能慌，於是忍痛捂住眼睛，站起來大聲道：「我沒事，養由基何在？」神箭手養由基驅車近前：「末將在！」楚共王交給他兩支利箭：「去，把那個射傷我的晉將射死！」養由基遵命，瞄準呂錡也是一箭，正中脖頸，一箭斃命，然後拿了剩下的一支向楚共王覆命。楚共王這才心平氣和，下令撤退。這時，楚軍已經處於戰敗的邊緣了。

先秦時期的一大特點就是禮法嚴謹，即使在殘酷的戰鬥中依然如此。在戰鬥中，晉國大臣郤至的兵車，曾經三次沖到楚共王的衛隊附近。每次他看到楚共王，立刻就按照臣子見君主的規矩，下車，脫了頭盔，快步小跑而過。楚共王也留意到這個古怪的敵將，他派大臣工尹襄帶著一張弓前去問候說：「郤至將軍，我們大王一看就知道是您。您快步小跑，是不是受傷了啊？」郤至脫下頭盔，接受這張弓，然後說：「我前番出使楚國，面見了楚君，就等於是楚君的外臣。這次跟隨我家晉侯打仗，因為在戰鬥中，沒法拜謝楚君的饋贈。請回稟

楚君，我沒有受傷，感謝您的問候。在這裡向貴使者致敬。」他向工尹襄行了三次禮，這才退走。

晉厲公親自率領晉軍的右翼壓迫楚軍的左翼，大臣欒鍼在亂軍中看到了熊嬰齊的旗號。他對晉厲公說：「熊嬰齊在那邊，當初我出使楚國，熊嬰齊招待我，他問我晉國有哪些勇敢的表現？我回答說，晉國人做事，喜歡規矩整齊，從容不迫。現在我們兩國興兵，不派遣使者，算不得整齊；說過話不守信用，算不得從容。請您派人代替我去給他送酒。」晉厲公就派遣使者跑到熊嬰齊那邊，送去了美酒，告訴他：「很抱歉，欒鍼大人要護衛我們君主，不能親自來看望，派我來代他送酒。」熊嬰齊點頭道：「欒鍼大人的記性真好啊。」他接受了美酒，一飲而盡。

仗從早晨一直打到黃昏，楚軍節節敗退，被晉軍一路逼迫，退出平坦戰場，接近了險要的丘陵地帶。要是繼續退，那就等於是全軍崩潰。這時，楚軍中的勇士們開始發飆了。大將養由基接連開弓，箭無虛發，射死不少晉軍。大將叔山冉更生猛，抓起晉軍士兵就往對面扔過去，把好幾輛晉軍戰車的橫木都給砸斷了。楚軍在他們帶動下，背靠險要，殊死奮戰。司馬熊側也帶領王室精兵，列隊反擊。晉軍見楚軍尚有餘勇，也不敢過於進逼，就帶著俘虜和戰利品收兵回營。

這一戰，楚軍損失慘重，不但楚共王中箭受傷，公子茷也被俘虜。然而相比城濮之戰，傷亡還是要小得多。大司馬熊側等楚軍高級將領紛紛主張，明天再打一場！熊側命令軍官視察傷情，整編軍隊，修理盔甲武器，整頓戰車馬匹，重申軍營號令，只等明日捲土重來，

再和晉軍算帳。

熊側忙碌了一個晚上，回到自己帳中休息。大夏天的整頓軍伍，累得這位司馬汗流浹背，口乾舌燥。他吩咐僕人谷陽：「快給我端些水來！」

谷陽呢，知道熊側喜歡喝酒，就斟上一杯珍藏的好酒。

熊側聞到酒香味，咽了口唾沫，一揮手道：「你幹什麼，我讓你端水來，這是酒啊！拿走！」

谷陽笑笑說：「主人，這不是酒，是水啊。您喝點吧。」

熊側怒道：「快滾下去！」

谷陽道：「主人，這真不是酒。您累了一天，喝點兒解解乏吧。」說著，把酒瓶子打開，倒在杯子裡。

熊側嘆息一聲，端起杯子：「那麼……就少喝兩口？」

一杯入腹，真是玉液瓊漿，舒爽無比。熊側又嘆了一口氣，這回是舒服的嘆氣了。穀陽趕緊又斟上一杯：「來，主人，再喝點吧。」

熊側皺皺眉頭：「好吧，這最後一杯了。」……

事情就這樣一發不可收拾。過了一會兒，楚共王聽說晉軍也在連夜準備作戰，心頭有些忐忑，親自跑來找熊側商量，看明天怎麼才能扭轉局勢，誰知剛剛進帳，就聞到撲鼻的酒臭味。再一看，熊側衣衫不整，滿面緋紅，正躺在帳中，扯著震天的酒鼾。

目睹此情此景，楚共王氣得仰天長嘆：「白天這仗，我自己都受了傷，全憑王叔指揮。結果王叔居然醉成這個樣子。這是老天要我楚國兵敗啊！算了，撤退吧！」他放棄了，下令連夜撤退。

　　第二天早上，晉厲公和他的臣下、盟友聽說楚軍撤退了，都慶倖不已。晉軍開入楚軍營中，單是吃楚軍丟棄的糧食，就吃了好幾天。而熊側在酒醒之後，也遭到了楚共王的誅殺（還有一說是羞愧自盡）。

　　這樣，晉楚之間的第三次大決戰——鄢陵之戰，以晉勝楚敗而告終。相比五十多年前的城濮之戰，這回楚國的失敗有一些偶然性的因素，如楚共王受傷、熊側醉酒等，損失也沒有那麼慘重。值得嘆惋的是，楚國王室的苗賁皇投靠晉國，幫助晉厲公出謀劃策，針對楚軍的弱點下手，這是楚國失敗的一個重要原因。楚軍倒在了「自己人」的計策之下。

5. 臨終懺悔求惡諡

　　西元前五七五年六月末的鄢陵之戰，標誌著第一次弭兵被打破後，晉國占據著爭霸戰的優勢，但楚軍的實力尚存。

　　之後的多年中，晉國和楚國這倆巨頭繼續在中原拉鋸。雙方戰爭的主要模式，就是一方出兵攻擊另一方的盟國，而另一方出兵救援，或者反過來攻打前者的盟國。有時候，晉楚兩邊盟國中比較強的國家，也可能單獨出兵。

　　整體來說，楚國雖然比晉國要略弱勢一些，但晉國的盟友齊國、魯國、宋國等都是內亂不絕。甚至連晉國自己內部，君主與掌權的公卿世家之間也是矛盾重重。就在西元前五七四年（鄢陵之戰的次年），晉厲公發兵進攻郤氏，殺死了郤錡、郤犨、郤至等大臣。轉過頭，大臣欒書、中行偃等人又抓住了晉厲公，並在次年春天將其殺死。晉國鬧得這麼烏煙瘴氣，也就給了楚國重整旗鼓的機會。

　　再如宋國發生內亂，公族大夫魚石等人投奔楚國。楚共王就派兵和他們一起進攻宋國，打下了彭城（今江蘇徐州），把這些宋國的反對派安置在此地，給了他們幾百輛兵車，作為威脅宋國的一顆釘子。

　　此外，在鄢陵之戰後的好幾年，鄭國始終站在楚國一邊。那段時

間，鄭國戰鬥力挺強，數次擊敗晉國一邊的諸侯國。西元前五七一年，鄭成公病重，有大臣建議他背楚親晉，鄭成公回答說：「楚王為了救援我們鄭國，一只眼睛都在鄢陵之戰給射瞎了。我若是現在背棄他，豈不是無信無義麼？」

可見，楚國在鄢陵之戰雖然兵敗，倒也不是一無所獲。

但在這以後，楚國開始漸漸走下坡路了。

風險首先來自外部。晉厲公在內亂中死去後，新繼位的是其子晉悼公（西元前 573-西元前 558 年在位）。儘管晉悼公年僅十四歲，卻是英明果決，內定國政，外結同盟，一步一步整合力量，向著楚國進逼。晉國恩威並施，使陳國在西元前五七○年背叛了楚國，而鄭國在鄭成公死後，也不再忠於楚國。這樣一來，楚國的中原盟友僅剩下蔡國和許國。

其次，楚國叛臣巫臣煽動吳國越來越頻繁地向楚國進攻。原本就彪悍兇猛的吳人，在中原軍事技術的支援下如虎添翼，給楚國造成很大的損失。同樣在西元前五七○年，熊嬰齊率軍伐吳，大敗，損失了數千精兵，大將鄧蓼被俘，還丟失了邊境重要的城邑。楚國人因此怨聲載道，熊嬰齊又氣又急，急火攻心而死。

熊側和熊嬰齊從某種意義上說，都是死在楚國叛臣的手下。而與此同時，楚國的公室權貴們還在相互傾軋。對這些同族大臣，楚共王也漸漸失去了耐心。西元前五七一年，楚國右司馬公子申因為威逼熊嬰齊和熊壬夫，在內鬥中被殺。西元前五六八年，熊壬夫又被扣上

「引發陳國背叛」的罪名，被楚共王處死。

內憂外患的夾擊下，楚共王早已沒有了當初意氣風發，發揚光大父親楚莊王事業的雄心壯志。他只能被動地應對著一次又一次衝擊，繼續和晉國進行看上去永無休止的爭霸戰爭。

晉國又來攻打鄭國了？趕緊去救援！鄭國投靠晉國了？趕緊出兵去打回來！吳國又來了？快快快，調兵去抵擋！……

這樣的反復折騰，耗盡了楚共王的生命。西元前五六〇年，年僅四十餘歲的楚共王熊審病重。回憶自己在位三十餘年的統治，他感慨萬分，對臣下說：「我沒有德行，十歲就失去了父王，繼承了王位，又沒來得及牢記老師們的教誨，所以在鄢陵打了敗仗，有辱社稷。現在居然能不遭橫死，而壽終正寢，已經是福氣不淺了。我死後的諡號，也不配取什麼好字，就叫靈王或者厲王吧。」

大臣們一想，您也太謙虛了。您曾祖父被弒後，您爺爺本來想給他諡為靈王，他都不閉眼睛，改成「成王」才閉眼。如今您倒好，自己要求當靈王，這哪成啊。他們不肯同意，楚共王再三要求，他們才勉強答應。

等楚共王閉眼後，當時的令尹是他的弟弟熊貞，就和大臣們商量諡號。大臣們說：「大王已經有遺命了，叫靈王或者厲王。」熊貞道：「不行。咱們輔佐君王，他說得對就遵從，說得不對就要反駁。大王當政三十餘年，鎮守南邊的蠻夷，聯絡中原的諸侯，威風也算大了。儘管他吃了些敗仗，但身為大王，能夠反省自責，難道不是很難得

麼？我看，就諡為共王吧！」熊審的諡號就這麼定了。共，通恭，作為君主的諡號，有「尊賢貴義、既過能改、執事堅固、愛民長弟」的意思。考慮到楚共王較為溫和的作風，以及開創了晉楚弭兵之會，這個諡號倒也挺合適。

楚共王的另一個問題是，他的兒子很多，其中最寵愛的就有五個：熊招、熊圍（也作熊圍）、熊比、熊黑肱、熊棄疾。這五個兒子都各有一幫勢力，對楚國的政權穩定造成了威脅。雖然後來楚共王接受大臣的勸告，立了熊招為太子，然而其他幾個兒子的實力還是頗強。

楚共王死後，熊招被立為王，他的兒子卻被熊圍篡位殺害，熊比當了十幾天王，熊黑肱死於憂慮，最後是熊棄疾及其後人繼承楚王大統。

如果楚共王能夠長壽些，使得太子熊招的實力更加穩定，那還可能逐漸消除威脅。但楚共王跟莊王一樣在壯年去世，於是楚共王死後，他的幾個兒子終於還是引發了後續的動盪，並給楚國帶來無盡的憂患。

6. 楚才晉用引禍端

西元前五六〇年，楚共王熊審去世，其子熊招繼位，史稱楚康王。楚康王繼位時的年齡大概比他父親繼位時要大一點，整個楚國的內外局勢卻更糟糕。

楚國在北邊陷入和晉國爭霸的泥潭，多次征戰互有勝敗，但整體來說，楚國敗多勝少。中原的中小國家幾乎全站到晉國一邊，甚至連老跟班蔡國也開始搖擺不定。值得慶倖的是，齊國和秦國兩個大國跟晉國都有矛盾，可以牽制晉國的力量。另外中原國家的內部爭鬥也不少，總算不至於擰成一股繩來對付楚國。

在東邊，吳國步步緊逼。吳國的整體實力當然比晉國差遠了，但他們基本上是全力在對付楚國，造成的麻煩更大。就在西元前五五九年，楚國令尹熊貞就死於伐吳的戰爭中。

這種局面，甚至讓楚國的令尹一職成了燙手山芋。西元前五五二年，楚國令尹熊午（楚康王的叔父）去世，楚康王想請蒍子馮接替。蒍子馮和他的好友申叔豫商量，申叔豫說：「現在君王不夠強勢，權臣很多，當令尹那就是自己往坑裡跳啊。」 蒍子馮決定裝病推辭。為了表現得煞有介事，炎熱的夏天裡，他在自家床下面挖個坑，埋了

一大塊冰，然後裹上棉衣和皮袍，躺在上面絕食。楚康王專門派醫生來看，發現他確實氣血虛弱，於是改派另一位叔父熊追舒（子南）為令尹。

子南上臺後，大肆任用自己的親信，而那些大臣肆意妄為，很快鬧得怨聲載道。到第二年（西元前 551 年），楚康王也看不下去了，決定除掉子南。可子南畢竟是康王的親叔父啊，楚康王猶豫了許久。

子南的兒子棄疾（和楚康王的弟弟同名）為人正派，擔任楚康王的馬夫，楚康王就對著這位堂弟抹了好幾次眼淚。棄疾不是傻子，他問：「大王，是誰犯了罪麼？」楚康王嘆息道：「你父親的毛病，你也知道吧。現在國家要處置他了，你會留下來麼？」棄疾道：「父親如果被殺，兒子怎能留下來呢？不過，我也絕不會說出去的。」

於是楚康王下定決心，就在朝廷上把子南抓起來殺掉了，子南的心腹則被五馬分屍。過了三天，棄疾請求安葬父親的屍體，楚康王同意了。葬禮結束後，棄疾的手下說：「咱們走吧？」棄疾道：「我參與了殺害父親的計畫，能走到哪裡去呢？」手下又說：「那咱們還是留下來給大王效命吧？」棄疾道：「我怎麼能在殺父仇人手下做事呢？」於是，他自縊而死。

子南死後，楚康王又找上了蒍子馮：「還是你當令尹。」蒍子馮推辭不掉，只好當了令尹。他和子南一樣，提拔了八個心腹，這八個心腹也都是豪車駿馬，富貴非凡。

幸虧他還有個頭腦清醒的好朋友申叔豫。這天在朝上，蒍子馮有

話想跟申叔豫說，湊過去打招呼，申叔豫卻不理他，退到一邊去了。蒍子馮心裡納悶，跟著申叔豫過去，申叔豫又退到其他大臣中間，蒍子馮也跟著跑到人群中去。結果，申叔豫直接逃回家了。

蒍子馮畢竟不是傻子，知道多半申叔豫有心事。他就在退朝後專門跑到申叔豫家中問：「您是我的好朋友，我到底犯了什麼錯，請您明說吧。」申叔豫道：「正因為我是你的好朋友，哪裡敢說呢。」蒍子馮更著急了：「請您一定直說！」申叔豫便道：「前任令尹子南的心腹，不久前才被五馬分屍了。現在你當了令尹，我是你的好朋友，你說我怕不怕？」蒍子馮恍然大悟，趕緊把他的八個心腹都斥退了。於是人心也就平定下來了。

從這會兒起，楚國的內部局勢稍微好了一些。在外部，晉悼公去世後，晉國再度發生內亂。西元前五五二年，晉國大臣欒盈逃到楚國來了。外交方面，長期依附楚國的陳國、蔡國、許國重新穩定下來，而齊國也跟楚國往來頻繁，為抵抗晉國增加了一份力量。

東邊的吳國依然攻勢強勁，不過楚軍漸漸占了一些上風。西元前五四九年夏天，楚康王親率水軍攻打吳國，但因為軍隊管理問題，沒有打贏。

當年冬天，吳國人煽動舒鳩國（今安徽舒城）的人背叛楚國。楚康王派人臣沈尹壽和師祁犁去責備他們。舒鳩國君恭恭敬敬地迎接使者：「我們壓根沒有背叛，是吳國人造謠呢，請允許我們繼續和楚國結盟。」使者回來後，楚康王想要進攻舒鳩。令尹蒍子馮說：「不行。他們都親口說了不是背叛，還請求結盟，如果我們再進攻，不符

合道義了。」楚康王道：「可是他們分明是敷衍啊，回頭再叛亂怎麼辦？」蓮子馮道：「如果再叛亂，那再去打，才是堂堂正正，師出有名，我們就可以馬到成功了！」於是楚康王退兵了。

又過了短短半年（西元前 548 年夏），楚國令尹蓮子馮去世，屈建（子木）繼任。舒鳩國果然再次背叛楚國。令尹屈建率兵進攻舒鳩。吳王諸樊帶兵來救援，被楚軍大敗。楚軍趁機圍攻舒鳩，滅掉了這個彈丸小國。又過了半年，吳王諸樊再次進攻楚國的巢城，逼近到城門外。楚國大將牛臣用計，打開城門。吳王大喜，一馬當先沖進城來。結果牛臣躲在短牆後，一箭射去，正中咽喉，吳王諸樊當場倒下車來而死去，吳軍再次潰敗。

楚國再接再厲，在第二年（西元前 547 年）聯合秦國，主動進攻吳國。半路上聽說吳國已經有了準備，楚秦聯軍不打算硬拼，乾脆北上去進逼鄭國。於是聯軍在五月殺入鄭國，一場大戰打得鄭軍死傷無數。大將穿封戌更是神勇，生擒了鄭國大將皇頡。

誰知道回來論功行賞，楚康王的弟弟熊圍跳出來爭功，說皇頡是他捉到的！兩人爭執不下，於是請伯州犁來主持公道。伯州犁知道這事兒多半是熊圍理虧，卻不敢得罪王子。他就把俘虜皇頡帶進來，對俘虜說：「老兄，你雖然當了俘虜，也是個君子。請你來說實話吧。」伯州犁把手舉得高高的，指著熊圍說：「這位是我們大王尊貴的弟弟公子圍。」然後把手放低，指著穿封戌說：「這位元是我們邊境地區的縣尹穿封戌。您看，是誰俘虜你的？」

俘虜皇頡也不是笨蛋。一聽刻意介紹的這頭銜，也知道伯州犁的

意思了，他就回答：「我是被公子圍俘虜的。」熊圍一聽，頓時得意洋洋。

熊圍和穿封戌之間爭奪功勞這件事看似影響不大，反映出的卻是楚國王室與卿室之間根深蒂固的矛盾。原來周朝各諸侯國的重要官職，最初都是由君主的宗族擔任，但後來則出現了兩種不同的制度。

如齊國、晉國等，國君重用異姓大臣，使得這些異姓大臣逐漸形成勢力強大的門閥。而楚國、宋國等，第一等的大權依然掌握在王族手中，異姓外人最多只擔任二三流的官職。比如楚國的令尹或者由王室近親擔任，或者由若敖氏、屈氏、薳氏這些遠親擔任。

兩種制度各有優缺點。重用異姓大臣的國家，在人才選拔上更加靈活，然而同時可能造成異姓權臣坐大，君主宗族被架空，危及社稷。如晉國就逐漸被六家公卿瓜分了權力，最終分裂為韓、趙、魏三個國家，齊國的姜姓則被田姓所取代。

楚國這樣只用公室掌權，任人唯親，雖能保證同姓的地位不可動搖，但同時難免錯過優秀的人才。而且長期受到公室欺壓的異姓人才鬱鬱不得志，若是另走他鄉，等於把友軍逼成了敵軍。先前申公巫臣為了夏姬之事逃離，遭到熊側、熊嬰齊報復，與如今熊圍欺負穿封戌，兩件事大小雖異，本質如一。

這樣的煩惱，絕不僅是楚國有，也不僅限於春秋時期。三百年後的秦始皇、漢高祖，八百年後的晉武帝司馬炎，兩千年後的明太祖朱元璋，都面臨這樣的矛盾：如何安排皇室宗親，怎樣控制龐大的江

山？

就在公子圍和穿封戍爭功之事後不久，楚國大夫伍舉（楚莊王心腹伍參的兒子）也因為岳父犯罪逃亡被牽連，而逃到鄭國。在那裡他遇見了好友──蔡國大夫聲子。聲子聽說伍舉還是希望能回到楚國，就到楚國去找令尹屈建。

屈建問他：「哪國的大夫更賢明一些呢？」聲子趁機回答說：「晉國的卿不如楚國的，但晉國的大夫很賢明的，都是當卿的人才。」看見屈建似乎有些不解，聲子又說：「晉國這些賢明的大夫，原來都是楚國人啊。好像杞木、梓木、皮革，楚國運去的，卻是晉國在用。楚國雖然有大批人才，自己不使用，反而被晉國用了。」

接下來，聲子直截了當地提出，現在楚國濫用刑罰，使得本國的賢才逃到四方的其他國家，做了別國的謀士，反過來危害楚國，並舉出了好幾個「楚才晉用」的例子。

例子之一，楚成王初期，令尹子元作亂，熊啟被迫逃亡晉國。後來城濮之戰，熊啟給先軫當參謀，導致楚軍大敗，楚成王爭霸失敗。

例子之二，楚莊王初期，子儀叛亂，導致析公逃亡到晉國。後來楚共王時的繞角之戰和晉軍侵沈之戰，析公給晉國人出主意，楚軍大敗。

例子之三，楚莊王時期，鬭越椒之亂，鬭越椒之子賁皇逃到晉國，後來鄢陵之戰時為晉軍參謀，導致楚軍大敗，楚共王的眼睛被射傷。

例子之四，楚共王時，巫臣為娶夏姬逃到晉國，後來遭到熊側、熊嬰齊報復。於是巫臣為晉國出使吳國，煽動吳國進攻楚國，使楚國陷入兩線作戰，疲於奔命。

例子之五，楚共王時，大夫雍子受到欺負，逃亡晉國，彭城之戰時為晉軍出謀，擊敗楚軍，佔領彭城，俘虜了投楚的宋國大夫魚石，楚國令尹熊壬夫被殺。

聲子巧舌如簧，說得屈建臉色凝重。末了，聲子再拿出伍舉的例子，告訴屈建：「現在伍舉到了晉國，若再被晉國人重用，楚國就要大禍臨頭了！」屈建趕緊去找楚康王，並把伍舉迎了回來。

伍舉的問題暫時得到了解決，但人才輩出的楚國，始終無法協調好這個問題。在後來，「楚才晉用」的戲碼又一再上演，甚至帶給楚國更為沉重的衝擊。

7. 二次弭兵功無窮

正當楚康王為此煩心時，又一縷溫馨的光輝出現了。

那是在西元前五四六年，距離第一次晉楚弭兵，已經有三十多年。這時，宋國的執政是向戌，他和晉國權臣趙武、楚國令尹屈建都有交情。因此，向戌決心重建三十多年華元的功績，再次促成天下休兵的局面。

上次的弭兵會盟，僅僅是楚國和晉國在宋國首都表示了互不侵犯的意願，然而卻對從屬於這兩國的其他諸侯沒有任何制約。因此在弭兵之後不久，晉國召集諸侯圍攻楚國的友好國家秦國，晉國盟友鄭國則南下討伐楚國的跟班許國，由此打破了中原平衡，使得弭兵僅僅數年即告失敗。這一次，向戌吸取教訓，準備以晉楚兩個超級大國為基礎，齊秦兩個一流強國為輔助，把天下各國都包括進來，真正實現全面的和平局勢。

向戌先到晉國。晉國這些年雖然在爭霸中略佔優勢，但君主和大臣之間的矛盾一直起伏不休，而且晉國深知中原各國都盼望停戰，自家若是不答應，諸侯就會紛紛倒向楚國。因此，晉國答應了。

向戌接著來到楚國，找到屈建，說了停戰弭兵的事情。屈建一聽

原本占優的晉國竟然願意休戰，大喜，趕緊稟明楚康王。楚康王也同意了。

向戌接著去了齊國、秦國兩個一等大國。他們聽說超級大國晉楚都同意，也先後表示認可。就這樣，向戌再向中原各中小國家發通知。這些小國家在頻繁的戰爭中間早就喘不上氣來，得到消息當然高興壞了。

從農曆五月下旬開始，各國的代表紛紛前往宋國。其中晉國、楚國和中間人宋國開始商量結盟的具體條件。

楚國令尹屈建認為，為了全面和諧，晉楚兩國的附庸國應該分別向對方的老大致敬。這一條對楚國有利，畢竟晉國的附庸國比楚國多。這件事放在其他小國好說，可是晉國這邊的齊國，和楚國這邊的秦國，都只是晉楚的盟友，不是附庸國。晉國權臣趙武說：「要是你們楚國能讓秦國來朝見我們晉侯，那我們也請求齊國去楚國朝見。」屈建也覺得這事兒棘手，向楚康王請示。楚康王就指示：「秦國、齊國兩個大國就算了，其他國家應該分別尊奉晉國和楚國。」大家也沒有異議，這個問題就此解決了。

七月初，各國代表帶著軍隊都趕到了宋國都城外。大家為了表示「和平」，軍營也沒有往日那樣高壁深壑、戒備森嚴，而是紮下籬笆作為分界線。作為兩大霸主的晉國和楚國分別駐紮在兩頭。

儘管表面上一團和氣，可是暗地裡大家心裡都在打鼓。尤其是晉國和楚國，這對近百年的生死冤家，相互都懷有很深的戒心。晉國方

面頻繁打聽楚國軍營的動靜，並做好打算，一旦楚軍突然發難，就進入宋國都城堅守。

楚國方面呢，更是謹慎。各國約定在七月初五正式在宋國西門外會盟，楚國令尹屈建吩咐在衣服裡面穿上皮甲。大夫伯州犁堅決反對，說好會盟，怎麼能暗中武裝呢？他說：「諸侯來會盟，是希望與楚國相互信任。如果楚國不遵守信用，那還怎麼讓諸侯順服呢？」屈建回答：「晉國和楚國之間沒有多少信任可言，只要能實現目標，信用值幾個錢？」伯州犁看屈建這模樣，就退下去對人說：「我看咱們的令尹要不了三年就會死！為了達到目標，不惜背信棄義，到時候沒了信用，連命都保不住，怎麼可能真正實現目標呢？」

晉國的趙武也擔心楚軍忽然動手。叔向則不屑一顧：「楚國真要敢在這種場合動手，國家信譽就會破產，他們立馬就會死無葬身之地，我們怕什麼？」

此後，晉國和楚國又為了誰先歃血爭論起來。晉國方面說：「晉國是諸侯的盟主，會盟從來沒有誰在晉國之前歃血的。」楚國方面說：「咱們這次會盟，晉國和楚國的地位相等。如果晉國一直在前面，這豈不是說楚國比晉國弱了麼？而且這麼久以來，明明是晉國和楚國交換著擔任盟主，哪能說就全是以晉國為主呢？」雙方爭來吵去，叔向對趙武說：「諸侯歸服咱們晉國，是因為晉國德行高，不是因為晉國主持結盟。所以您要致力於德行，就別去爭執先後了。再說諸侯結盟，也有讓小國來先歃血的。就讓楚國擔任這小國的責任，有什麼不好呢？」於是就讓楚國先歃血，而盟約署名由晉國在先。

從前面的爭執來看，楚國令尹屈建的格局確實不夠大，淨琢磨在一些小地方佔便宜，反而晉國的氣度要從容得多，更有盟主的氣魄。當然，晉國主要是有像叔向這樣的賢臣參謀，但楚國賢臣伯州犁的話，令尹屈建又不肯聽。

儘管存在這樣那樣的不足，這一次弭兵畢竟使得晉楚齊秦及中原各國都減輕了戰爭的負擔，得以舔舐傷口，休養生息。由於參與國家的範圍更大，這次弭兵持續時間也比第一次長，有三十年左右。當然，晉楚弭兵並未完全消除戰爭。沒了晉楚爭霸，還有各諸侯國的內戰和動亂。然而，畢竟戰火烈度的減輕，對於各國及其廣大軍民來說依然是難得的福音。

西門之會後，晉國的荀盈去楚國參加會盟，楚國的薳罷則去晉國參加盟會。晉平公設宴招待薳罷，宴罷，薳罷在退出之前，吟誦了《詩經・大雅》中的《既醉》這首詩作為祝酒詞，得到了叔向的讚譽。

次年（西元前 545 年），晉楚兩國的盟友分別去朝見對方的老大。這中間又產生了問題。鄭簡公派遣大臣游吉去楚國朝見，到漢水時，楚國官員把他擋住了：「應該你們君主親自來，你的級別不夠！」游吉回答說：「現在敝國內部多難，所以讓我前來。貴國如果一定要讓我們國君丟下疆土和子民，跋山涉水，頂霜冒露來滿足貴國君主的要求，我們哪裡敢不從命呢？只怕這樣會讓貴國君主的德行有缺失吧。」但楚國官員依舊不讓。游吉就轉身回國，報告鄭簡公說：「楚王這麼荒唐，不修德政，反而貪圖諸侯的朝見，只怕命不長久。主公

您就去楚國一趟吧，就當給他們送葬！」

於是鄭簡公就跟魯襄公、宋平公、陳哀公、許悼公等一起去楚國。結果剛到漢水，傳來消息，說楚國的令尹屈建和楚康王一起死了。也不知到底是敗德折壽，正是僅僅因為身染不測疾病。這一對君臣，到底還是沒有來得及看到中原諸侯一起前來朝見的盛況。聽說楚王去世，宋平公轉身回國，其餘四位君主一起繼續到楚國，果然趕上了給楚康王送葬。

楚康王熊招相對於父親楚共王，他的表現更差，更別說與祖父楚莊王相比了。他不僅在與晉國爭霸中毫無建樹，也未能很好地處理楚國內部的矛盾。然而，至少他在位期間，多次擊退吳國，確保了楚國政局的整體穩定。在他臨死前一年，更促成了第二次弭兵會盟，給後續繼承人打下了還算不錯的基礎。

接下來，楚國將進入更加慘澹的時期。

8. 貪王位熊圍殺侄

西元前五四五年冬天，楚康王熊招病死，其子熊員繼位，史稱楚郟敖。

楚國當時的局勢還算穩定。楚康王死前一年多剛剛實現了第二次弭兵，楚國在中原方面不再面臨軍事壓力，威脅僅僅來自於東邊的吳國。吳國此時正好也遭遇了重創。繼三年前吳王諸樊進攻楚國巢城被射死後，繼位的吳王餘祭（諸樊的弟弟）又被俘虜刺殺身亡，吳國陷入短暫動盪。

然而，楚國的內部同樣存在巨大的隱患。熊員剛剛成年沒多久，就被拋到楚王這個高風險的職位上。而朝廷中，卻有四位正值盛年的叔父。尤其是擔任令尹的二叔熊圍，野心勃勃，瞅著軟弱的侄兒，心中早已磨刀霍霍。他暗中培植黨羽，剪除異己，準備發動政變。

熊圍的舉動並不太隱秘，不少官員都看出了端倪。就在西元前五四四年楚郟敖任命熊圍為令尹時，鄭國使者子羽就說：「這事兒不對勁，只怕公子圍要代替楚君了。松柏之下，小草是沒法存活的。」

次年，大臣蘧罷出使魯國，魯國大臣穆叔詢問令尹熊圍執政的情況，蘧罷卻閉口不答，再三詢問，都不肯說。於是穆叔告訴魯國的大

夫們：「楚國的令尹熊圍恐怕要圖謀不軌了。蒍罷應該是和他一夥的，在隱瞞情況呢。」

就在這一年，熊圍又殺害了僅次於他的重臣——大司馬蒍掩，還把蒍掩的家財都霸佔了。大夫申無宇說：「王子圍大概要遭災禍了。善人是國家的棟樑，司馬是令尹的輔佐、國君的手足。王子圍身為楚國令尹，應該培養、扶持善人，現在反而殘殺善人，危害國家，斷絕百姓的棟樑，去掉自己的輔佐，斬除國君的手足。這樣禍國殃民，自己怎麼會有好下場？」當然，申無宇還只是從大臣角度來評價熊圍。他根本沒想到，熊圍本來就是要弒王篡位！

又過了一年，即西元前五四二年的冬天，魏國大臣北宮文子陪同衛襄公到楚國去，看見熊圍的威風，同樣對自己的主公說：「楚國令尹的威儀很像國君了，恐怕會有不軌之心。」

到了西元前五四一年的春天，楚國令尹熊圍到鄭國去迎娶公孫段的女兒為妻。之後，他到虢地與諸侯會盟，重申第二次弭兵大會的盟約，來參加的包括晉國、齊國、魯國、宋國、陳國、蔡國、鄭國、許國、曹國等國的大臣。熊圍儼然把自己當成會盟的主角，他要求殺牲口祭祀，宣讀一遍過去的盟約，晉國大臣趙武同意了。

更厲害的是，熊圍在三月二十五日的結盟大會上，當著這麼多人的面，穿上了國君的服飾，還安排兩個衛士拿著戈站在旁邊。

看到這種氣派，前來開會的大臣不禁議論紛紛。魯國大臣叔孫豹道：「楚國的公子圍太威風了，簡直像個國君一樣啊。」鄭國的大臣

子皮說：「對啊，你看居然還有兩個拿著戈的人站在他旁邊。」蔡國的子家說：「這算什麼，公子圍早先還用了楚王的蒲宮呢。」楚國的大臣伯州犁還要給自家上司打個掩護，他說：「這些東西啊，是我家令尹這次出來的時候，向國君請求借來的。」鄭國的使者子羽說：「借了就不還唄。」伯州犁以守為攻：「您還是去擔心一下貴國的子皙想要違命作亂的事兒吧。」子羽繼續抓住對方弱點展開說：「貴國還有公子棄疾在呢，借了東西不還，您難道沒有憂慮嗎？」齊國大臣國子道：「我真替這兩位擔心哪。」陳國的公子招說：「不憂慮辦不成事唄，人家這兩位心裡美著呢。」衛國的齊子說：「只要有人事先知道，就算憂慮又有什麼危害？」

宋國的向戌是促成晉楚會盟的功臣，他不願意這事兒再發酵，於是說：「好啦好啦，大家都別爭了。從來會盟是大國發令，小國從命。咱們別管人家長短，好好幹活就是了。」晉國大夫樂王鮒也說：「《小旻》的最後一章很好，我照著那樣做。」《詩經·小雅》中的《小旻》，是一首諷刺君主不納諫的詩歌，最後一章是「不敢暴虎，不敢馮河。人知其一，莫知其他。戰戰兢兢，如臨深淵，如履薄冰」。

會後，鄭國的使者子羽認為魯國的叔孫豹言辭恰切而委婉，宋國的左師向戌和晉國的樂王鮒表現都符合禮儀，而齊國、衛國、陳國的幾位大臣幸災樂禍，只怕要遭災難。當然，子羽好像也沒有反省自己咄咄逼人的毛病。

總之，現在熊圍的野心，簡直到了路人皆知的地步。

這邊剛議論完，那邊又傳來消息：魯國權臣季武子進攻莒國！莒

國人到會盟上告狀，熊圍早就想抖威風，一聽這事兒頓時來了精神，提議道：「魯國進攻莒國，背信棄義，應該把魯國使者叔孫豹斬首！」

面對威脅，叔孫豹表現得不卑不亢，有禮有節。晉國大臣趙武的孫子趙孟出來替叔孫豹說情：「魯國雖然有罪，但魯國的叔孫豹卻是個大賢人。他不避禍難，前來結盟。如果您赦免他，用來勉勵您的左右，這樣全天下都會尊敬楚國。再說雖然大家簽署了盟約，但吳國要是有隙可乘，楚國也不會光看著吧？莒國和魯國為了爭奪邊境的鄆地已經開戰很多年了，只要戰爭不擴大，您身為盟主，要關心的是天下大事，何必計較細節？」趙孟這麼邊辯邊捧，說得熊圍心頭大喜，就同意了赦免叔孫豹。

這事兒過去之後，熊圍設宴招待趙孟。那會兒宴會，賓主都要吟詩。熊圍就吟了《詩經·大雅·大明》的第一章。這章是什麼內容呢？「明明在下，赫赫在上。天難忱斯，不易維王。天位殷適，使不挾四方。」《大明》說的是周朝開國的事情，而第一章則是說商紂王雖然當了天子，卻不能安撫四方。作為楚國的令尹，在公開場合吟這種詩，也是囂張得有點過頭了。

趙孟呢，看熊圍這麼狂，他也不好說破，就吟了《小雅·小宛》的第二章，「人之齊聖，飲酒溫克。彼昏不知，壹醉日富。各敬爾儀，天命不又。」這是勸人謹慎修身的。

下來後，趙孟對晉國大臣叔向說：「楚國令尹自以為要當王了，如何？」叔向回答：「楚國的國王弱，令尹強，以他的野心大概可以

成功。但是成功了也沒什麼好下場。他依靠強大的暴力來欺壓弱小，即使一時得逞，也只會讓他從此更加迷信暴力，越發暴虐，這麼下去終究不能持久。」

叔向一語成讖，道出了未來熊圍的命運。但此刻的熊圍，正意氣風發。他回國以後，派弟弟熊黑肱和大臣伯州犁到中原的（今河南南陽）、櫟（今河南禹縣）、郟（今河南三門峽）築城。這就讓鄭國人有些害怕。莫非熊圍想要撕毀盟約，大舉北伐中原了麼？那樣鄭國多半要最先受害啊。鄭國的賢臣子產說：「別怕。楚國令尹不是想打我們，他是準備在國內幹大事，要先除掉這兩位呢。」

就在全天下有識之士的矚目之下，熊圍終於動手了。西元前五四一年十一月，熊圍趁著楚王熊員生病，進宮問候病情。待到只剩他們兩人時，熊圍猛然撲向臥病在床的熊員，把自己的親姪兒活活勒死。出來之後，熊圍又殺死了楚王的兩個兒子，尚未成年的熊幕和熊平夏，還把伯州犁也給絞死了。可憐的伯州犁這些年一直在侍奉熊圍，還是難逃一死。熊圍的兩個弟弟右尹熊比和宮廄尹熊黑肱都匆忙逃亡，一個逃到晉國，一個逃到鄭國，免得遭到哥哥的毒手。奇怪的是，熊圍卻沒有殺害小弟弟熊棄疾，大約因為熊棄疾最年輕，威脅最小吧。

殺完人之後，熊圍安葬了姪兒熊員，諡號「郟敖」，自己正式繼位為王，史稱楚靈王。楚靈王任命他的同黨蘧罷作令尹，蘧啟彊作太宰。楚靈王殺死姪兒時，伍舉正在鄭國出使，楚國使者來送訃告，文書中本來稱呼熊圍為「大臣熊圍」，伍舉叫他改成「楚共王年長的兒

子熊圍」，這樣給熊圍繼承王位增添了一點合法的味道。

楚國歷史上，骨肉相殘，乃至弒君繼位，都是常見的事。楚武王殺侄兒，楚成王殺哥哥，最終也都開疆拓土，建立了功業。然而正如叔向等人所評價的，依靠暴力奪位，即使成功，也只能助長其繼續恃強凌弱的不良心態。楚武王、楚成王雖然拓地千里，卻不能得到諸侯擁戴，也正是因為如此。

在中原已經有了晉國這個強敵的情況下，恩威並舉，內外兼修才是楚國爭取霸業的最好途徑。楚莊王、楚共王好不容易打下來的基礎，卻交到了楚靈王的手上。楚國的國運堪憂了。

9. 楚靈王狂妄爭霸

西元前五四一年，楚靈王熊圍殺害自己的侄兒熊員，並改名為熊虔。過去二百年裡，楚武王殺死侄兒，楚成王殺死哥哥，楚穆王殺死親爹後，都曾北上征討，滅國拓疆，立下赫赫戰功。而楚靈王這會兒有點鬱悶，因為楚國和晉國已經弭兵了，也不能隨便開戰啊。

既然不能打仗，那就通過外交大會來抖威風吧。西元前五三九年，鄭簡公在大臣子產的陪同下來楚國朝見，楚靈王把他留下來。次年春天，許悼公來楚國訪問，也被楚靈王留住。然後楚靈王派伍舉去晉國，要求晉國同意天下諸侯都來朝見楚靈王。

晉平公不想答應，大臣司馬侯卻說：「沒事，大王您就答應吧。現在楚靈王正在胡作妄為，我們就順著他來，等他自己惡貫滿盈好了。」晉平公一想沒錯，於是不但同意諸侯去朝見楚靈王的要求，更答應和楚靈王通婚。

晉國開了口，其他諸侯也沒意見了。到夏天，中原各國諸侯就都到楚國的申地朝拜楚靈王，只有魯國、衛國、曹國、邾國找藉口推辭了。楚靈王看見這麼多諸侯都前來朝拜，樂得哈哈大笑。謀臣伍舉告誠他說：「大王，這次會見諸侯，是決定您能否取得霸業的關鍵，您

一定要注意禮儀啊。宋國的向戌和鄭國的子產都是天下第一等的賢人，您可以向他們多請教禮儀。」楚靈王詢問向戌和子產。於是向戌獻上了盟主會見諸侯的六項禮儀，子產則獻上了諸侯拜見盟主的六項禮儀。楚靈王還讓伍舉在身後站著，有什麼禮儀方面的問題可以隨時糾正。這麼一安排，看來是無懈可擊了。

結果，會盟的安排上，還是漏洞百出。伍舉站在楚靈王身後，從頭到尾一言不發。等整個儀式結束了，楚靈王問伍舉：「你為什麼不糾正我呢？」伍舉無可奈何地回答：「向戌、子產提供的禮儀項目，有一半根本就沒有安排，我怎麼糾正啊？」宋國的太子來晚了，楚靈王只顧著打獵，一直沒接見人家，也不去打個招呼。還是在伍舉的提醒下，楚靈王才派人去辭謝。

楚靈王召集諸侯會盟，其中一個目的是討伐吳國。來參加會盟的徐國君主的母親是吳國女子，楚靈王便把他當成奸細給抓了起來。

伍舉再也看不下去了，苦苦勸楚靈王道：「大王，當初夏啟、商湯、周武王、周成王、周康王、周穆王、齊桓公、晉文公這些賢明的王公，他們會聚諸侯的時候充分展示了禮儀，因此得到了諸侯的擁戴。像夏桀、商紂王、周幽王他們對諸侯驕縱無禮，於是遭到背叛。您現在千萬別走他們的舊路啊。」楚靈王壓根不理睬這話。

楚靈王會盟之後，就在七月率領諸侯的聯軍進攻吳國。吳國被中原看成是「蠻夷」國家，也沒參加在宋國舉辦的弭兵大會，又是楚國近些年的死對頭，楚靈王這一舉動的戰略意義還是有的。畢竟楚國實力更強，再加上那麼多諸侯聯軍，一路推過去，打得吳軍節節敗退，

攻克了吳國的朱方（今江蘇丹徒），俘虜了依附吳國的齊國叛臣慶封。

楚靈王樂壞了。慶封在七年前跟另一個奸臣崔杼一起弒殺了齊莊公，兩年後又滅了崔杼，獨攬大權，最後被齊國大臣們聯合擊敗，逃到吳國。這可是個臭名遠揚的奸雄啊。如今楚王不但打敗了宿敵吳國，還抓住了這個惡棍，把他當眾處死，既順應人心，又大展雄威，豈不是大喜？他吩咐召集諸侯，打算先把慶封當眾羞辱責問一番，再處以死刑。

忠心耿耿的伍舉又勸他：「大王，要想當眾問罪殺人，得自己沒有缺點才行。慶封本來就是個不聽君命的刺頭，他肯乖乖地被您羞辱處死麼？要是他說出什麼不好聽的來我們自己反而丟臉啊。」

楚靈王還是不聽。到了日子，他把慶封綁起來，放在諸侯中間，還吩咐道：「你快點自己喊：大家不要學齊國的慶封啊！殺害了自己的君主，欺負君主的孤兒，還有臉和大夫們會盟呢！」

慶封呢，反正死到臨頭，還是桀驁不馴。他瞅了一眼周圍的諸侯和得意洋洋的楚靈王，放開嗓子大叫：「大家不要學楚共王的兒子熊圍啊！殺害了自己的侄兒，篡奪了王位，還有臉和諸侯會盟呢！」周圍群臣頓時轟然大嘩。楚靈王趕緊揮手：「快快，把這個胡言亂語的傢夥拖出去殺了！」慶封大笑著被砍了頭，可楚靈王的面子，如今卻是丟了個精光。

楚靈王本來打下朱方，活捉慶封，是一件很有面子的事情，誰知

反而被羞辱了一番。為了找回面子，他又率領諸侯繼續攻擊賴國。賴國本來就是個彈丸之地，哪裡擋得住楚軍？賴國君主只好投降。賴國至此滅亡。楚靈王又把先前為了躲避鄭國而南下的許國搬遷到賴國，而把賴國的人遷移到鄢地區。為此，還派弟弟熊棄疾和宗室大臣鬥韋龜給許國修築了城池。

楚靈王終於出了一口惡氣。大臣申無宇嘆息道：「這下楚國要遭殃了。一言不合就召集諸侯，動不動就攻打別的諸侯，還在邊境修築城池，楚靈王這樣肆意作為，老百姓能安寧嗎？等到大家忍不住的時候，災難就要降臨了。」

申無宇對楚靈王說不好聽的話，也不是第一次了。幾年前楚靈王當令尹時，殺死大司馬蔿掩，申無宇就曾表達過擔憂。有趣的是楚靈王對外霸道，對內還算開明，居然沒為此處罰申無宇。

楚靈王雖然不處罰申無宇，卻也不聽他的話。到九月，又從莒國奪取了鄆地。接下來到了冬天，吳國為了報復楚國在夏天奪取朱方、殺死慶封的事兒，又興兵前來。楚靈王調兵遣將迎戰。次年春天，更以「私通吳國」的罪名，殺了大臣屈申。

此後幾年，吳楚兩國連年打仗，不是吳軍打過來，就是楚靈王攻過去。楚國的實力確實強於吳國，可是兩家在東部爭鋒，楚軍的戰線也比吳軍要長。這樣一來二去，楚軍敗多勝少。當然，楚靈王也不是完全沒有頭腦。他找到了一個幫手——越國，聯合越國一起進攻吳國。事實證明，這一戰略還是相當厲害的，只不過楚靈王沒有看到它最終的成功了。

楚靈王一邊和吳國打仗，一邊繼續在中原逞威風。

之前晉平公答應和楚靈王結親，楚靈王就在西元前五三七年派令尹薳和莫敖屈生去晉國迎親。晉國方面派了大臣韓起和叔向送親到楚國。等人來了，楚靈王又說：「晉國和我們是世仇啊。為了羞辱晉國人，我想任命韓起為看門的，讓叔向擔任後宮總管，你們看如何？」大臣們都面面相覷，薳啟彊出來說：「沒問題，只要您做好準備就行。晉國自從鄢陵之戰以來，對我們楚國禮儀上沒有什麼虧欠，軍事上則始終防備，咱們要打晉國，既沒有藉口，也沒空子可鑽。現在人家來送親，我們反而羞辱他們，誰來承擔責任？晉國這兩位大臣下面，還有好幾十位賢人，您羞辱了他們，那些賢人們帶著幾千輛兵車打過來，那我們就等著當俘虜好了。不過，只要您開心，這也沒什麼大不了的。」楚靈王聽了，這才打消那奇葩的想法，對晉國大臣厚加禮遇。

另一個著名的故事，是齊國大臣晏嬰來訪問楚國，楚靈王想方設法嘲諷他。楚靈王先是在城牆上開了個五尺高的狗洞，讓晏嬰從狗洞過去，晏嬰說：「出使狗國就鑽狗洞。」見面後，楚靈王問：「齊國沒人了麼，怎麼派您這麼個矮子來？」晏嬰回答：「齊國向來看人下菜碟，能幹人去強國，無能的人去弱國，所以我晏嬰就來楚國了。」楚靈王又讓人押著一個齊國盜賊到跟前，問晏嬰：「齊國人是不是喜歡當盜賊？」晏嬰回答：「這人在齊國知法守法，來楚國就當盜賊了。」楚靈王只好認輸。

楚靈王連對晉國、齊國這樣強國的大臣都敢如此無禮，對其他諸

侯國就更過分了。當時徐國本是楚國的盟友，曾跟楚國一起伐吳。徐國的徐儀到楚國拜訪，得罪了楚靈王，被楚靈王抓起來。徐儀逃回去後，楚靈王又派大臣薳泄帶兵進攻徐國。於是徐國只好向吳國求救。兩軍一場大戰，楚軍慘敗，薳泄被問罪處死。就這樣，楚靈王成功地把徐國推到了敵對的一邊。

10. 築章華飛揚跋扈

楚靈王折騰了幾年，發現諸侯怎麼都還不夠聽話啊？準是我還不夠威風！到西元前五三五年，章華台修好了！這座宮殿是楚靈王登基後，專門為了顯擺威風而建的。章華台高大華美，樓臺玲瓏，雕龍琢鳳，是先秦時代少有的建築奇觀。

修好後，楚靈王登上章華台，四下眺望，歡喜得很，高聲讚美道：「好美的檯子啊！」身邊的伍舉卻道：「大王，國君欣賞的美與樂，應該是修身養德，讓民眾安居，讓遠方歸順。當初您曾祖父楚莊王的檯子，既不高大，也不華麗，沒花多少錢，老百姓也不勞累。臺上招待的客人，都是各國諸侯和賢能的大夫，所以莊王能稱霸諸侯。如今您修這檯子，窮盡了全國的人力財力，花費數年才修成，看上去美，老百姓可全被榨幹了。哎，我看楚國危險了！」

伍舉這麼說，楚靈王也不生氣。他決定邀請天下諸侯都來欣賞這個偉大的建築，共用章華之樂，沒准這樣還能鞏固自己盟主的地位。可是邀請信發出去以後，絕大部分諸侯都覺得這件事太荒唐了，大違禮儀，於是托詞不來。只有一個魯昭公，被楚國太宰薳啟彊一番唇舌動搖說服，前來赴約。

楚靈王熊圍做令尹的時候，用楚王的旌旗去打獵，被申無宇砍斷了旌旗的飄帶說：「一個國家有兩個君主，誰能忍受？」等楚靈王即位後，在章華台裡接納逃亡的人。申無宇家的守門人逃到章華宮裡，申無宇去抓他，反被管理宮室的官員抓住，責問：「你為什麼在王宮抓人？」於是帶他去見楚靈王。申無宇對楚靈王說：「普天之下，莫非王土，率土之濱，莫非王臣，全天下都是大王的地盤，怎麼能因此就不抓逃犯呢？當初周文王和楚文王都曾專門申明刑法，商紂王才包庇逃犯，您想學誰？」於是楚靈王赦免了申無宇。這也再次證明，楚靈王對臣下的進言還是比較寬心的，雖然未必接受採納。

楚靈王一心期盼諸侯雲集，共宴章華台的盛況，結果只來了一個魯昭公，難免有些失望。不過，魯國畢竟是周公之後，又是禮儀之邦，也算是屈指可數的高級諸侯了。因此，楚靈王拿出最高的規格盛情款待魯昭公，美酒佳餚，歌舞器樂，醉生夢死。酒到酣處，楚靈王淚嘩嘩地說：「我熊圍對諸侯夠好了，修了這麼漂亮的一個章華台，掏心窩子地要請他們來做客，結果這幫人都不識抬舉。還是您最給面子，我倆以後不分彼此！」為了表達兩國友誼，楚靈王把國寶大屈之弓贈送給了魯昭公。

第二天，楚靈王酒醒了，想起把大屈之弓送給魯昭公的事，一陣心疼。太宰蒍啟彊聽說，又去找魯昭公，對他說：「聽說您獲得了大屈之弓，可喜可賀！不過，齊國、晉國和越國很早就想要這弓，我們

君王一直不知道該給誰，現在卻送給了您。您要小心防備那三個國家，別讓他們把寶弓搶走了。」魯昭公一聽，嚇得臉都白了，趕緊把弓送還給了楚靈王。楚靈王收回大屈之弓，當然高興，不過這種小家子氣的做法，讓他在諸侯中的名望進一步降低了。

西元前五三四年，楚國的小弟陳國發生了內亂。公子招和公子過殺害了陳哀公的太子，陳哀公懸樑自盡。楚靈王一聽大喜：「機會來了！」當初曾祖父楚莊王正是靠著平定陳國之亂才名震諸侯，如今同樣的事情再次發生，豈不該我重振霸業！弭兵之會規定的是各國不能相互攻打，但是我這可是平定內亂，剿滅叛黨，名正言順！

他馬上命令弟弟熊棄疾帶兵包圍陳國。混亂中的陳國哪裡還能抵擋楚軍？就在這年十月，楚軍攻克陳國。

然後，楚靈王把陳國吞併作為楚國的一個縣。次年，還專門在陳國的舊地會見了魯國、宋國、鄭國、衛國來朝拜的大臣。

六十多年前，楚莊王平定陳國夏徵舒之亂後，也曾想按慣例併吞陳國，後來得到大臣申叔時的勸告，改為恢復陳國，從此改變了楚國在中原諸侯眼中「蠻夷」的形象，為霸業打下基礎。如今，楚靈王卻

再次轉向，吞併陳國。

　　有趣的是，楚靈王吞併陳國後，封當初在伐鄭之戰中，和他爭奪俘虜，還差點打起來的大將穿封戌為陳公。他的原因是「穿封戌當初不諂媚我，是條漢子」。他還專門問穿封戌：「當年要是你知道我能坐上今天大王的寶座，大約不會和我搶俘虜了吧？」穿封戌則道：「如果知道大王能到這一步，臣下一定不惜拼命來保衛楚國。」這要讓九泉之下的伯州犁聽見，只怕會氣得活過來。我真是白拍馬屁了！

　　吞併陳國讓楚靈王嘗到了甜頭，於是他眼巴巴地等著別國再發生內亂。可是等了兩年，也沒有什麼適合出兵的動亂發生。楚靈王急了。沒有新亂子，那就翻舊賬！

　　西元前五三一年春天，他邀請蔡國君主蔡靈侯到楚國的申地會面。蔡靈侯在十二年前殺害了自己的父親蔡景侯，自立為君。這件事當然是大罪，可是事情已經過去十二年了，這十二年裡面蔡國一直追隨楚國，蔡靈侯跟著楚靈王攻打吳國，也算是個忠心走卒，做夢也想不到楚靈王會拿自己來祭旗。他稀裡糊塗地到了申地，參加酒宴，然後就被楚靈王灌醉殺了。跟隨蔡靈侯來的七十個士人也被楚軍殺死了。

　　隨後，楚靈王又派弟弟熊棄疾帶兵圍攻蔡國，這下終於捅了馬蜂窩。晉國、齊國、魯國、宋國、衛國、鄭國、曹國、杞國等專門進行了一次會盟，商量救援蔡國。晉國派人去給楚靈王求情說：「蔡侯十二年前弒父犯罪，你今天殺了他也就算了，蔡國還是留下來吧？」楚靈王早已野心勃勃，哪裡聽得進去：「到嘴邊的肉你要我吐出來？

做夢！」

楚軍圍攻了半年多，到十一月終於滅了蔡國。楚靈王還把蔡國的太子殺了用來祭神。申無宇又說：「殺了諸侯來祭神，這算什麼規矩啊，大王以後一定會後悔的！」

楚靈王攻滅陳蔡兩國，看似擴大了楚國的疆域，增強了楚靈王的威望，實則卻讓他滑向深淵。陳蔡兩國本身就是楚國忠實的追隨者，過去百餘年多次跟隨楚國東征西伐。楚國這樣對待他們，只能讓其餘諸侯對其更加警惕。

滅蔡之後，楚靈王更加囂張。他下令在陳、蔡、不羹等地修築城池，任弟弟熊棄疾為蔡公，還對那個最喜歡責備他的申無宇得意地說：「中原國家之所以不服從我們楚國，反而追隨晉國，無非因為晉國距離他們更近。現在我在中原的這三個地方修築大城，每個城都能支撐一千輛兵車的龐大軍力，已經足以和晉國抗衡了。再加上江漢的楚國本土為後盾，諸侯應該乖乖聽話了吧。」

申無宇照樣毫不留情：「您太天真了，遠的不說，就說咱這兩百年來，諸侯國家修築了大城，結果被宗室權貴用來作為根據地造反的例子比比皆是。現在公子棄疾在外邊，尾大不掉，大王您要當心！」

這麼說起來，申無宇的話是很有道理的，可惜楚靈王就是不肯聽。他懷著不斷膨脹的野心，一步一步走向滅亡。

滅陳吞蔡，築城中原，楚靈王的心態近乎瘋狂，他覺得動用武力是最好的爭霸手段。西元前五三〇年夏天，他以「若敖氏餘黨」的名

義，殺死了大夫成虎。問題是若敖氏之亂都已經過去七十多年了，這算什麼理由啊。

到冬天，他又派大軍圍攻叛楚投吳的徐國。楚靈王在風光秀美的乾溪（今安徽亳縣）待著等消息。就在這百無聊賴的等待中，楚靈王的　症又發作了。

這天，右尹鄭丹（避難到楚國的鄭國公子）去朝見楚靈王，楚靈王問他：「從前我們先王熊繹，和齊、晉、魯、衛四國先君一起侍奉周康王。四國都分賜了寶器，唯獨我們沒有。現在我想請周天子把鼎賞給我們，周天子會同意麼？」鄭丹回答：「當然會啊！當初因為熊繹窮啊，篳路藍縷，以啟山林，而齊國國君是天子的舅父，晉國和魯國、衛國的國君是天子的兄弟，所以厚此薄彼。現在咱楚國實力比周朝和四國都強了，他哪裡還敢不給鼎？」楚靈王說：「以前我們的皇祖伯父昆吾曾住在許地，我想讓鄭國人把那裡的田地給我們，他們會給麼？」鄭丹回答說：「會啊！周朝的鼎都給了，鄭國還敢不給土地？」楚靈王又說：「從前諸侯因為楚國偏僻，所以害怕晉國，現在我在陳、蔡等地修築了四個大城，每地都有戰車一千輛，諸侯應該害怕我們了吧？」鄭丹回答說：「當然怕了！光是這四個城邑也夠可怕了，何況還加上楚國的力量呢！」

楚靈王的侍從析父實在聽不下去了，趁楚靈王出去，悄悄對鄭丹說：「您好歹也是名士，怎麼跟應聲蟲、馬屁精一樣？這樣國家會滅亡的啊。」鄭丹道：「別怕，前面我只是在做鋪墊。」過了一會兒楚靈王出來。正好擔任史官的倚相走過，楚靈王說：「這個人是好史

官，學問精通啊。」鄭丹趁機說：「他什麼也不知道。我曾經問他，知不知道《祈招》這首詩，他居然不知道。」楚靈王問：「那您知道嗎？」鄭丹點頭道：「當然知道。從前周穆王一心玩樂天下，大臣祭公謀父就作了《祈招》這首詩來勸諫他，終於避免他身敗名裂。這首詩說『祈招安祥和諧，展現道德之聲。』希望我們君王的風度，如玉如金。保存百姓的力量，而沒有貪圖醉飽之心。」

楚靈王聽到這話，果然悚然一驚，向鄭丹作揖道謝，便退了進去，飯也不吃，覺也不睡。可是過了幾天，他又忍不住狂妄起來，終於走向毀滅。

小貼士：楚靈王的瘦身癖

據記載，楚靈王喜好腰桿纖細的瘦人，因此宮中的女子為了得到楚靈王的眷顧，拼命節食勒腰，有的甚至因此營養不良而死。這就是所謂「楚王好細腰，宮中多餓死」的故事。另有一說，楚靈王不光喜歡腰細的女子，對朝廷官員也是這樣。於是這些享受高官厚祿的特權階層，每天數著米下鍋，扶牆進扶牆出。您說這當了大官，卻連口好的都不敢，何苦呢？

11. 驚夢碎淚盡荒野

　　楚靈王長期對外頻繁用兵，對內橫徵暴斂，早已搞得天怒人怨，神憎鬼厭。而他濫施淫威，也讓很多大臣不滿。這一切因素聚集在一起，終於引爆了火藥桶。點燃這火藥桶的，則是楚靈王的小弟弟，鎮守中原的蔡公熊棄疾。

　　西元前五二九年四月，熊棄疾起兵造反。他派人召回了逃亡在外的兩個哥哥熊比和熊黑肱，又跟仇恨楚靈王的大臣、貴族們聯合起來。幾年前楚靈王為了威震中原諸侯，特意在熊棄疾的管轄地內修築了幾座大城，囤積了大量兵器。陳國、蔡國等地的人對楚靈王恨之入骨，更是踴躍響應。於是這支叛軍武器、人手都不缺，兵強馬壯，很快就攻入楚國。

　　此時楚靈王還在乾溪快活，國內的大臣、軍民多數都已經對他離心離德，巴不得趕緊推翻楚靈王，好讓大家喘一口氣。熊棄疾的軍隊攻入楚國，所向披靡，很快進入郢都，殺死了楚靈王的兒子熊祿和熊罷敵。

　　接下來，他們就立楚靈王的三弟熊比為楚王，四弟熊黑肱為令尹，小弟熊棄疾則擔任司馬。話雖如此，實權主要掌握在熊棄疾手

中，畢竟他掌管軍隊。熊棄疾又派人去通知楚靈王身邊直屬的軍隊：「現在熊比已經是楚王了！你們這些將士趕緊回來，先回來的可以保留職位和財產，後回來的不但罷官抄家，還要受刑罰！」

楚靈王這會兒在乾溪，聽說國內動亂，原本還召集了軍隊準備回去平叛。可是到半路上士兵們就聽到了熊棄疾傳來的消息，紛紛潰散。緊接著楚靈王又聽說了兩個兒子被殺的消息，他傷心得大叫一聲，從車上摔倒下來，難過地說：「別人有像我這樣愛自己兒子的麼？」他的侍從析父看著這個窮途末路的君王，嘆息道：「還要更強烈一些。對普通老百姓而言，要是沒有兒子，到老就會死在溝壑中了。」楚靈王哽咽道：「明白了，我殺了很多人的兒子，所以才走到今天這一步田地。」

這時楚靈王身邊的士兵基本走光了，鄭丹還在給楚靈王出主意：「大王您可以到郢都郊外等著，看楚國軍民怎麼選擇。」楚靈王倒有自知之明，他說：「眾怒難犯，這條路走不通了。」鄭丹又說：「那就逃到某個大城去，向諸侯請求救兵。」楚靈王說：「所有的城都背叛了我。」鄭丹又說：「那就先逃到諸侯那裡，等候大國的安排吧。」楚靈王說：「算了，我的福氣已經用完了，這麼做只是自取其辱而已。」鄭丹看楚靈王已經絕望，也就離開他，回楚國去了。

楚靈王眾叛親離，只剩他孤身一人，獨自在深山中徘徊。走了一陣，他的鞋子破了，衣服壞了，肚子更是餓極了。忽然，他瞅見一個人，那人以前在令尹府中掃地。楚靈王大喜，叫住他道：「夥計，幫我找點東西來吃吧，我已經三天沒吃飯了。」掃地的人苦著臉說：

「大王，新王頒下命令，說誰敢幫助您，誅滅三族，再說我也沒飯給您吃。」楚靈王流淚道：「想不到我落到這步田地了！」

這時候，他連發怒的力氣都沒有了，只能招呼掃地的坐下來，把頭枕在對方腿上，想稍微躺下休息會。誰知道又餓又累，一下子就睡著了。那掃地的也怕被新王滅族，看楚靈王睡著了，就偷偷找了一大塊石頭，代替自己的大腿讓楚靈王枕著，自己趕緊逃走了。

楚靈王一覺醒來，發現連以前掃地的奴僕都走了，只有自己孤零零一個在深山中，不禁放聲大哭。莫非，這就是一代霸主的下場麼？

淚眼朦朧中，又有一個人走來。一看，卻是當初那個經常批評自己的大臣申無宇的兒子申亥。楚靈王有氣無力地問：「你來做什麼？」申亥回答：「我父親多次觸怒大王，大王都沒有處罰，這樣的恩德，我怎能不報？即使整個楚國都背叛您，我也願意繼續跟隨您。」楚靈王熱淚縱橫：「想不到，對我最忠心的，卻是申無宇的兒子啊！」申亥扶著楚靈王回到了自己家中，可是楚靈王，也不願再苟延殘喘，連累這個忠臣。五月二十五日，他上吊自盡。

楚靈王在生命的最後一刻，還能有個稍微安寧點的葬身之地，這本是值得欣慰的。駭人聽聞的是，申亥把自己的兩個女兒殺了，為楚靈王殉葬。這種效忠的表現，又帶上幾分殘忍和愚頑。

楚靈王死了，可是他的三個弟弟還在繼續爭權奪利。有人勸楚王熊比殺死熊棄疾，以絕後患。熊比卻礙於手足之情，不忍下手。熊棄疾本來就只是打著哥哥熊比的旗號對抗楚靈王，如今楚靈王既然垮

臺，哪裡還能容忍一個光杆司令盤踞王位？但他也不敢直接動手弒兄。

一天夜裡，熊棄疾派人在城裡到處喊：「大王殺回來了！大王殺回來了！」又派人去報告熊比和熊黑肱，說楚靈王大軍已到，都城的人紛紛投到楚靈王一邊了！熊比、熊黑肱原本就怕楚靈王怕得要命，聽說此事，生怕活著落到楚靈王手中受折磨，趕緊自殺了。

第二天，熊棄疾堂而皇之地當上了楚國君主。

楚靈王的悲慘下場，既是因其狂妄，更是因其腐化與墮落。楚國早先的多代君主，篳路藍縷，以啟山林，生活是比較簡樸的。後來楚文王雖然娶了美女息夫人，但那是打了勝仗的「戰利品」；楚莊王也曾想修築華麗宮殿，但被臣下勸說後就打消了主意。

如今的楚靈王，卻沉溺於聲色犬馬之中，不單為了自身的享受和炫耀，濫用民力，甚至在大軍征吳的緊要關頭，還在前線作樂。

當然，楚國畢竟算是祝融氏後裔，又在商末與商王朝通婚，並非純粹意義上的「蠻夷」。包括楚文化本身，在逐漸與長江流域各部族文化融合後，既受到中原文化的影響，也對中原文化產生影響。楚語、楚樂、楚文字、楚器、楚冠、楚服都逐漸成為中原的時尚，魯國甚至還在都城中修築了一座「楚宮」。因為這個原因，楚靈王的腐朽尚不足以動搖整個楚國龐大的基業。

可惜的是，繼承他王位的弟弟熊棄疾也不是省油的燈。楚國內部的鬥爭，還將進一步升級，鑄成無可挽回的大錯。

六

東吳入寇，香木自焚獲新生

1. 楚平王韜光養晦

西元前五二九年，熊棄疾發動政變轟走了二哥楚靈王，又逼死了三哥熊比、四哥熊黑肱，登上王位，史稱楚平王。

楚平王也算是個人物。當初楚共王埋了玉璧來占卜五個兒子的命運，熊棄疾年紀小，被侍從抱著下拜，結果壓住了玉璧，這叫「天命有歸」。

等到熊棄疾長大成人，楚靈王派他出使晉國，他一路的言行舉止都非常符合禮儀。途經鄭國時，向鄭簡公和大臣都贈送了符合規格的禮物，而且禁止隨從騷擾鄭國民眾。這些表現，和楚靈王的飛揚跋扈、囂張狂妄形成了鮮明的對比，諸侯紛紛傳說熊棄疾要做楚王了。

再後來楚靈王滅了陳國、蔡國，委任熊棄疾管理這個地方，熊棄疾在當地安撫百姓，維持治安，發展生產，使得陳、蔡當地人十分愛戴他，最後幫助他起兵，奪取了王位。

如今熊棄疾坐上王位，楚國上下都鬆了一口氣，等著看這位新大王重振楚國雄風。熊棄疾環顧四周，心頭有些打鼓。先前楚靈王在中原橫行霸道，頻頻對外用兵，還把楚國的老跟班陳國、蔡國都滅了，弄得怨聲載道，激起了全天下的公憤。再這麼下去，只怕中原諸侯也

要在晉國帶領下打過來了。

於是楚平王做的第一件事：改名，由熊棄疾改名為熊居。

楚平王做的第二件事，把楚靈王過去做的錯事稍微彌補一下。楚靈王的苛政，被楚平王給取消了。因得罪楚靈王而被抓起來的罪犯，楚平王給赦免了。楚靈王罷免的官員，楚平王給重新提拔了。

楚平王做的第三件事，是對中原各國表示友好。先前被楚靈王滅掉的陳國、蔡國，楚平王給恢復了，把被楚靈王殺死的蔡靈公安葬了，又讓蔡國、陳國的公子繼承君位。原先被楚靈王要求強行搬遷的中原貴族豪門，也都恢復舊地。楚平王還將 地、櫟地，也都交還給了鄭國。這樣一來，原本因為楚靈王的霸道而心懷畏懼的國家，也都鬆了一口氣。晉楚弭兵的和平終於可以繼續保持下去了。

此外，前任國君楚靈王的軍隊潰散後下落不明，也是懸掛在所有「背叛者」心上的一把劍。楚平王打著楚靈王的旗號，嚇死了自己的三哥、四哥，也怕有人繼續拿楚靈王做文章。於是他殺了一個和楚靈王身材、相貌差不多的犯人，給屍體穿上王袍扔在水裡，說這就是楚靈王，楚靈王已經死了！這樣安定了人心。直到幾年之後，申亥才把楚靈王真正的葬身之地告訴楚平王。那時候楚平王也坐穩了江山，就把自己這個哥哥好好改葬了。

楚平王登基之後，對外暫停用兵。楚靈王生前一直在和吳國打仗，直到臨死前還在東邊督戰，所以才給了楚平王叛變的機會。等到楚國內亂，新王逼死舊王的這段時間，東邊出征的楚軍群龍無首，只

能撤退，被吳軍趁機掩殺，吳軍還活捉了五個楚軍大將。這年冬天，吳王夷昧再次進犯，攻滅了楚國的附庸國州來國（今安徽淮南）。

眼看吳軍這麼猖獗，楚國大臣都很氣憤。令尹鬥成然對楚平王道：「這些吳蠻子，趁著咱們內亂就亂來，請大王發令，東征吳國！」楚平王也不急：「現在我剛剛登基，還沒來得及安撫百姓，軍事、政治、外交都沒安排好，貿然出兵，只能自討苦吃。州來區區一地，暫時丟給吳國也沒關係。」此後，楚平王好幾年時間沒有主動出擊。吳國在西元前五二六年大舉入侵楚國，與楚軍血戰一場，楚平王也沒有出兵報復。相反，他還把楚靈王時期戰爭中俘虜的吳王弟弟蹶由也放回吳國。

小貼士：子魚戰死

西元前五二六年，吳王姬僚派堂兄姬光帶兵攻打楚國。楚軍占卜的結果是作戰不利。司馬子魚說：「我們地處上游，為什麼不吉利？按咱們楚國的慣例，占卜前應該由司馬向神祈禱占卜的事由，所以應該重新占卜！」他祈禱說：「神啊，這次打仗，我親自在前線領軍，然後楚軍跟進，希望獲得勝利。」這次占卜的結果是吉利。於是楚軍出發迎戰吳軍，在長岸交戰。子魚一馬當先，沖入吳陣，壯烈戰死。楚軍主力跟進，打得吳軍大敗，繳獲了吳國先王的戰船餘皇。但是當夜，吳軍主帥姬光安排夜襲，又擊敗楚軍，奪回了戰船餘皇。這一仗雙方基本打成平手。

不光對東線的吳國如此，楚平王在登基後的前幾年，對北面的中

原各國也是盡可能避免動武。西元前五二七年，戎曼子國（今河南汝州）爆發內亂，楚平王誘殺了戎曼子國的君主，輕易攻佔了這個小國，但又復立他的兒子為君，基本還是遵照春秋的禮法在行事。

楚國沒有對外出擊，中原就由晉國稱霸。甚至，在晉國攻滅親近楚國的陸渾之戎時，楚平王還是不動聲色，只是把逃到楚國來的陸渾族人搬遷到下陰。鄭國是晉楚爭霸中原的關鍵區域，同時鄭國又和楚國的附庸許國結仇，過去百年裡楚國曾多次討伐鄭國，迫使鄭國降服，或者救援許國。可是現在，楚平王為了避免鄭國攻打許國，採納左尹王子勝的建議，把許國搬遷到析地，以此來避過鄭國的風頭。這些完全是韜光養晦的策略，以至於諸侯都說：「看樣子，楚國真的不打算爭霸了，只圖保全自身疆土完整了！」

楚平王把主要精力放在對內休養生息上。他安排官員編練軍隊，救濟貧困百姓，撫養孤兒老人，懲治罪犯，選拔賢才。令尹鬥成然貪得無厭，勾結鬥氏家族橫行霸道，楚平王就殺了鬥成然，滅掉鬥氏家族，但仍然讓鬥成然的兒子鬥辛擔任高官，表示自己不忘鬥家過去的功勳。

楚平王繼位的前幾年，糾正了楚靈王犯下的錯誤，使得楚國國力迅速得到恢復。同時，楚國對外隱忍，雖然看似喪失了一些威風，卻也避免了捲入大規模衝突中，保存了實力。相反，失去楚國的挑戰，晉國在這幾年頻頻對外耀武揚威，和齊國、魯國等的矛盾不斷升級。照這種情形下去，楚平王很可能在楚國國力恢復到一定程度後，重塑霸業，甚至再現楚莊王的輝煌。

然而，楚平王終究無法與其祖父楚莊王相提並論。不久後，一件家庭醜聞將引發連鎖反應，最終讓楚國江山遭受沉重的打擊。

2. 搶兒媳仇結伍員

　　楚平王什麼都好，就是有個好色的毛病。當初他在蔡國的時候（按年齡推算，應該不是滅蔡之後，而是至少十年前的事），有個郎陽（今河南新蔡）貴族的女兒喜歡他，私奔來做他的情人，生下兒子熊建。楚平王即位後，他就把熊建立為太子，派大臣伍奢做太師，費無極做少師，一起輔佐熊建。

　　伍奢的爺爺伍參是楚莊王的心腹參謀，父親伍舉是楚靈王的貼身謀臣，伍氏也算楚國的名門望族。加上為人忠誠厚道，伍奢很得太子熊建的喜歡。而費無極就是個奸佞小人，貪權好利，心胸狹隘，太子熊建年少氣盛，又不善於逢場作戲，就對這位少師愛搭不理。

　　這下熊建可得罪了不該得罪的人。要知道費無極雖然沒有治國的雄才大略，卻很喜歡背後捅刀子，特別喜歡踩著別人往上爬。當初楚平王奪位的大功臣朝吳，因為費無極嫉妒他，就挑撥了朝吳和蔡國人的關係，使得朝吳被蔡國人趕跑了。現在，費無極受到太子的輕視，這比殺了他還難受。他打定主意，一定要狠狠報復太子和伍奢，順道討好楚平王，求得高官厚祿。

　　正巧，這時太子也成年了。費無極就向楚平王建議：「大王，太

子該娶妻了。」

楚平王深以為然。他正為晉國的咄咄逼近而擔憂。秦國過去百年長期與晉國敵對，和楚國關係不錯。楚平王就派人去向秦哀公求親。秦哀公也願意跟楚國加強聯盟，當即承諾把大女兒伯嬴嫁到楚國。西元前五二三年春天，楚平王派費無極去秦國迎親。

費無極到了秦國，一見伯嬴美豔無比，心中暗喜。他護送伯嬴回到楚國後，對楚平王大力渲染伯嬴的美貌，最後說：「伯嬴這麼漂亮，嫁給太子可惜啦。大王，您這些年治理國家也辛苦了，身邊不能沒有美人啊，不如您把伯嬴娶了吧。」

英雄愛美人，這是很正常的事情。然而美色當頭如何理智決策，卻可以反映出男人的才略和胸襟。當初楚文王攻滅息國，娶了息夫人；而楚莊王平定陳國之亂，聽從巫臣的勸諫，沒有娶夏姬。但那都是俘虜啊，這是未來的兒媳，能一樣嗎？楚平王聽了費無極的話，沉吟片刻，支吾道：「這個，不太妥當吧，那太子怎麼辦？」

費無極看楚平王鬆口了，心中暗笑，便道：「太子這不還沒有正式成親麼？依我看，可以讓太子娶齊國的女子。這樣秦齊兩國都跟咱們聯姻了，多好啊。」

楚平王一聽對啊，我娶秦國女子，太子娶齊國女子，這樣秦楚齊三國聯手，就不怕晉國了。他終於拍板，自己娶了伯嬴，另外給太子娶了齊國的女子。伯嬴年輕貌美，又是秦國公主，楚平王對她寵愛有加。

太子熊建聽說未婚妻被父王給霸佔了，心裡當然鬱悶。不過王命難違，好在齊國女子也不錯，他只得吞下這口氣。至於秦哀公，聽說自己的女兒沒有嫁給太子，卻嫁給楚王，也沒有為此事來找楚國的麻煩。

至此，費無極成功實現了計畫的第一步，在太子和楚平王之間埋下了不和的隱患。

自從娶了美女伯嬴後，為了取悅伯嬴，楚平王漸漸放鬆了自己，開始大修宮殿，夜夜笙歌，甚至重新考慮起對外爭霸的事情來。

費無極看出了楚平王的心思，便又獻了一計：「大王，晉國之所以能稱霸諸侯，是因為它接近中原，能威懾諸國，而咱們楚國比較偏僻，路程遠。如果我們把城父（今安徽亳州）擴建為一座大城，由太子在那裡鎮守，處置北方的事情就更方便了，何愁霸業不成？」

這條所謂的妙計，其實就是當初楚靈王的想法，在中原建立一個軍事重鎮作為北上爭霸的前哨。雖然有道理，但也存在巨大的風險。就如申無宇勸諫的那樣，鎮守當地的將帥權力太大，一旦發動叛亂，就可能動搖整個國家。比如，楚平王自己就是幾年前從陳、蔡起兵推翻楚靈王的。他要是稍微動動腦筋，就該直接把費無極拖下去殺了。可這會兒的楚平王，沉溺於溫柔鄉中，一心希望建立雄圖霸業，再加上對自己的兒子還比較信任，就真安排熊建去了城父。

費無極計畫的第二步實現了。

又過了大半年，到西元前五二二年春天，費無極故作沉痛地跑去

對楚平王道：「大王，微臣該死。」

楚平王問：「怎麼了？」

費無極道：「去年我進言讓太子鎮守城父，想的是父子骨肉至親，是最可靠的人選。哪曉得，人心隔肚皮啊！我打探到消息，太子因為怨恨您冷落他的母親，還有奪走伯嬴一事，正在準備舉兵叛變，割據方城之外的地盤，自己建立一國！太子的母親是蔡國人，在陳、蔡本來就有勢力，妻子是齊國人，齊國也支持他，晉國也在主動勾結太子。這麼一來，對楚國太危險了！這都是我的過錯啊，請大王治罪！」

楚平王這會兒完全失去了頭幾年的清醒頭腦，加上他對熊建母子倆心存歉疚，心中有鬼，頓時把費無極的胡扯當真。再聯想到自己從陳、蔡起兵幹掉楚靈王的事，不禁又驚又怒，沉吟片刻，他問：「那該怎麼辦？」

費無極故意道：「伍奢是太子的心腹，不妨召他來問個究竟。只是不知道伍奢到底忠於大王，還是忠於太子呢？」

楚平王也不多說，當即把伍奢叫來，問道：「太子在城父勾結諸侯造反，具體情況如何，你說說看。」

伍奢如聞晴天霹靂，愣住了。呆了片刻，他沉痛地說：「大王，你上次搶走太子的未婚妻，已經很過分了，難道還要一錯再錯？太子是您的親骨肉啊，您為什麼聽信讒言？」

這伍奢也是太不會說話，你為太子爭辯，為什麼要扯到伯嬴身上？楚平王瘡疤被揭，惱羞成怒，也顧不得琢磨伍奢後面的話，怒衝衝地就把伍奢趕下去了，再問費無極：「這傢夥不肯交代，反而罵我，怎麼辦？」

費無極嘆息道：「哎，太子真會收買人心，連伍奢都忠心於他了。不過也難怪，伍奢他父親伍舉本來就是楚靈王的心腹啊。大王，現在事不宜遲，如果不快刀斬亂麻，只怕以後您落到他們手裡，想要體面也難了！」

楚平王怒火中燒，當即下令把伍奢抓起來，然後叫來司馬奮揚，命令他趕回城父去，立刻把太子處死！

過了一個月，奮揚又跑回郢都來，向楚平王報告說：「大王，太子逃到宋國去了。為臣失職，請大王處罰。」

楚平王盯著奮揚道：「這道命令從我的嘴裡說出去，進到你的耳朵裡，沒有第三個人知道。是誰告訴熊建的？」

奮揚回答說：「是臣告訴他的。」

楚平王眉毛一豎：「反了你了！」

奮揚不緊不慢回答：「當初大王安排太子鎮守城父，曾命令我說：『侍奉太子要像侍奉我一樣。』為臣當然不能懷有二心。所以，您下了殺太子的命令，我不忍心執行，就叫他跑了。現在後悔也來不及了。」

楚平王又怒又好笑道：「那你還敢回來？不怕死麼？」

奮揚回答說：「我放走太子，已經違反您的命令了。要是您召見我又不回來，這是再次違背命令。我怎能一錯再錯呢？現在全憑大王處置，萬死不辭。」

楚平王看著忠直的奮揚，嘆口氣道：「那你還是回城父去吧！」於是奮揚跟沒事一樣回去了。

楚平王雖然赦免了奮揚，但對兒子的猜忌之心卻有增無減。費無極則想趁機把伍奢這個眼中釘拔除，就對楚平王道：「大王，現在太子逃走了，這件事姑且不說。伍奢的兩個兒子伍尚和伍員，那都是文武雙全的人才。要是讓他們留在國外，再跟太子勾結，對楚國的危害就太大了。請大王用伍奢作為誘餌，把他們召回來。」

楚平王這會兒對費無極已經言聽計從，他就命令伍奢：「趕快寫信給你的兩個兒子，叫他們回來，你們三個一起升官。不然，就殺了你！」

伍奢嘆氣道：「大王別跟我演戲了，我知道你想把我們父子三人全殺了。我的兩個兒子啊，大兒子伍尚為人仁愛、孝順、節烈，他就算明知會死，也一定會回來的。二兒子伍員為人有智謀，有雄心，有膽略。他知道回來必死，一定會逃走的。到時候，楚國可就麻煩了。」一邊說，一邊把信寫好了。楚平王也懶得囉唆，派了個使者把伍奢的信送出去了。

伍尚和伍員（伍子胥）當時都在吳楚邊境的棠邑（今江蘇南京）

當官。接到父親的信，兄弟倆就在一起商量。

伍尚對伍子胥說：「兄弟，大王這分明是一網打盡之計，咱們回去，肯定會跟父親一起被殺的。要是一起回去被殺，沒人報仇，那就太傻了。但要是一個都不回去，眼看著父親被殺，又會被人說我們不孝。你走吧，我回去陪父親死。我的才智不如你，你能夠為我們報仇，這樣就行了。兄弟，保重！」

伍子胥聽完哥哥的話，流著淚點了點頭，馬上收拾東西，登上馬車，揚鞭就跑。楚平王的使者一看伍子胥要走，心想大王叫我把他們都帶回去，走了一個算啥？趕緊驅車追趕。一路奔走到野地，猛然看見前面的伍子胥停下車來，張弓搭箭。使者一激靈，趕緊低頭，只見頭盔已經被一箭射穿。使者嚇得趴在車鬥裡面不敢出來，便聽伍子胥大聲喝道：「我父親犯了什麼罪，居然要把我們全家趕盡殺絕？你回去告訴楚王，別為難我的父親、哥哥。否則，我要把楚國夷為廢墟！」說罷，就驅車逃走了。

使者不敢再追，只好帶伍尚回到郢都。楚平王聽說伍子胥跑了，大怒道：「伍奢，你的二兒子這麼不孝，竟敢不顧老爹性命，那寡人只能把你和伍尚斬首了。你要怪，就怪你兒子去吧！」伍奢苦笑道：「大王，我和伍尚死就死，不過，以後楚國的國君、大夫，只怕都沒有好下場了。」楚平王越發憤怒，把伍奢父子二人斬首示眾。

楚平王為了一個美人，聽信讒言，驅走親生兒子，殺害大臣，等於把他前些年辛辛苦苦創下的基礎都給毀掉了。這個逃亡的伍子胥，將在不遠的未來，讓楚國品嘗到百年來未有的慘痛教訓。

3. 吳軍連犯陰雲重

　　西元前五二二年，楚平王把太子熊建和伍子胥趕出楚國後，一時並沒鬧出太大動靜。太子熊建先跑到宋國，後來因為宋國內亂，又跑到鄭國。他不愧是楚平王的兒子，野心和膽略都不凡。到鄭國後，一邊吃著鄭國人的飯，一邊居然和晉國勾搭，企圖裡應外合奪取鄭國，結果被鄭國人發現，被殺掉了。伍子胥只好保護著熊建年幼的兒子熊勝逃到吳國。

　　這段時間，不光是楚國一片混亂，中原各國也動亂不止，嚴重程度甚至在楚國之上。宋國發生了宋元公與向氏、華氏之間的內戰。衛國發生了齊豹、北宮喜、褚師圃、公子朝的叛亂。鄭國賢臣子產去世後，子太叔繼位，引發盜賊猖獗。蔡國君主蔡平公去世，其子姬朱被蔡平公的侄孫姬東國趕出國境。魯國的魯昭公被季孫氏、孟孫氏、叔孫氏三家大夫圍攻，逃亡齊國。孔夫子耳聞此事，不禁感嘆流涕。

　　甚至連洛陽城中的周王室，也發生了著名的「王子朝之亂」。周景王姬貴非常寵愛庶長子姬朝，想把王位傳給他，但朝中部分大臣卻支援嫡太子姬猛。西元前五二〇年周景王暴斃後，支持太子的大夫們殺害支持姬朝的顧命大臣，立太子姬猛為王，即周悼王。姬朝不服，起兵稱王與周悼王相爭。周悼王不是哥哥的對手，一度被哥哥抓住，

最後嚇得一命嗚呼。群臣又立另一位嫡王子姬為王，即周敬王。於是周朝兩王並立，直到西元前五一六年，周敬王才在晉國軍隊的支持下攻破洛陽，趕走了王子朝。

作為諸侯盟主的晉國，此刻情況也好不到哪裡去。他們如同救火隊員，東奔西走，被各諸侯糾纏不休，難以脫身。

天下一片大亂，楚平王又看到了爭霸的機會。立足江漢，楚國四處活動。蔡國太子姬朱被轟走後，楚國奸臣費無極接受了姬朱侄兒姬東國的賄賂，勸說楚平王立姬東國為蔡侯。

宋國的君臣內戰愈演愈烈，齊國、晉國、曹國、衛國等都出兵支持宋元公和向氏、華氏交鋒。楚平王等到向氏、華氏快要被諸侯聯軍打敗，才派蘧越率領軍隊到宋國，宣佈：「好了好了，大家打得差不多了。向氏、華氏作為臣子不聽話，讓君主操心，不如送到楚國來，讓我們幫你懲罰吧。」諸侯聯軍看到精神飽滿的楚軍趕到，不敢得罪他們，就同意讓向氏、華氏的大批臣子逃到了楚國。這樣，楚平王兵不血刃，在中原又出了一次風頭。

然而楚平王也沒高興多久，因為東邊的吳國又殺過來了。

有史書把戰爭的起因歸結為吳楚邊境採桑養蠶的糾紛，從而逐漸擴大為民間鬥毆、城邑衝突，最終引發兩國的全面戰爭，這未免太兒戲。事實上自從晉國開始聯吳攻楚以來，吳楚邊境可以說是征戰不斷。即使在楚平王登基前幾年休養生息的時期，也發生過吳軍大舉入侵的事件。

作為剛剛接受了先進政治和軍事教化的吳國，此時正處在鬥志昂揚的時段，他們總要不斷擴張的。而對長江下游的吳人來說，沿著長江流域向中上游倒逼，是最符合戰略利益的行動。

至於楚國叛臣伍子胥在其中到底起了多大作用，也無從判定。據記載，伍子胥逃到吳國後，最初想說服吳王姬僚大舉進攻楚國。姬僚的堂兄姬光卻說：「伍子胥這傢夥，為了報自己家族的私仇，想借用咱們吳國的力量。大王你千萬別聽他的。」吳王姬僚就回絕了伍子胥。

伍子胥畢竟是個人才。姬光破壞了他的復仇大計，他也不惱不急。他發現姬光似乎打算跟楚平王一樣，從自家兄弟手中奪取王位。於是伍子胥暗中投靠姬光，替他物色人才，籌備政變。在這以後，吳楚之間戰爭的規模就升級了。或許這些戰爭就是姬光、伍子胥這對各懷鬼胎的新搭檔做出的試探性行為。

西元前五一九年七月，吳軍大舉進攻州來。楚國司馬蘧越率領楚國和胡國、沈國、陳國、頓國、許國、蔡國等諸侯聯軍前去救援。還沒開打，隨軍督戰的楚國令尹陽（子瑕）就病故了。楚軍軍心渙散，蘧越只得撤退，吳軍得了便宜不肯讓步，趁機尾隨，兩軍在雞父（今河南固陽）相遇。

楚軍雖然軍心渙散，畢竟有六國盟軍，人多勢眾。針對此，吳國的姬光提出了他的戰術：「楚國的諸侯盟軍大都是小國，因為怕楚國才被迫出兵，這種烏合之眾，不足為懼！我聽說胡國、沈國的國君年少輕狂，陳國的大夫不甚聰穎，頓國、許國、蔡國則早就對楚國心懷

不滿。而楚國的令尹子瑕剛剛去世，軍心不穩，主帥薳越名望不高，所以七個國家的軍隊拼湊在一起，人心不齊，很容易混亂。咱們先派少量部隊詐敗誘敵，把比較弱的胡國、沈國和陳國勾引過來，用主力精兵迎頭痛擊他們。這三國敗了之後，許國、頓國和蔡國原本鬥志不高，必然跟著逃跑，楚軍也就不戰自敗。」

吳王姬僚採納了他的建議，先用三千名罪犯組成的敢死隊進攻胡國、沈國和陳國，一觸即潰。三國軍隊大喜，爭先恐後殺出來追逐吳軍。正追得興高采烈，猛然間吳國主力亮了出來，吳王率領中軍，公子姬光率領右軍，公子姬掩余率領左軍，頓時殺得陣腳已亂的三國大敗，胡國、沈國的國君和陳國的大夫都被逮住了。三國殘兵狼狽奔逃，吳軍故意讓一部分人跑到許國、蔡國、頓國的軍隊裡，呼天叫地「救命啊！打敗了！大夫都被俘虜了！」這三國的軍隊本來就是被楚國強征而來，一看打了敗仗，後面吳軍氣勢洶洶地沖來，當下掉頭就跑。楚軍呢，還沒開打，六個盟國已經全部敗退，自己的陣型也被盟友的潰兵沖亂。薳越見勢不妙，只得跟隨撤軍。吳軍繼續進兵，大獲全勝。

從楚共王時期開始，吳楚交戰已經有六十多年，大小戰役不下數十場，數這一次楚軍敗得最乾脆、最窩囊。而吳國公子姬光則陡然間變身為超級謀略家，對楚軍的內部弱點瞭若指掌，這背後可能有伍子胥的指點。

此戰對楚國的影響很大。前太子熊建的母親，也就是那位楚平王始亂終棄的蔡國貴族小姐，此刻居住在故鄉郹地（今河南新蔡）。她

對楚平王怨憤已深，加上悲痛兒子的死，聽說吳軍如此英勇，又得知孫子熊勝在吳國，於是悄悄送信，請吳軍來接她。十月十六日，吳軍進入鄀地，熊建的母親給吳軍開門，然後帶著隨身的寶器，跟吳軍一起走了。楚國司馬薳越聞訊，趕緊帶兵追趕，結果晚了一步，熊建的母親和吳軍出境了。薳越在短短幾個月內連打兩次敗仗，還丟掉了國君的夫人，上吊自殺了。

楚國一連死了令尹和司馬兩個大官，人心浮動。接替令尹的是楚莊王的曾孫、楚平王的侄兒熊囊瓦（子常）。他一看吳軍這麼厲害，決定採取防守的策略，於是在郢都增修城牆。他的堂兄弟沈尹戌看見後說：「子常這傢夥，一定會丟掉郢都的！古代天子的防守，在於守住四方的蠻夷，後來天子地位降低，也至少要守住諸侯。諸侯要守住四方鄰國，就算地位降低也至少要守住四方邊境。警惕邊境，結交鄰國，讓百姓安居樂業，哪裡用得著修首都的城牆？現在害怕吳國，在郢都增修城牆，意思是首都之外的地盤都不要了嗎？當初楚國的諸位先君，土地不過百里，也是警惕四方邊境，都沒有在郢都增修城牆。現在土地超過幾千里，反而在郢都增修城牆，這樣做對嗎？」

楚平王大概也聽說了沈尹戌的話，於是在第二年（西元前 518 年）冬天組織軍隊準備反攻吳國。沈尹戌又說：「這一趟楚國多半要吃虧。不安撫百姓，反而折騰他們；吳國沒來，反而招惹他們，而且邊境沒有防備，這不是找死麼？」

楚平王不理睬沈尹戌的嘮叨，匯合了越國的軍隊攻入吳國。吳國再次採用「避其朝銳，擊其暮歸」的戰術，等到楚軍撤退時，才尾隨

追擊，結果順勢反推入楚國邊境，攻滅了巢和鐘離兩個城邑。沈尹戌說：「瞧瞧，我沒說錯吧，這樣再來幾次，郢都就得丟了！」

楚平王拿他沒辦法，只能派人到處修築城池，轉移百姓。結果又被說：「你看，這昏君勞民傷財啊，他不倒楣誰倒楣？」

就在這種「裡外不是人」的鬱悶中，楚平王走到了人生的盡頭。西元前五一六年秋天，楚平王熊居（原名熊棄疾）去世。他曾遵從禮儀，贏得諸侯的信任；他曾一朝發難，從哥哥楚靈王手中奪取王位；他曾休養生息，讓楚國恢復秩序，然而最終他依然沒能善終。而他強搶兒媳婦、逼走伍子胥的舉動，更是給楚國帶來無盡的災禍。

楚平王死後，誰來繼位就成了問題。平王的長子熊建早已叛逃，死在鄭國；而秦女伯嬴生的太子熊珍則年紀幼小。令尹囊瓦就打算立楚平王的庶子，熊珍的異母哥哥熊申為新君。他說：「太子不但年紀小，而且太子的母親伯嬴也惹出過許多麻煩！子西年長，而且善良，他當君主對國家更好。」

這聽起來倒也合理，熊申卻怒道：「既然我弟弟已經立為太子，大家就要守規矩！你把先君的醜聞提出來，是什麼意思？我若當了國王，國家就要亂了！令尹你再胡說八道，我就殺了你！」囊瓦欺軟怕硬，這才立了熊珍為王，史稱楚昭王。這再次反映出，經過楚國的幾代君王改革，楚國確實已經成為一個有禮教秩序的國家。恪守太子繼位的制度，這一點本身蘊含的道德秩序，是比君主本人的賢愚更為關鍵的。然而不幸的是年幼的楚昭王，卻要為他父王的荒淫行為承擔後果。

4. 囊瓦亂政國情危

　　西元前五一六年，荒淫的楚平王熊居死了，年幼的楚昭王熊珍繼位。楚平王死去了，最難過的居然是叛臣伍子胥。他在吳國聽到這個消息，對熊勝號啕大哭道：「你爺爺居然死了，我的父仇怎麼報呢？」隨後，又一咬牙：「熊居雖然死了，楚國還在，我終究還是能報仇的！」年僅七八歲的熊勝看著伍子胥，冷冷地不發一言。

　　楚國換了個七八歲的新王，似乎換了點新氣象。就在楚平王死後兩個月，周朝的王子帶也被支持周景王的晉軍打敗，帶著自己的一幫人逃到楚國來。這一行為雖然提高了楚國的政治地位，卻也加重了晉楚之間的對立。

　　西元前五一五年春天，吳王姬僚趁著楚國辦喪事，派兒子掩餘、燭庸兩人帶兵進攻楚國。楚國方面早有準備，莠尹然、工尹麋正面救援，左司馬沈尹戌率中央部隊增援，令尹子常為後應，左尹伯郤宛（伯州犁的兒子）和工尹壽則截斷了吳軍的後路。掩餘、燭庸兩人原本想來撿個便宜，哪曉得居然被楚軍主力給纏上了，眼看進退無路，趕緊向國內求援。

　　這時候，吳國的公子光和伍子胥終於等到了機會。他們派刺客專

褚用「魚藏劍」殺死了吳王姬僚，公子姬光踩著堂弟的屍體篡奪王位，改名為闔閭。

吳國的這場政變，讓原本就處於困境的前線吳軍徹底崩潰。吳王姬僚的二位公子聽說父親被害，方寸大亂，掩余逃到了徐國，燭庸逃到了鐘吾國。楚軍因此獲得全勝，伯郤宛等前線大將收兵回營。

楚國和吳國打仗，這十幾年來沒怎麼贏過，今日可謂一掃隱晦。然而這勝利的背後，卻有深深的不祥——伍子胥扶持的吳王闔閭上位，他是比吳王姬僚要可怕十倍的對手。

仿佛還嫌外患不夠，楚國著名奸臣費無極又跳出來作怪。左尹伯郤宛正直而和善，深得楚國人尊敬，這次又在抗吳戰爭中立下了大功，費無極和大將鄢將師都心懷嫉妒，決定除掉伯郤宛，就跟當年除掉太子熊建和伍奢一樣。如今楚昭王年幼，掌權的是更糊塗而貪財的令尹子常，費無極下手就更方便了。

他先對子常說：「伯郤宛要請您喝酒。」又對伯郤宛說：「令尹大人想到您家喝酒。」伯郤宛一聽，受寵若驚道：「令尹大人居然要光臨寒舍，可我不知道怎麼款待他啊？」費無極陰險地說：「令尹大人好武，喜歡皮甲和武器。您找些出來，放在門口作為儀仗，令尹一定高興！」這伯郤宛聽信了費無極的話，就真把皮甲、武器放在門邊的帳幔裡。

然後，費無極故技重施，跑去對準備赴宴的子常說：「令尹大人，都怪我，我差點害了您！」子常聽得這沒頭沒腦的話，莫名其

妙：「怎麼？」費無極道：「我原本以為伯郤宛好心請您喝酒，所以代他邀請您。哪曉得他心懷不軌，要伏兵暗算您！您千萬不能去！還有，幾個月前吳國內亂，本來咱可以趁機攻入吳國，伯郤宛卻受了吳國的賄賂，鼓動大家退兵，還說『趁人動亂進攻，不吉利』。吳國趁楚國辦喪事進攻，我們憑什麼不能趁他們動亂進攻，你說這是不是吃裡爬外？」

令尹子常聽費無極這麼說，讓人去伯郤宛那裡看動靜，果然發現門口有皮甲和武器。這下子常信以為真，便派鄢將師帶兵到伯郤宛家。伯郤宛想不到飛來這無妄之災，他又不肯和朝廷軍隊對抗，就自殺了。鄢將師命令放火燒屋，老百姓不忍心放火，鄢將師竟下令：「不放火的，同罪！」於是把伯郤宛家一把火燒毀。子常一不做二不休，還把伯郤宛的族人、親屬全都殺得一乾二淨。

伯郤宛一家被殺，楚國人終於憤怒了。他們奔走呼號，聲討鄢將師和費無極的奸惡行為，並且嘆道：「令尹居然聽信這種讒言，國家要完蛋了！」沈尹戌對子常說：「這回你可闖下大禍了，趕緊補救吧。費無極這混蛋早就惡名昭著，他陷害了朝吳、蔡侯姬朱、太子熊建、連尹伍奢，害得原本溫和仁慈的楚平王成了眾矢之的。如今你又滅了伯郤宛，這可都是楚國的棟樑啊！」令尹子常這才知道不妙。他想了想，還是丟車保帥為好。於是乎，他在九月裡把費無極和鄢將師殺了，把這兩族也全部滅掉。楚國的官員和老百姓看了，這才稍微高興一點。

然而，就算殺了兩個奸臣，安撫了百姓，楚國的政局依舊混亂。

伯郤宛的兒子伯嚭在全家遇害時逃到吳國去了。伯嚭的爺爺被楚靈王所殺，父親被子常所殺，和楚王室結下深仇大恨，從此鐵心要反楚。伍子胥大喜，把他引薦給吳王闔閭。伯嚭雖然才略遠不如伍子胥，但論陰謀詭計卻還要在伍子胥之上，而且他在楚國的時間比伍子胥長，對楚國近況更加瞭解。

費無極和子常就這樣幫吳王闔閭帶來了一個人才。不過，這還不是最嚴重的。隨後，伍子胥又推薦了一位軍事奇才給吳王闔閭。他就是中華兵聖——孫武，其所著的《孫子兵法》至今流傳五洲四海。有了孫武，吳軍戰鬥力突飛猛進，成為整個春秋時期第一流的精銳。

得到伍子胥、伯嚭和孫武的輔佐，吳王闔閭湊成了黃金團隊，蓄勢待發。再加上楚國收留吳王姬僚的公子掩余和燭庸，也給吳國提供了出兵的藉口。吳王闔閭在西元前五一二年冬天出兵西征，先攻滅了依附楚國的鐘吾國（今江蘇宿遷）和徐國（今安徽宿縣）。

之後，伍子胥對吳王闔閭說：「楚國現在君王年幼，掌權的貴族們相互不和，朝廷混亂。我們只需要把軍隊分成三支，兩支軍隊在國內整訓休息，一支軍隊出動突襲楚國，楚國必然全軍來迎戰。等他們來了，我們就退走。等他們退走，我們再出來。這樣，楚軍越來越疲憊，而我軍的士氣則愈發高漲。等他們的士氣完全耗盡，而我軍整訓完畢，再以三軍猛攻，就能長驅直入，攻滅楚國了！」

闔閭大喜，採納了伍子胥的計策。從此，楚國士兵們開啟了地獄之旅。

西元前五一一年秋天，吳軍入侵楚國的夷地、潛地、六地。楚國的沈尹戍帶兵救援，吳軍退走。等到楚軍回去後，第二支吳軍又包圍了弦地。沈尹戍趕緊帶兵救援弦地，眼看楚軍快到弦地了，吳軍又撤走。楚軍疲於奔命，很是勞累。

這樣的戲碼繼續上演著。到了西元前五〇八年，吳王闔閭又引誘桐國（今安徽桐城）背叛楚國。楚國令尹囊瓦大怒，心想由得你次次騷擾，不如我給你來個痛快！他率領大軍，從豫章進攻吳國。然而這個酒囊飯袋，如何是伍子胥、孫武的對手？楚軍大敗而歸，吳軍順勢攻取了巢地，俘虜了楚國的公子繁。

挨了這一記重拳，令尹囊瓦再也不敢主動攻擊吳軍了。他只能繼續著前兩年的鬧劇：吳軍從東邊攻來了，楚軍趕緊一窩蜂跑過去增援；楚軍快到了，吳軍已經退走了。楚軍走了，吳軍又來了……

楚國被吳國弄得精疲力竭，愁雲慘澹。可悲的是，到了這一步，令尹囊瓦還不忘斂財。

蔡昭侯帶著兩塊精緻玉佩和兩件高檔皮衣到楚國去，其中一塊玉佩和一件皮衣獻給了楚昭王，另一套自己穿戴。囊瓦看見了眼紅，他自然不敢打楚王的主意，就跟蔡昭侯要。蔡昭侯不給，子常就把他軟禁在楚國，扣押了足足三年。還有另一個附庸國唐國（今湖北隨州），唐成公有兩匹好馬，囊瓦也想要。唐成公不給，子常就把唐成公也軟禁了三年。最後，蔡國人和唐國人終於說服兩位國君把寶馬、玉佩和高檔皮衣獻給子常，兩位國君才獲得自由。

身為堂堂大國的執政者，為了寶馬、玉佩、高檔皮衣這些身外之物，居然把盟國的君主扣押幾年，囊瓦真是把楚國的臉面都丟盡了。更甚的是，子常拿到禮物後，為了文過飾非，還裝模作樣訓斥部下官員說：「唐國和蔡國的君主來了三年，為什麼還沒回國呢？都是你們瀆職，沒有準備好送別的禮物。限你們明天準備好，不然格殺勿論！」

若敖氏大臣鬥且廷聽說了這件事，回家對弟弟嘆息道：「楚國完蛋了。令尹子常這傢夥見到財寶，就跟餓狼見到肉一樣。當初咱若敖氏的令尹斗子文，當過三次令尹，家裡窮得吃不上飯，以至於楚成王每次上朝都要給他準備一條幹肉一筐糧食，免得他餓著了。楚成王要賞賜他，他跟逃命一樣說：當官就是要保護百姓，百姓還很窮，我要是富了，就危險了！現在呢，敵國虎視眈眈，百姓民不聊生，令尹卻富得流油，楚國危險啊！」

蔡國本是最早追隨楚國的諸侯國，蔡昭侯受到這種羞辱，再也忍受不住。回國途中經過漢水時，他把一塊玉丟到水中，發誓道：「我要是再南渡漢水去朝見楚國，就死無葬身之地！」回國後，蔡侯一刻也不耽誤，馬上跑到到晉國去，把兒子送去作人質，請求晉國主持公道，進攻楚國！

楚國終於被推到了深淵的邊上。

5. 吳師入郢社稷摧

　　西元前五〇六年三月，在皋鼬（今河南臨潁）舉行了一次聲勢浩大的諸侯會盟，參加的包括晉國、齊國、宋國、魯國、蔡國、衛國、陳國、鄭國、曹國、劉國、許國、莒國、邾國、小邾國、頓國、胡國、滕國、薛國、杞國等。從這份長長的名單中我們可以看到，中原主要國家，包括長期依附楚國的陳國、蔡國、許國都參加了，甚至南方小國如頓國、胡國也都去了。

　　晉國當然是盟主。會盟的主題是什麼呢？就是準備伐楚！因為楚國令尹囊瓦現在鬧得這般神憎鬼厭，簡直堪比楚靈王！加上蔡昭侯在其中煽風點火，大家都決定狠狠教訓下楚國。

　　四十年前，宋國的西門之會促進了第二次弭兵，使得晉楚之間停戰。如今這和平即將被打破，而且是晉國以壓倒性優勢來打破。

　　所幸，此刻晉國本身也不復當年之勇。國內的六卿爭權奪利，架空晉君，使得很多諸侯國心懷不滿。所以這次大規模的伐楚聯盟最後並沒有促成。楚國的盟友沈國屬於少數依舊忠心的諸侯國，沒有參加這次會盟。晉國就讓蔡國進攻沈國。蔡昭公對楚國心懷仇恨，很快把沈國滅掉了。

楚昭王和令尹囊瓦一瞅，蔡國這是要造反？他們趕緊派兵包圍了蔡國。蔡國沒辦法，就跟吳國求救。伍子胥早已等待多時，立刻對吳王闔閭道：「大王，是時候動手了。聯合蔡國、唐國，這次我們可以直接攻滅楚國！」

　　西元前五〇六年冬天，吳王闔閭、伍子胥、伯嚭、孫武等率領數萬精銳吳軍，開始伐楚。

　　楚國這些年，年年被吳國騷擾，早已兵力疲憊。對付蔡國還夠，一看吳軍打來，趕緊撤圍後退。吳軍解了蔡國之圍後，就和蔡軍、唐軍匯合，把船隻停泊在淮河岸邊，然後大軍向西進發，直達漢水。楚國令尹囊瓦帶領的楚軍主力這時也集合起來，與吳軍隔著漢水對峙。

　　楚國司馬沈尹戌給囊瓦獻計道：「吳軍來勢洶洶，但是我們楚國地廣人多，又是本土作戰。您就帶著主力在漢水這兒和他們對峙，擋住他們不讓過來。我去召集北方各地的軍隊抄襲他們後方，毀掉他們的船隻，再堵塞幾條主要通道，切斷他們的退路。到時候您再渡過漢水進攻，我從後面夾擊，吳國就成了甕中之鱉。」囊瓦大喜，同意了。沈尹戌就出發召集北方部隊去了。

　　真要按照沈尹戌這個戰略走，也未必能占到便宜，畢竟伍子胥、孫武不傻。你去抄他後路，他沒準正好逮住你的北方軍團一頓猛攻。不過即便如此，至少囊瓦的主力還在，楚軍守住了漢水南岸的核心地區，可以繼續調集力量和吳軍消耗。

　　然而囊瓦手下的將軍們卻開始出餿主意了。

大將武城黑說：「吳國人的戰車是木頭做的，我們的戰車是皮革做的，雖然堅固，但在陰雨天容易變質，還不如速戰速決。」

大將史皇說：「令尹大人，楚國人本來就討厭您，喜歡司馬沈尹戌。按司馬的戰略，基本上功勞全是他的，您就淪為配角了。等吳軍退去，您還能在楚國立足麼？所以，還是趕緊跟吳軍打吧！」

強敵壓境，這還沒打呢，先就擔心同僚立功！然而對於囊瓦這種貪婪的蠢材，這話卻很對胃口。於是乎，他把個人的榮辱放在國家的命運之上，下令全軍渡過漢水，與吳軍決戰。

孫武乃是先秦時期屈指可數的軍事家，見到楚軍渡水而來，豈能不知其意？他建議吳王闔閭全軍後退，一方面讓楚軍驕縱疲憊，另一方面也使楚軍遠離根據地，便於殲滅。吳軍當即向西撤退。囊瓦大喜，心想這功勞差點就白白送給了沈尹戌！他命令楚軍繼續緊追。就這樣，吳軍退到小別山，楚軍追到小別山；吳軍退向大別山，楚軍追到大別山。

這時候，吳軍猛然停下來，向楚軍反擊。雙方兵力對比，吳軍主力三四萬，加上蔡軍、唐軍等也不過五六萬，而楚軍主力則有二十萬大軍，數量相差懸殊。然而，吳軍是孫武訓練數年的精銳，陣法嚴整，號令鮮明，齊進齊退。而楚軍這些年早被折騰得精疲力盡，哪裡招架得了吳軍這般凌厲的攻勢？兩軍在大別山下打了三仗，楚軍都敗了。

囊瓦這才知道吳軍的厲害。他本是個欺軟怕硬的主，當即就想逃

走。史皇勸他：「令尹大人，國家太平時您搶著攬權，現在國家有了禍難你就逃避，可要是楚國被滅了，你能逃到哪裡？現在只能拼命打一仗，戰勝吳軍，才能彌補您以前的過錯！」

囊瓦氣得鬼火冒，心想自己本來想用沈尹戌的計策，是你攛掇我打過來的！可到了這一步就算把史皇碎屍萬段也沒用啊，他只能集合軍隊，預備決戰。畢竟，楚軍人數是吳軍的好幾倍，就算耗，也能把吳軍耗光吧。

十一月十八日，吳、楚兩軍在柏舉（今湖北麻城）擺開陣勢。二十萬楚軍黑壓壓占了一大片，車馬喧鬧，戈戟如林，倒也威風。吳軍卻是全軍肅然，只見旌旗抖動。

戰爭一開始，吳王闔閭的弟弟夫概就率領五千精兵直撲楚軍陣前。五千吳軍在二十萬楚軍面前，真如同大海上的一葉小舟。然而就是這一葉小舟，劈波斬浪，所向無前，很快殺得第一線楚軍人仰馬翻，血流成河。楚軍本來就軍心渙散，第一線的士兵被吳軍精銳一沖，頓時亂了陣腳，少數人還在頑抗，多數人掉頭就跑。吳王闔閭大喜，命令大軍出擊。楚軍更慌了，一帶十，十帶百，二十萬人很快淪為一盤散沙，一邊被吳軍從背後砍翻，一邊自相踐踏。

令尹囊瓦到這一步，什麼也不管不顧了。他帶著少數親信拋棄大隊人馬，往北逃向鄭國逃走了。史皇帶著本部人馬跟吳軍拼命，死於亂軍之中。大多數楚軍則狼狼地向西南狂奔。吳軍緊緊追趕，跑到清發，追上了楚軍。吳王闔閭用弟弟夫概的計策，先停下來休整片刻。此刻楚軍已經失去了主帥，就是一盤散沙，見吳軍停步，趕緊渡河。

等他們過河一半時，闔閭猛然揮軍衝殺過來。楚軍頓時更亂，已經過河的拔腿就跑，沒過河的要麼拼命過河，要麼跪地投降，還有的四下潰散。吳軍不費吹灰之力，就俘虜了大批楚軍。

楚軍殘餘還有十多萬，渡過河後，又困又餓，趕緊埋鍋造飯。飯剛剛快要煮熟時，只聽得號角陣陣，吳軍又殺來了！楚軍心中那叫一個苦啊，只好扔下快熟的飯，空著肚子繼續逃跑。吳軍吃飽了楚軍做的飯，有了力氣，繼續追趕。楚軍餓著肚子跑不快，到雍滋時，又被吳軍追上，照舊是一陣大砍大殺。

這時候，司馬沈尹戌帶著北部的軍隊急匆匆來了。他只能率領本部攔截吳軍，為主力爭取一點時間。一開始，這支生力軍擊敗了吳軍的偏師。可是隨後，面對孫武率領的精銳，楚軍也抵擋不住了。沈尹戌也受了傷，他對部下說：「你們不能讓我的腦袋落到吳軍手裡！」他的部下句卑就砍下主將的頭顱，帶著逃走了。

吳軍打垮沈尹戌的部隊後，繼續追擊楚軍主力。曾經橫行中原的楚軍，在吳軍不斷尾隨追擊之下，越來越慌亂，人數也越來越少。又經過數次敗戰，殘餘部隊終於逃到了郢都。這時候，當初威風凜凜的二十萬大軍，已經只剩一小半了。

楚昭王見令尹的大軍這麼快便被吳軍打得潰敗，驚得手足無措，只好帶著妹妹季芈畀我逃出郢都。為了抵擋追兵，還把郢都養的一些大象的尾巴點燃，讓它們沖向吳軍。

十一月二十九日，吳軍進入了郢都。

伍子胥進入楚王的宮殿。他的臉色陰晴不定，當初楚平王殺害他的父親、哥哥，如今吳軍入郢，平王卻已葬身墓地，而昭王也棄城逃走。為了發洩自己的怒火，伍子胥挖出了楚平王的屍體。

先秦貴族有著保存屍體的防腐術，楚平王雖然死了十年，屍身還未完全腐爛。伍子胥看見仇人，牙齒咬得咯咯響。他抽出鞭子，狠狠抽打著屍體。伍子胥足足打了三百多下，楚平王的屍體已經破碎得不成樣子。伍子胥獰笑一聲，一隻腳踩在楚平王的肚子上，並伸手戳著楚平王的眼睛：「昏君，你聽信讒言，殺害我的父兄，也會想到有今日麼！」

掘墓鞭屍完畢，伍子胥依然未能釋懷。吳王闔閭霸佔了楚昭王的後宮，伍子胥、孫武、伯嚭等人也都住進了楚國高官們的府邸。為了搶奪令尹子常的府邸，闔閭的弟弟夫概差點和闔閭的兒子刀兵相見。

吳王闔閭還盯上了楚昭王的母親伯嬴。伯嬴本是絕世美女，原以太子妃身份嫁入楚國，卻被楚平王占為己有，當時也不過三十多歲，風韻不減。以她的地位身份，吳國將領也不敢和吳王搶奪。面對闔閭的淫威，伯嬴拔出短刀，厲聲道：「今天你一定要強迫我，我就死給你看！」闔閭見這位貴婦人如此威武，也就打消了霸佔她的念頭。

伯嬴救得了自己，卻救不了楚國。建國五百餘年的楚國，如今它的都城第一次暴露在敵軍的鐵蹄之下。讓人崩潰的是，帶領敵軍進入都城的，卻是楚國自己的叛臣伍子胥。

數十年前，聲子講述「楚才晉用」時，曾舉出多個楚才幫助晉國

反過來打敗楚國的例子，而如今的這一版「楚才吳用」則讓楚國品嘗到了最苦澀的滋味。然而，如果不是以囊瓦為代表的楚國權貴爭權奪位、貪得無厭、欺詐黎民，就算有伍子胥、孫武的輔佐，吳王闔閭又怎能如此迅速地攻破楚國首都？

6. 哭秦宮申胥求救

西元前五〇六年冬天，楚國遭到了最慘痛的損失。主力部隊被徹底擊潰，囊瓦、沈尹戌等高官或逃亡，或戰死，郢都被佔領，龐大的領土被切割得支離破碎，先王被掘墓鞭屍，王公貴族的眷屬也遭到凌辱。原本的大批盟國，紛紛倒戈到晉國一邊。蔡國、唐國等直接參與了吳軍伐楚，胡國等小國也開始攻佔鄰近的楚國城池。

雄踞江漢、威震中原的這一隻巨大的鳳鳥，仿佛已氣息奄奄，周圍的鼠雀皆貪婪地盯著它的璀璨羽毛和肥美血肉，期待著撲上來飽餐一頓。

所幸，楚國自從百年前楚莊王執政，便引入了禮法，這一點在短期內可能看不到成效，但卻為楚人真正形成一個有內聚力和擴張力的文化族群，奠定了有力的基礎。

軍隊可能被擊垮，血緣的聯絡也會疏遠，而文化的凝聚，卻具有更頑強的生命力。這使得楚國應對外來打擊的能力，實際上比百年前有了質的飛躍。

歷史上常有這樣的例子：一個繁榮強盛的國家，長期頹喪低迷，忽然遭到一次慘烈的打擊，結果竟順勢掃清弊政，煥發新生。

楚國便處在這樣一個緊要關口。

單純以武力攻入楚國的吳王闔閭，還有復仇心切的伍子胥，在郢都制造的種種野蠻暴行，無疑增強了楚國上到公卿大夫、下到軍士百姓的同仇敵愾之心。

楚昭王從郢都逃亡後，向東邊奔走，進入了雲夢澤，在這片湖澤區域遭遇了盜賊襲擊。混亂中，一個強盜用戈刺向楚昭王。幸虧熊由於（可能是楚莊王的孫子）用身體去抵擋，強盜的戈刺傷了熊由於的肩膀，這才救了楚昭王一命。

一行人倉皇奔走，擺脫了強盜。半路上，負傷的熊由於也跟了上來。大家跑到了郧地（今湖北安陸）。郧地的鎮守者是若敖氏的鬥辛、鬥懷、鬥巢兄弟。他們的父親就是曾當過令尹，卻被楚平王殺死的鬥成然。因此，鬥懷想殺死楚昭王。鬥辛卻阻攔他說：「國君殺死臣下，怎能按私仇來算呢？國君代表天意，死于天意，你還要恨誰？再說現在國家蒙難，大王正在逃難，你趁人之危，這是欺凌弱小，不是勇敢，是懦弱！如果你一定要殺害國君，我就先殺死你！」說完，鬥辛就和弟弟鬥巢一起，護衛著楚昭王繼續前進，逃亡到了隨國。

作為當年「漢上諸姬」的首領，隨國被周王室分封，最初的目的就是遏制楚國。從楚武王時代開始，楚國多次與隨國打仗。因此，吳王闔閭派人跟隨國說：「漢水流域的姬姓諸侯國差不多都被楚國滅了。我們吳國和你們隨國都是姬姓國家，你幫我們把楚王抓起來，今後漢水北邊這些土地，我全部給你們隨國！」

這一刻，楚昭王處在危急之中。吳軍已經兵臨隨國都城，隨國的態度又曖昧。這時候，楚國臣子們展現出驚人的智慧。

楚昭王的庶兄熊結（子期）相貌很像楚昭王，他穿上楚昭王的衣服，建議說：「把我交給吳軍，掩護大王逃走吧！」

還有個士人叫鑢金，和隨國君臣比較熟悉，此時出來遊說隨國人，不要把楚昭王交給吳國。

隨國君臣經過再三考慮和占卜，終於得出結論：「吳國雖然來勢洶洶，未必能長久，不能因此得罪楚國。」他們回復吳國說：「隨國這麼多年緊挨著楚國，靠楚國保全。兩國世世代代都有盟約，如果今天因為楚王遭難我們就背叛，吳王也不會信任我們吧？再說，吳國的對手其實也不僅是楚王一人。要是你們能好好接管楚國的地盤，我們隨國當然會聽從命令。」

於是，楚昭王逃過一劫，就在隨國停留下來。

楚昭王逃難期間，楚國群龍無首，楚昭王的庶兄熊申就仿製了楚王的車子和衣服，四處召集潰散的楚軍和官員。而且熊申一打聽到楚昭王的下落，就趕緊帶著屬下過來保護楚昭王。

楚王的安全得到了保障，大臣官員和軍隊逐漸聚集起來。史載，聞知楚昭王在隨國，很多楚國人扶老攜幼前去投奔。面對這些熱忱的民眾，楚昭王熱淚盈眶，安撫他們說：「各位父老，是我這個國王無能，喪失了先王的都城，還連累你們受到敵軍屠殺。你們先回去吧，民眾何必擔心沒有君主呢？我寧可逃到海外，也不想你們這樣奔波受

苦啊！」楚王這麼說，父老們都感動地回答：「有這樣賢能仁慈的國王，我們還有什麼顧慮呢？」

楚國人比之前更積極地投身到保家衛國的戰爭中，或許是吳軍暴行激起的敵愾之心，也或許是沒了令尹子常這個大貪官，讓真正的忠君愛國者更能發揮所長吧。保護楚昭王的鬥辛聽說吳軍在郢都為了爭搶宮室內訌的消息，也慶倖道：「吳國人這麼愛爭權奪利，必定會發生動亂，到時候他們只有灰溜溜滾出楚國，咱們復興有望了！」

楚國的流亡政府漸漸恢復了元氣。然而要擊敗兇猛的吳軍，還需要強大的外力支持。這時，一位能臣走上了歷史舞臺。

他叫申包胥，本是伍子胥的好友。當初伍子胥逃亡時，曾經在半路上遇見申包胥，伍子胥告訴申包胥說：「楚王殺害了我的父親和哥哥，這仇恨不共戴天！他日我一定要滅亡楚國！」申包胥道：「如果我贊同你複仇，那是我不忠；如果我反對你復仇，那是讓你不孝。所以，你復仇的事，我就不多評價了。不過，要是你真把楚國滅亡了，我一定會重振楚國的！」

後來，吳軍攻入郢都，申包胥在山中逃難。他聽說伍子胥在郢都把楚平王掘墓鞭屍，不禁悲憤異常，於是派人去對伍子胥說：「你要報父仇，可也別做得太過分吧。楚平王畢竟是你昔日的君主，你居然連他的屍首都不放過，這像話嗎？」伍子胥對來人說：「你替我向申包胥道歉，就說我伍子胥為了報仇，就跟天晚了還要趕遠路的旅人一樣，倒行逆施也顧不得了！」

申包胥聽到伍子胥這話，知道吳國是不肯善始善終了。春秋時諸國征戰，一般獲得勝利的一方，會迫使對方簽訂合約，或者取得一些戰利品就回去。吳國和楚國雖然打了幾十年仗，但彼此並沒什麼深仇大恨。如今，完全是被伍子胥的個人仇怨所激，才做得這樣絕。可是楚軍畢竟主力潰散了，現在要跟精銳的吳軍正面對抗沒有勝算，要驅逐吳軍，必須得到外援。

　　外援在哪裡呢？吳國的入侵本來就是在晉國授意下發動的，而中原絕大部分國家包括一流大國齊國，二流中等國家鄭國、宋國等，都參與了晉國的反楚同盟。魯國向進攻楚國的蔡國贈送糧食，晉國扶持的周王室則趁楚軍敗退的時機，殺死了投靠楚國的王子姬朝（周敬王的哥哥）。

　　唯一能依靠的，只有西邊的秦國。秦國也是一個僅次於晉楚的大國，長期和晉國交戰，楚昭王的母親伯嬴就是秦哀公的女兒。外援就找秦國！

　　申包胥收拾行李，千里迢迢奔赴秦國。他對秦哀公說道：「吳國就像野豬和巨蟒一樣兇惡，企圖吞併中原的國家，我們楚國首當其衝。吳國貪得無厭，要是他們完全併吞楚國，下一個就將危害貴國了。現在趁著吳國還沒咽下去，請您趕快出兵。就算楚國最後還是滅亡了，至少您也能佔領一部分楚國領土。如果靠您的恩德能夠趕走吳國的軍隊，恢復楚國，那麼我們楚國將世世代代侍奉您！」

　　秦哀公聽了申包胥的話，已然心動。確實，如果坐看楚國覆滅，那麼晉國將失去牽制，可能把全部力量壓到西邊，秦國只怕要糟糕！

出兵援楚，就算打不退吳兵，分幾塊楚國領土也不吃虧。而且，楚昭王好歹算我的外孫。

但他還需要和大臣商量下，畢竟千里迢迢從陝西平原跑到江漢去跟吳軍打仗，這個成本和風險還是要評估的。他請申包胥先去旅館休息。申包胥說：「我的君王逃亡在雜草叢林中，無處安身，作為大臣豈敢休息！」他就在秦國宮廷裡靠著牆站著，號啕大哭。哭聲日夜不斷，七天沒吃一口飯，沒喝一口水。到後來申包胥的嗓子完全破了，還繼續發出嘶啞的聲音；淚水哭乾了，眼睛裡甚至流出了血。

秦哀公看到申包胥的樣子，大為感動。鬚髮斑白的秦王拔劍而起，高聲吟誦一首詩，就是《詩經‧秦風》中的《無衣》：

豈曰無衣？與子同袍。王于興師，修我戈矛，與子同仇！
豈曰無衣？與子同澤。王于興師，修我矛戟，與子偕作！
豈曰無衣？與子同裳。王于興師，修我甲兵，與子偕行！

看見秦哀公也動了真格，申包胥叩頭九次，這才坐下。隨後，秦哀公派大將子虎、子蒲率領五百輛兵車（約四萬人）準備救援楚國。

申包胥前往秦國求救時，待在漢水流域的楚王也沒閑著。他們一面繼續安撫遠近的百姓，徵集潰散的軍隊，一邊聯絡過去的盟友越國。越國位於今天浙江一帶，是夏朝的後裔，由於和吳國接壤，彼此矛盾很深。過去數十年楚國跟吳國打仗時，越軍多次配合楚軍。這次晉國集合反楚聯盟，不少南方國家都加入了，越國卻不在內。此時的越國君主允常，也是一位頗有進取精神的領袖，得到楚國方面的聯絡

後，立刻調集軍隊，乘虛向吳國本土發動進攻。

　　陷入絕境的楚國，開始了偉大的復興之戰。

7. 萬眾一心驅吳軍

楚國緊鑼密鼓準備反攻的這段時間，吳國遠征軍在做什麼呢？他們什麼都沒幹，在原地發呆呢。

楚國論面積、人口和綜合國力，是比吳國要強大許多的。吳軍依靠己方的精銳和敵方的愚蠢，在短短一兩個月中長驅直入，一舉擊潰楚軍主力，佔領楚國首都，這創造了軍事奇跡。然而，軍事手段終究要為政治目標服務。對這一點，無論是吳王闔閭還是伍子胥，都沒有做好準備。甚至，作為吳國盟友的晉國，大約也沒預料到這個「蠻夷」兄弟能取得如此輝煌的成就。這種勝利恐怕也不是晉國願意看到的。

以吳國區區數萬的兵力，顯然不可能完全佔領和有效統治楚國的數千裡土地，甚至要全部消滅楚國分散的地方政權和武裝都有很大的難度。

如果真要在這塊領土實現利益最大化，最完美的策略是扶持親吳國的附庸政權，比如另外尋覓一個楚王室成員作為傀儡（楚昭王的侄兒熊勝就在吳國），或者恢復過去百餘年被楚國滅掉的這些諸侯國。然而，這個工程需要極高的政治才能和豐富的政治資源才能完成，吳

王闔閭和伍子胥都不具備。

另一種更可行的手段，是借著這次勝利，吞併鄰近吳國的部分土地，掠走一些財產甚至人口，迫使楚國簽下有利於吳國的盟約。然而一心復仇的伍子胥，可能不甘於此。而吳王闔閭為首的吳國本土將帥，則沉溺于楚國疆域的廣闊和富饒，捨不得就此放手。

於是數萬吳軍的舉動，便是不進不退，在楚國核心地帶燒殺搶掠。

更糟糕的是，為了在距離本土千里的楚國領域內保持軍事佔領，吳軍被迫分散原本就不多的兵力，吳王之弟夫概所部在河南南部，吳王所部則在湖北北部。《孫子兵法》說要使得「敵分我專」，各個擊破敵人。先前吳軍集中數萬精銳長驅直入，也是占了楚軍分散的便宜。如今，他們被迫在敵國分兵，從而陷入楚人的汪洋大海。

西元前五〇五年農曆六月，申包胥帶著秦軍到達楚國。這時候，留在隨國一帶的楚軍，也已經集結完畢。秦楚兩軍會合，對吳軍展開反擊。秦軍大將子蒲說：「我們秦軍對這兒的地形和吳軍戰術都還不熟悉。這樣吧，請楚軍先發動進攻，我們隨後跟進。」

於是，秦楚聯軍首先向位於楚國北部的夫概所部發動攻擊。兩軍在沂邑（今河南正陽）交鋒。熊申率楚軍先殺去，與夫概戰成一團。數月前，吳軍養精蓄銳而來，楚軍士氣低落，如今楚人心懷復國之志，有死無生，吳國卻在楚國的繁華之地享受了數月，雙方的鬥志已然反轉。但畢竟吳軍精銳，而楚軍都是拼湊的烏合之眾，兩軍交鋒，

一時不相上下。忽聽得號角連連，原來子蒲、子虎率領的秦軍從側翼殺來，兩面夾擊，夫概大敗而走。

首戰告捷，秦楚聯軍軍威大盛，繼續進擊。楚國大夫薳射在柏舉之戰中被俘，他的兒子薳延集合了一部分柏舉的散兵，也趕來與熊申匯合，又在軍祥（今湖北隨縣）大敗吳軍。夫概連敗兩陣，覺得在楚國再待下去沒好處，加上聽說越國入侵吳國，他就往東退回吳國去了。

接下來，秦楚聯軍要面對的，就是吳王闔閭親率的吳國主力。面對強敵，聯軍又緩和下來。現在從整體態勢上看，聯軍取得了優勢，持久的作戰便足以拖垮吳軍，不必再犯如當初囊瓦一樣的錯誤。他們一面與吳軍主力對峙，繼續整編不斷增長的楚軍。同時，秦楚聯軍分出一部分兵力，由子蒲和熊結率領，進攻吳國的盟友唐國。區區唐國哪裡擋得住秦楚聯軍的夾擊，很快就被滅了。吳國喪失了在江漢平原的穩固根據地，形成孤懸敵境的局面。

這時候，闔閭、伍子胥才發覺不妙。孫武建議趕快撤退，然而君臣二人都不甘心。這時又傳來消息，說吳王的弟弟夫概回去之後，打退了越國，卻自立為王了！這下闔閭急了，他的王位本來就是從堂弟姬僚手中奪來的，當然怕再被弟弟奪走。打不贏楚國不要緊，可不能把吳國丟了啊！於是闔閭讓伍子胥統帥軍隊留守楚國，自己先回國對付夫概去了。

這時已經是九月暮秋。伍子胥見闔閭一走，也知道再也難以持久下去。他集結主力，與聯軍再次在雍澨展開決戰，試圖以戰場上的勝

利，保全部分伐楚的利益。秦楚聯軍依舊採取先前策略，楚軍率先攻擊吳軍，不要命地往前衝。面對孫武親自指揮的吳軍，缺少訓練的楚軍吃了大虧。眼看盟友危急，秦軍再度猛衝出來。孫武雖然用兵如神，但以區區三萬的吳軍，對抗十萬的秦楚聯軍，也難以取勝，只能指揮吳軍步步後撤，避免過大的傷亡。此時正是秋高氣爽的時節，西風凜冽，帶來戰場上的金聲鏗鏘，血氣沖天。

　　眼看戰況膠著，熊結建議道：「現在我軍在上風口，可以在草地上放火，吳軍必然大亂！」熊申說：「不行！先前在雍澨打了敗仗，我們父兄子弟的屍骨都還暴露在草叢中還沒運走呢，如果放火，豈不把他們的屍體全燒毀了，這樣他們的英魂會不安的！」熊結大聲說道：「現在我們楚國已經到了危亡關頭，先前這些死者他們也是為了這個而殉難的！如果人死去後沒有知覺，那麼何必為了這些枯骨而危及國家？如果死去的人有知覺，他們的英魂將趁著煙火起來，跟著同胞一起進攻敵軍！」於是楚軍順風放火，吳軍原本就在聯軍夾擊下節節敗退，如今遭遇火攻，更是招架不住。也全虧得孫武帶兵，雖敗不亂，勉強保存了主力。

　　這戰之後，伍子胥說：「雖然咱們打了敗仗，主力尚存，可是秦軍、楚軍也損傷很大，未必就能打贏！」孫武終於忍不住了，他說：「你用吳國軍隊向西攻打楚國，趕走楚王，又把楚國先王掘墓鞭屍，這已經是超出估計的大戰果了，別再強求了。」伍子胥道：「好吧，從古到今，大臣報復君主的，確實也沒我這麼痛快的了。」於是帶兵退回吳國去了。

至此，楚國的這一次衛國戰爭獲得勝利，將入侵的吳軍完全逐出國土。沒多久，吳國的內戰也分出了勝敗。吳王闔閭的兄弟夫概失敗。夫概學習姬僚的兩個兒子，反過來投降了楚國，後來被楚昭王封在棠溪這個地方。

　　從西元前五〇六年冬天吳軍伐楚，到西元前五〇五年深秋楚軍複國，吳國對楚國的這次戰爭前後歷時不到一年，卻對楚國產生了極大的破壞。大片核心國土被敵軍佔領，軍民死傷慘重，國力遭到了嚴重損耗。險些被滅國的遭遇，也使楚國的地位一落千丈。

　　然而，楚國畢竟熬過了這一輪浩劫。這其中，一方面應歸功於楚莊王打下的文化道德基礎，使得楚國臣民產生對國家的認同感，列國諸侯也不敢小看楚國，從而得到秦國的援助。同時，楚昭王、熊申、熊結、申包胥等楚國君臣臨危不亂，努力自救也功不可沒。

　　十月，楚昭王回到郢都，對過去一年的苦難與輝煌加以總結。熊申、熊結是自己的哥哥，擔任司馬、令尹這樣的高官，是理所應當。到秦國求得救兵的申包胥，還有跟隨楚王奔走的鬥辛、熊由於、熊圍、鍾建、鬥巢、熊賈、宋木等人，也都得到了賞賜。

　　意外的是，鬥辛的弟弟鬥懷也在賞賜名單。熊申對此很不滿意，他說：「鬥家兄弟三人，鬥辛、鬥巢保護你奔走，當然該賞。可鬥懷這麼要殺你報父仇，怎麼能賞呢？賞罰要分明！」楚昭王笑道：「大德消除小怨。鬥辛、鬥巢忠於國君，鬥懷孝於父親，都該賞。」這麼一來，鬥懷也沒臉再跟楚王做對了。

申包胥的功勞本該算第一等，可他說：「我去秦國求救，是為了國君，不是為了自己。現在既然國家已經安定了，我還要什麼賞賜？再說，當初我也痛恨貪得無厭的鬥成然，現在難道我也學他麼？」

　　這裡面最高興的要算鍾建，他在逃難途中一直背著楚王的妹妹季羋，回到郢都後，季羋宣佈：既然鍾建背了我一路，那我只能嫁給他了。於是鍾建既得封賞，又娶公主，可謂名利雙收。

　　其中也有些不和諧的聲音。熊由於奉命在麇地築城，過了一陣，回來說修好了。熊申問：「城牆有多高，多厚？」熊由於說不知道。熊申就教訓他說：「你要幹不了，當初就該推辭，讓別人去幹。居然搞不清楚城牆的高度、厚度，你還有什麼用？」這下熊由於可火了，他說道：「我早就推辭說幹不了，明明是你非要逼我去的！每個人都有幹得了的事，也有幹不了的事，你拿這話侮辱我是何意？你問我有什麼用，你瞅瞅！」他把衣服一脫，露出背上的傷疤：「大王在雲夢澤碰上強盜，是我擋住強盜的戈，傷還在這裡！這就是我能幹的。至於修城這事兒，本來我就不擅長！」熊申被他這麼一說，也就閉嘴了。

　　還有一位官員藍尹亹，當初楚昭王逃亡時，他駕著一艘船。楚昭王叫他渡自己過河，藍尹亹卻只顧運自己的妻兒。不光這樣，他還在船頭吆喝著教訓楚昭王說：「咱大楚國五百年，沒有哪個君主被人攻破國都，這都是您的過錯。」令楚昭王很生氣。回到郢都之後，他又來見楚昭王。楚昭王大怒道：「當初竟敢拋棄我還教訓我，現在回來幹什麼？」藍尹亹不慌不忙地回答：「當初令尹子常就是因為心胸狹

窄，記人仇怨，所以兵敗柏舉，讓大王您棄城逃難。如今大王您要學他嗎？我當初不渡您過河，是為了警示您。如今回來，是看您的德行如何，有沒有吸取教訓。如果您依舊心胸狹窄，那麼楚國都危險了，我死就死吧，有什麼可惜呢。」楚昭王聽了便道：「好，讓這人官復原職，以此來提醒我不忘這次大敗吧。」

從這些地方看，當時不滿二十歲的楚昭王，表現出了遠超一般人的心胸氣度。正是有這樣的胸襟，他才能領導楚國，從滿目瘡痍中恢復過來，重振雄風。

8. 遷都避禍整乾坤

　　楚昭王雖然在秦國的幫助下，於西元前五〇五年驅逐了吳軍，但經此一場劫難，國力和軍力受到沉重打擊。楚國過去的盟國許國也在西元前五〇四年被鄭國滅了。更可怕的是東邊的吳國，吳軍入郢之戰的威風加上掠回的大批財富，使得吳國日益強盛。吳軍步步緊逼，又多次擊敗楚軍，俘虜不少高官，佔領不少地盤。

　　同時，郢都經過吳軍的燒殺搶掠，已然是廢墟一片，白骨如山。

　　為了躲避可能的威脅，楚昭王在西元前五〇四年冬天正式宣佈遷都，把都城從今天的湖北宜城一帶，南遷到湖北江陵北的紀南一帶。為了不忘舊事，新搬遷後的都城，依然取名叫「郢都」。為了加以區別，通常把紀南這個新的郢都叫「載郢」，過去的郢都叫「鄩郢」。南遷使得楚國的核心區域進一步接近長江，也加強了長江南部那些距離中原較遠區域的開發。

　　面對內憂外患，楚昭王吸取先輩的教訓，努力發展生產，安撫百姓。在與中原國家的關係上，楚昭王繼續他父親楚平王的政策，停止出兵爭霸。對於慘遭滅亡的許國，楚昭王在國內另尋土地，讓許國後裔和遺民重新建國，也算留存了許國的社稷，展現大國的仁義。

此時，死對頭晉國失去楚國的牽制，在北方大展威風。可是威風逞得越多，也就越陷身諸侯爭鬥的泥潭。齊國、宋國、衛國、鄭國等都和晉國發生了矛盾，晉國內部也是權臣紛爭，甚至發生了內戰。這樣一來，楚國不參與中原戰亂，反而減少了在這方面的壓力。

　　真正給楚國造成威脅的，還是東邊的吳國。幸好，這時緊挨著吳國的越國也在崛起，對吳國構成了有力的牽制。西元前四九五年，也就是從楚國回來後的第十年，吳王闔閭進攻越國，結果被越王勾踐打得大敗。闔閭重傷死亡。從此以後，繼任的吳王夫差就把主要精力放在對付越國上，較少跟楚國做對了。楚國終於去掉了最大的憂患。

　　值得一提的是，輔佐越王勾踐的兩個最著名的大臣都是楚國人，一個叫范蠡，一個叫文種。他們是在楚平王時期，因為看到楚國政治混亂而出奔越國，尋求建功立業的機會。在春秋晚期先後崛起的吳國和越國，吳國的重臣伍子胥和伯嚭，越的重臣范蠡和文種，都是楚國的人才。實際上，楚國的人才輸出，幫助東部沿海這兩個「蠻夷國家」在短時期內壯大為有爭霸實力的強國。這也並不奇怪。吳越兩國一北一南，但都處於長江下游地區，按地理劃分，與楚國同屬長江文明。尤其是南部的越國，其通往中原的道路被吳國阻斷，而處在中上游的楚國是其最便捷的文明交互管道。

　　由於越國牽制了吳國，也因為十年的休養生息，楚國恢復了元氣，開始復仇。西元前四九六年，楚國聯合陳國滅頓國。西元前四九五年，楚國滅胡國。這兩個小國當初在吳楚之戰時背叛楚國，如今終於倒楣了。

西元前四九四年，楚國聯合陳國、隨國、許國圍攻蔡國。蔡昭侯抵擋不住，只好投降。楚昭王就把蔡國搬遷到了長江和汝水之間的地區。

就在這一年，吳王夫差在夫椒之戰中大敗越國，迫使越王勾踐投降。此後，吳王夫差又北上攻打楚國的盟友陳國，一時之間，氣焰囂張。

楚國滿朝文武連同楚昭王，聽說吳國又飆起來了，禁不住感到害怕：「當初闔閭都這麼厲害，現在夫差比他父王更強，要是再來打咱們楚國怎麼辦？」卻也有英明的人，安慰同僚道：「咱不能光看武功。當初闔閭飲食簡單，住的地方都擺不下兩張席子，生活簡樸，愛惜民力，所以才能橫行江漢。如今夫差仗著他父王的基業，奢侈腐化，濫用民力，再這麼折騰下去，要不了幾年他就得玩完，哪裡可能還能威脅咱們啊？」

聰明人說的話，很快得到了驗證。吳王夫差狂妄驕橫，自以為天下無敵，對外窮兵黷武，對內驕奢淫逸。甚至，他寵倖伯嚭，開始漸漸疏遠伍子胥。相反，越王勾踐則在范蠡、文種的輔佐下，一面忍辱負重地伺候吳王，一面圖謀復仇。

這話其實指出了歷史上諸多文明欠發達國家的發展歷程：最初，一個邊陲的原生民族或國家是彪悍而質樸的；此後接觸先進文明，吸取了生產、軍事、政治方面的經驗，變得彪悍而聰明，展現出超過先進文明國家的戰鬥力，甚至反過來征服他們；然而一段時間後，他們被先進文明的多樣化生活所「腐蝕」，上層貪圖安逸享受，更因為內

部尚未發展出抵禦安逸腐蝕的文化「疫苗」，從而加速墮落，甚至走向衰亡。

吳王夫差是如此，楚國的楚靈王、楚平王兄弟又何嘗不是如此。

這時，春秋霸主晉國的內戰愈演愈烈，中原各國紛紛選邊站隊，打得不可開交。相對而言，楚國自從趕走吳軍後，十多年間國內政治相對平穩，積蓄了不少力量。再加上吳王夫差開始享樂，對楚國的威脅減小。楚昭王忍辱負重多年，終於等到了再度崛起的時候。

西元前四九一年，楚昭王揮師北上，首先征服了今安徽壽縣東的夷虎部族。隨後，楚軍以「防範吳軍入侵」為旗號，集結兵力後，突然攻擊汝水流域，佔領了梁地和霍地，又攻滅了蠻國。蠻國君主和部

分百姓忽見楚國北上，急忙逃到晉國境內，被晉國收留下來。

自從楚靈王死後的差不多四十年裡，楚國對晉國始終處於守勢。然而現在此消彼長，楚國司馬熊結向晉國方面發出了公文：

「晉國和楚國曾經結盟，如果這個盟約能夠繼續維繫，我們大王很高興。如果不能維繫，則很遺憾，不過也沒關係，我們就開戰吧。」

此時晉國陷入內亂，哪裡還有餘力跟楚國開戰呢？他們只好捨車保帥，把蠻國君臣和民眾全部交給了楚國。

楚昭王不戰而屈人之兵，再次吹響了楚國重新爭奪霸主的號角。

得勝之後，楚昭王心情愉快。為了慶祝，他決定去遊覽一下風景秀麗的荊臺。這下大臣們都愣了。莫非國王又要仿效當年的楚靈王和吳王夫差，貪享遊樂了麼？楚昭王的哥哥熊結趕緊道：「不行，荊臺風景太好了，大王去了那裡，一定流連忘返，就會無心治理國家了！」楚昭王大怒：「知道風景好還不讓我去，你安的什麼心？」楚王的另一位哥哥熊申道：「是啊，荊臺風光這麼好，怎能不去遊覽一番呢？大王，我支持你！」楚昭王大喜，拍拍熊申的背：「你真是我的忠臣啊！」就和子西一起去遊覽荊臺。

兩人策馬走了十餘里地，熊申勒住馬，忽然嚴肅地說：「大王，請你殺了我。」楚昭王大驚：「出了什麼事？」熊申道：「自古以來，忠臣應該重賞，奸臣應該嚴懲。熊結勸諫大王勤修國政，是忠臣。我阿諛大王，勸你貪圖遊玩，敗壞國政，是奸臣。請大王獎賞熊結，

把我處死。」

楚昭王不是傻子，頓時明白了：「我再也不遊玩了。不過，荊臺風景這麼好，今天你能勸阻我，後代的楚王要是擋不住誘惑怎麼辦？」熊申道：「這個好辦。大王您百年之後，把陵墓修在荊臺上。這樣子孫到荊臺，如何能忍心在祖墳上遊玩呢？」楚昭王連聲稱讚。

熊申勸諫楚昭王的故事傳開後，有一位大思想家也不禁讚美道：「熊申真是厲害啊。他跟著君王走了十里，就能消除百代的隱患！」他甚至考慮，自己要不要也到楚國來當官了。

這位大思想家，便是著名的孔子。

9. 鳳兮鳳兮何德衰

　　儒家創始人孔子，名丘，本是宋國君主的後裔，祖上搬遷到魯國。他學習周公的禮法，一心想恢復上到周王室，下到諸侯國的秩序。然而孔子所處的春秋後期，禮法崩壞，諸侯爭鬥日趨混亂。孔子的故鄉魯國號稱禮儀之邦，卻早已名不副實，三家大夫季孫氏、孟孫氏、叔孫氏聯合把魯君轟出國，而大夫們的家臣如陽虎、公山不狃等又各掌大權，架空大夫。其他的北方大國如齊國、晉國，無不內亂頻繁，權臣爭位。孔子帶著門下弟子周遊列國，企圖實現他的政治抱負，然而所到的國家，沒有一個能實現他的夙願。

　　處處碰壁後，孔子停留在陳國、蔡國之間。

　　在這期間，楚國的葉公諸梁（字子高，沈尹戌的兒子）曾向孔子諮詢治理國家的要訣。孔子回答：「貴國領土廣闊，人口眾多，很多地方距離都城太遠，民眾容易脫離朝廷。因此最重要的是讓近處的民眾高興，而讓遠處的民眾歸心。」葉公諸梁大為佩服，便向楚昭王推薦了孔子。

　　這時，楚昭王也正在猶豫。當時北方動盪，晉國自顧不暇，看來確乎是楚國北上爭霸的好機會。但爭霸之後，又能如何呢？晉國從楚

莊王死後，幾乎稱霸百年，尤其在楚靈王之後半個世紀一直壓制楚國，結果內部卻鬥得一片混亂。有什麼辦法能夠讓國家機器更穩妥地運行，能夠讓君王不這麼擔驚受怕？

楚昭王之前已經聽說孔子在魯國、齊國的事蹟，再聽到葉公諸梁的推薦，楚昭王來了興趣。

西元前四八九年春天，吳國攻打楚國的盟友陳國。楚昭王親率大軍前往救援，屯兵于城父之地（今安徽亳州）。聽說孔子這會兒也正在陳蔡一帶，他派使者送去豐厚的禮物，請孔子南下。

孔子原本正在列國之間躊躇，得知楚王來聘請，也不禁動心。

這個周初的子國，此時國力躍居天下第一。現如今，北方各國皆是尊卑不分，君臣互殺，唯有楚國，在楚昭王的統治下，群臣有序，民眾安樂。

孔子心想或許在這裡，才能實現我的理想？

春秋時期最偉大的思想家，和最強大的諸侯國的君主，即將風雲際會。

這件事被陳國、蔡國的大夫們知道，他們頓時慌了：「聽說孔子最一本正經，我們這些年幹的事兒都不符合他的要求。要是他去楚國掌了權，新官上任三把火，我們多半要遭殃啊。」

於是，陳國、蔡國的大夫們，居然聯合出兵，把孔子和他的弟子們包圍起來。圍了多日，糧食都吃光了，弟子們一個個餓得有氣無

力，孔子卻不慌不忙，繼續講經誦歌，還對暴躁的子路說：「君子處於窮困之地也會固守原則，小人就不會亂來了。」接著，他派子貢去找楚昭王求救。

子貢是春秋時第一流的辯士，跑到城父，略施三寸之舌，楚昭王頓時大怒：「陳蔡這幫大夫，竟敢對孔老先生如此無禮！」他立刻派出大軍，前去救援孔子。陳蔡大夫見楚軍殺到，頓時如鳥獸散。孔夫子這才在楚軍的保護下，來到城父。

六十多歲的大思想家，和三十多歲的君王，首次相逢。楚昭王如饑似渴地傾聽著孔子敘述他那一套治國理念：君臣父子，各安其位，各盡其責，治國以德，從政以禮，尊卑有序，上下有別，用仁義忠信打造出一個萬世不易的江山……

楚昭王聽孔子侃侃而談，如醍醐灌頂。當年曾祖父楚莊王，就是用這一套理論，把楚國從蠻夷變成真正的大國，如今孔老先生把這一套理論梳理得更加嚴謹系統。

而且，孔老先生說的這些，據稱是周公之道。而周公，不就是楚國先祖鬻熊的學生嗎？這是天已注定，要讓他老人家的思想，回到子孫的領土上來發揚光大啊！看來，一個更偉大的王國，將在我們手中得到建立……

與孔子談畢，楚昭王難以遏制自己的興奮。他對熊申道：「哥哥啊，我打算封給孔子七百里土地（一說是一萬七千五百戶人家），讓他幫我治理楚國，你看怎麼樣？」

熊申冷靜地問楚昭王：「大王，您捫心自問，您手下搞外交的使者，有比子貢強的麼？」楚昭王道：「沒有。」「文士中有學問比顏回強的嗎？」「沒有。」「武將中有比子路強的麼？」「沒有。」「官吏中有比宰予強的麼？」「沒有。」

熊申點點頭，又對楚昭王道：「大王，孔子的理想，是要恢復周公時的禮儀。可是在西周初期，我們楚國只是一個子爵，封地五十里。真要由得他來主事，我們楚國如今自稱為王，據地數千里的事兒，他第一個就要反對。您要真給了他七百里土地，被他手下這些學生們治理，立馬就會生出一個強國。這對楚國絕不是什麼好事！」

楚昭王出了一頭冷汗，暫時打消了這個念頭。但他還是捨不得孔子及其弟子的才華。不過，此刻更重要的事情是救援陳國，抵抗吳國。於是楚昭王占卜打仗的凶吉，結果是「不吉利」，又占卜退兵，結果也是「不吉利」。大家都有些困惑。楚昭王笑道：「這無非就是說我要死了吧。如果讓楚軍再打敗仗，還不如死；如果拋棄盟約，逃避敵國，也不如死。反正都是一死，我寧可死在和敵人的戰爭中！」就下令準備進軍。

不久，楚昭王病倒在軍中。太史再次進行了占卜，結果出來後，他說：「這回大王非常兇險，不過，可以通過祈禱儀式，將災禍轉移到大臣們身上。」楚昭王的大臣們聞言，紛紛要求由自己來代替君王。楚昭王卻說：「大臣們如同我的手足，怎能把災禍轉移到手足上來免除我的病呢？」接下來繼續占卜，認為是黃河之神在作祟。大夫們請求祭祀黃河，楚昭王說：「我們楚國這幾百年，立足江漢，祭祀

的都是長江、漢水，黃河之神不應該降罪給我們。」他拒絕祭祀黃河。

不管所謂的轉移災禍，或者祭祀黃河的法子有用沒有，楚昭王在這生命的最後一刻，依然保持了作為君主恪守正道的尊嚴。孔子對此讚嘆道：「楚王算是真正實現為君的大道了。他的後代，不應該失去楚國的君位！」

讚美歸讚美，楚昭王的病情很快加重了。他自知難免，就吩咐道：「我兒子還小。我若死了，就由哥哥熊申繼位吧。」熊申不同意。楚昭王道：「那就由哥哥熊結繼位！」熊結也不同意。楚昭王又要他的另一位兄弟熊啟繼位。熊啟推辭五次之後，同意了。

隨後，楚昭王熊珍在準備進攻的前夕病逝，年僅三十多歲。他幼年繼位，在位的前十年國政被令尹子常把持，加之父王楚平王先前遺留的爛賬，導致國勢衰微，幾乎滅亡。然而在此後，楚昭王卻於逆境中奮起，安內攘外，使楚國重新崛起成為天下第一強國。

正如鳳凰，於衰老疾病之時，集香木自焚，復從灰燼中重生，長唳九天，依舊璀璨輝煌。

最終，楚昭王和自己的先祖楚武王、楚文王等一樣，死於行軍途中。雖然未能凱旋，至少無愧於祖宗。

楚昭王死後，先前答應繼位的兄弟熊啟說：「大王死前，我該服從他的命令，大王死了，我就該擁立他的兒子！」他和兩個哥哥熊申、熊結一起，立楚昭王的兒子熊章為新君（史稱楚惠王），然後退

兵回國。

孔子呢，他本來還眼巴巴地等著楚昭王採納他的政見。聽聞楚昭王去世，他悵然若失。是繼續遊說楚國君臣，還是放棄？這時，卻看一個隱居的「狂人」接輿，大笑著經過孔子的車前，高聲唱道：

「鳳兮鳳兮，何德之衰？往者不可諫，來者猶可追！已而，已而！今之從政者殆而！」

意思是：鳳鳥啊，鳳鳥啊，你身懷德行，卻何以命運衰微？過去的事情已經不能再挽回，未來的事情還能再努力啊！算了吧，算了吧，現在試圖從政的人都很危險啊！」

孔子聽到這狂放的歌聲，不禁濟然淚下。他想下車去與接輿談談，接輿卻跑著避開了。沉吟多時，孔子離開楚國，返回衛國。十年後，孔子去世。

孔子與楚國之間的合作，就此無疾而終。

有人為此感到遺憾，認為憑藉孔子的才能，若能借得楚國的力量，或許真能消弭戰火，恢復秩序。然而這只是毫無根基的美妙幻想。春秋末期的禮法混亂，絕非個別亂臣妄為導致，而是因為西周以來的分封制度已經走向末路。各國大夫專權，君主失勢，戰火紛飛，都是生產力和軍事、政治發展的必然結果，不以仁人志士的努力而改變。正如熊申所言，孔子想要借助楚國力量恢復的，是那個楚國只有五十里封地的西周初期格局，這豈不是與虎謀皮麼？

楚國因為先前處於蠻夷之地，其接受周王朝的全套禮法，比中原各國晚了數百年。加之其早期發展出具有自身特色的一些制度，結果在春秋末期禮樂崩壞之際，反倒是曾被當成「蠻夷」的楚國，更多地保留了一些秩序。然而，這也僅僅是暫時的保留而已。正如當初泓水之戰，恪守禮法的宋襄公被不尊禮法的楚成王擊敗，當整個天下環境都開始變遷時，楚國的風氣也注定會隨之改變。這不是楚昭王或者孔子能決定的。唯有從大治到大亂，才能促使另一層次的突破，誕生出新的秩序，推進社會螺旋向前發展。

楚狂人接輿所唱的鳳鳥，既是諷喻孔子，又何嘗不是指代楚昭王，指代楚國，乃至指代整個周王室及其尊奉的禮教文明？

就在孔子死後不久，春秋時期結束，中國進入更加殘酷和血腥的戰國時期。楚國，也將以一個全新的姿態，加入到征戰殺伐之中。

後 記

POSTSCRIPT

　　本套書講述楚國八百年的歷史，分為春秋卷、戰國卷。上卷主要講述楚昭王去世（西元前 489 年）之前的楚國歷史，包括楚國先祖在五帝和夏商時期的部分事蹟，以及楚國受封之後，在西周和春秋時期的部分事蹟。楚國在春秋時期的歷史，大致來說有兩大看點：前期是「華夏變蠻夷」，後期是「蠻夷變華夏」。楚國羋姓家族最初受封邊緣之地，遭到周王朝歧視。他們依靠尚武和智謀，漸漸擴張，在西周後期成為據地數百年的江漢大國，更趁著春秋初期王室衰弱之機，不斷北上，對中原諸國造成了持續的威脅。

　　感謝在本書寫作中提供幫助的朋友：王超君、王琳玥、王書鳳、劉甯、劉文韜、紀中亮、沈雷、張進、屈真、楊蕾煦、鄭妍、聶志勇、舒弘毅、管雯、賴偉、徐曉慧、蔡悦、李恩澤、杜彬彬、常宏玖、金靜、秦秀玲。感謝參與本書出版的編輯團隊和指導專家，感謝洛陽聖哲天韻文化科技有限公司，感謝長壽之鄉——廣西巴馬自治縣提供的支援。

　　本書作者的郵箱為 peneryangyi@163.com，微信號為 peneryy，歡迎讀者交流，相互學習，共同進步。

楊益

二〇一七年七月

昌明文庫・悅讀歷史　A0604010

鳳舞九天：楚國風雲八百年　春秋卷

作　　　者　楊　益
版權策畫　李煥芹
責任編輯　呂玉姍

發　行　人　陳滿銘
總　經　理　梁錦興
總　編　輯　陳滿銘
副總編輯　張晏瑞
編　輯　所　萬卷樓圖書股份有限公司
排　　　版　菩薩蠻數位文化有限公司
印　　　刷　百通科技股份有限公司
封面設計　菩薩蠻數位文化有限公司

出　　　版　昌明文化有限公司
桃園市龜山區中原街 32 號
電話 (02)23216565
發　　　行　萬卷樓圖書股份有限公司
臺北市羅斯福路二段 41 號 6 樓之 3
電話 (02)23216565
傳真 (02)23218698
電郵 SERVICE@WANJUAN.COM.TW
大陸經銷
廈門外圖臺灣書店有限公司
　電郵 JKB188@188.COM

ISBN 978-986-496-479-6

2019 年 3 月初版
定價：新臺幣 480 元

如何購買本書：

1. 轉帳購書，請透過以下帳戶
　合作金庫銀行 古亭分行
　戶名：萬卷樓圖書股份有限公司
　帳號：0877717092596

2. 網路購書，請透過萬卷樓網站
　網址 WWW.WANJUAN.COM.TW

大量購書，請直接聯繫我們，將有專人為您
服務。客服：(02)23216565 分機 610

如有缺頁、破損或裝訂錯誤，請寄回更換

國家圖書館出版品預行編目資料

鳳舞九天：楚國風雲八百年. 春秋卷 / 楊益著.
-- 初版.-- 桃園市：昌明文化出版；臺北市：
萬卷樓發行, 2019.03
　面；　公分
ISBN 978-986-496-479-6(平裝)

1.春秋戰國時代 2.楚國

621.6　　　　　　　　　　　　108003212

本著作物經廈門墨客知識產權代理有限公司代理，由華中科技大學出版社授權萬卷樓圖書
股份有限公司(臺灣)、大龍樹(廈門)文化傳媒有限公司出版、發行中文繁體字版版權。